Wolfgang Michael Gedeon

Die Befreiung Europas von NATO, EU und den USA

Wie Deutschland den III. Weltkrieg verhindern könnte

Wolfgang Michael Gedeon

Die Befreiung Europas von NATO, EU und den USA

Wie Deutschland den III. Weltkrieg verhindern könnte

WMG-Verlag

Bibliographische Information der deutschen Nationalbibliothek
Die Deutsche Nationalbibliothek verzeichnet diese Publikation in der Deutschen Nationalbibliographie; detaillierte bibliographische Daten sind im Internet unter http://dnb.d-nb.de abrufbar.

W. Gedeon, Frankfurter Str. 48, 63150 Heusenstamm
info@wmg-verlag.de
www.wmg-verlag.de

Schriftart: Sabon
Printed in Germany
ISBN 978-3-9822534-1-1

Inhaltsverzeichnis

Vorwort

Liebe Leser!

Dieses Buch ist hochaktuell und sehr grundsätzlich. Es verlangt dem Leser intellektuell und moralisch Einiges ab. Zur besseren Verständlichkeit wechsle ich zeitweise von der Monolog- in die Dialogform. Phasenweise präsentiere ich den Text auch thesenartig. Allgemein-theoretische Erörterungen breche ich immer wieder auf konkrete politische Forderungen herunter. Bestimmte Wiederholungen im Text sind notwendig und gewollt. Man muss dieses Buch nicht von Anfang bis Ende lesen, man kann auch in der Mitte anfangen oder sonst wo. Manche Passagen sollte man aber mehrmals lesen!
Allen, die mir technisch, organisatorisch und beim Lektorieren geholfen haben, danke ich sehr. Besonderer Dank geht an die Künstlerin, die den Umschlag auch dieses Werkes wieder sehr schön gestaltet hat.

Ich widme dieses Buch allen, die es aktiv verbreiten und viele neue Leser rekrutieren!

7. November 2022 *W. Gedeon*

I. Massenmigration und Bevölkerungsaustausch

Politisch haben wir vier *zentrale* Probleme in Europa:

- Massenmigration und Bevölkerungsaustausch
- Ukraine-Krieg und USA
- Corona-Pandemie und Totalitarismus
- Inflation, Wirtschaftskrise und EU

Die Massenzuwanderung nach Deutschland verlief in drei großen Wellen. Die erste begann 1961 mit der Unterzeichnung eines Abkommens, das die deutsche Regierung mit der türkischen im Hinblick auf türkische Arbeitsmigranten abschloss.

Der damalige Bundeskanzler Konrad Adenauer wollte dieses Abkommen zunächst nicht abschließen, weil er wegen kultureller Differenzen erhebliche soziale Spannungen fürchtete. Aber die USA wollten den NATO-Partner Türkei auch wirtschaftlich in Europa einbinden und übten erheblichen Druck auf die deutsche Regierung aus, die aufgrund der bestehenden Machtverhältnisse schließlich nachgeben musste.

Die türkische Migrationswelle war wirtschaftlich bedingt. Die Türkei konnte ihren Bürgern nicht genügend Arbeitsplätze anbieten. Die deutsche Wirtschaft hingegen hatte sich sehr schnell von den schweren Kriegsfolgen erholt und ein regelrechtes „Wirtschaftswunder" geschaffen!

Ludwig Erhard war unter Adenauer Wirtschaftsminister. Von 1963 bis 1966 war er als Adenauers Nachfolger Bundeskanzler. Er bot den Deutschen sinngemäß damals folgende Alternative: Entweder Ihr seid zufrieden mit dem, was Ihr bis jetzt erreicht habt und was man einen bescheidenen Wohlstand nennen kann. Dann machen wir so weiter wie bisher. Oder Ihr wollt mehr, wollt einen gewissen Luxus haben und nicht nur einmal, sondern zwei- oder dreimal im Jahr in

Urlaub fahren („einen Überfluss erleiden“, sagte er), dann brauchen wir Arbeitskräfte aus dem Ausland, und das wird auch zu verschiedenen sozialen Spannungen führen.

Nun, man entschied sich für Letzteres und holte sich zunächst Arbeitsmigranten aus südeuropäischen Ländern, vor allem aus Italien und Portugal, und dann immer mehr aus der Türkei.

Wenn Erdogan sich heute hinstellt und sagt, die Türken hätten Deutschland wieder aufgebaut und das Wirtschaftswunder bewirkt, so ist das ein Witz. Das haben die Deutschen weitgehend alleine geschafft, und der sog. Marshall-Plan spielte dabei eine allenfalls marginale Rolle. Er kam anderen europäischen Staaten in größerem Maß zu, nutzte vor allem der US-amerikanischen Tabak- und Baumwollindustrie und war schließlich nur ein Kredit, den die Deutschen vollständig zurückgezahlt haben. Wozu die Türken freilich beigetragen haben, war, dass die deutsche Wirtschaft weiter wuchs und sich viele Arbeiter und kleine Angestellte jetzt einen Fernurlaub auf Mallorca oder anderswo leisten konnten. Auch ein relativ hoher Wohnkomfort und ein eigener PKW gehörten von nun an zur Grundausstattung großer Bevölkerungsteile.

In den 1980er Jahren erreichten die Türken, dass sie in großem Maß Familienmitglieder aus der Türkei nachziehen lassen konnten, obwohl für viele inzwischen nicht mehr genügend Arbeitsplätze vorhanden waren. Der überwiegende Teil der deutschen Politik widersetzte sich dieser beginnenden Multikulturalisierung, allen voran der damalige Bundeskanzler Helmut Schmidt. Lauthals verkündete er: „Mir kommt hier kein Türke mehr rein!“

Aber auch dieses Mal setzten sich die transatlantischen Elemente durch, und es begann eine türkische Masseneinwanderung nach Deutschland. Aus der ursprünglich reinen Arbeitsmigration wurde immer mehr eine Zuwanderung ins deutsche Sozialsystem, und es entwickelte sich im türkischen Milieu das, was wir heute eine „Parallelgesellschaft“ nennen.

Ich war damals Arzt, tätig in einem Arbeiterviertel im Ruhrgebiet, und hatte auch viele türkische Patienten in Behandlung, so dass ich die Situation live vor Ort erleben konnte. Einer meiner jüngeren türkischen Patienten erzählte mir später, wie schön es in den 1970er Jahren gewesen sei, als er nach Deutschland kam. Ständig sei er von deutschen Familien seiner Mitschüler zum Essen eingeladen worden, und auch Deutsch habe er so schnell gelernt. Als aber Mitte der 1980er Jahre immer mehr Türken kamen, sei das plötzlich abgebrochen. Es wurde den Deutschen offensichtlich zu viel, und auch der Kontakt zu seinen deutschen Mitschülern verminderte sich deutlich. Nach und nach bildeten sich jetzt zwei Gruppen auf deutschen Schulhöfen: die deutschen Schüler auf der einen und die türkischen auf der anderen Seite.

Wir haben in Deutschland jetzt ca. drei Millionen Zuwanderer mit türkischen Wurzeln. Ein Viertel von ihnen lebt von staatlichen Sozialtransfers, viele von ihnen in der zweiten und dritten Generation. Die Arbeitslosenquote in der türkischen Community bleibt nach wie vor erheblich höher als in der übrigen Gesellschaft. Auch soziale und kulturelle Spannungen spielen in Schulen und anderen gesellschaftlichen Bereichen inzwischen eine nicht zu übersehende Rolle. Derzeit können sie noch mit erheblichen Sozialtransfers abgefedert und entschärft werden. Wie sich das entwickelt, wenn die deutsche Wirtschaft solche Kosten nicht mehr stemmen kann, bleibt offen.

Die zweite und dritte Migrationswelle

Während die türkische Immigration kontinuierlich über einen längeren Zeitraum verlief, erfasste die zweite große Migrationswelle, die syrisch-irakische von 2015/16, unser Land wie ein Tsunami. Dieser Tsunami war weitgehend inszeniert: von der UNO-Organisation UNHCR und der deutschen Merkel-Regierung!

Es waren Kriegsflüchtlinge, die schon einige Zeit in ihren libanesischen, türkischen und jordanischen Lagern ausharrten und auf eine Befriedung ihrer Herkunftsregionen in Syrien und im Irak hofften. Dann jedoch kürzte die UNO drastisch ihre Versorgungsrationen, und Frau Merkel lud lauthals alle Mühseligen und Beladenen dieser Erde nach Deutschland ein. Kein Syrer, so verkündete sie, werde an der deutschen Grenze abgewiesen! Hunderttausende, die das bislang gar nicht vorhatten, machten sich nun auf den Weg nach Deutschland, und nicht wenige der geistig völlig verwirrten Deutschen empfingen sie an den Bahnhöfen mit Teddybären und Schokolade.

Nach den sexuellen Gewaltexzessen auf der Kölner Domplatte an Silvester 2015 und zahlreichen anderen Kriminaldelikten dieser Flüchtlinge ist die anfängliche Begeisterung inzwischen einer deutlichen Ernüchterung gewichen. Doch was vorher auf die großen Städte beschränkt war, wurde jetzt auch in den kleinsten Provinzorten und auf dem flachen Lande überdeutlich: Moslems und Schwarze bestimmen das öffentliche Erscheinungsbild.

Die Ukraine-Flüchtlinge

Die dritte große Migrationswelle in Deutschland setzte mit der russischen Militärintervention in der Ukraine ein. Es waren aber nicht nur Ukrainer, die da kamen, sondern Tausende von Afrikanern und Asiaten, die angeblich oder tatsächlich in der Ukraine studiert haben und jetzt die Gunst der Stunde nutzten, um dahin zu kommen, wohin sie schon immer gerne wollten: in den deutschen Sozialstaat! Dasselbe gilt für einige tausend Zigeuner mit ihren Clans, darunter zahlreiche kriminelle Diebesbanden! Überhaupt ist die Ukraine eine Hochburg der Kriminalität, wobei der Handel mit gestohlenen Autos noch das geringste Problem darstellt. Es wimmelt dort von Menschen, die mit Prostituierten, menschlichen Organen und Leihmüttern Handel treiben. All diese obskuren Elemente treiben sich jetzt auch in Deutschland herum, unkontrolliert, oft nicht einmal registriert!

Sicherlich kommt ein Teil der Flüchtlinge aus zerstörten Kriegsgebieten. Aber jeder, der von westlich des Dnjepr kommt, ist dort kaum mehr vom Krieg bedroht als in Deutschland! Es besteht für uns keine humanitäre Pflicht, solchen Leuten zu helfen; und auch für die Kriegsflüchtlinge ist im Westen dieses Flächenstaats genügend Platz. Leichtbauhallen und Containersiedlungen könnte man dort genauso bauen wie in Deutschland. Schließlich ließ sich die ukrainische Regierung von ihren amerikanischen Freunden systematisch in diesen Krieg hineinmanövrieren, so dass sie auch für dessen Folgen mitverantwortlich ist; und dazu gehört die Versorgung anfallender Kriegsflüchtlinge. Die Amerikaner machen sich, wenn es um die Folgen des Kriegs geht, wieder einmal einen schlanken Fuß, wie im Irak, wie in Afghanistan: Sie produzieren die Flüchtlinge, und die Deutschen nehmen sie auf und versorgen sie!

Im Fall der Ukraine gibt es aber noch ein besonderes Problem. Die Ukrainer, die vor dem Krieg flüchten und so bald es möglich ist, wieder zurück in ihre Dörfer und Städte wollen, fliehen nach Polen oder Moldawien. Die meisten derjenigen, die nach Deutschland kommen, sind keine Kriegsflüchtlinge, sondern gewöhnliche Wirtschaftsmigranten, gerade auch viele jungen Leute, die schon vor dem Krieg den Plan hatten, nach Deutschland auszuwandern. Seit langem streben sie einen schnellen EU-Beitritt ihres Landes an, und dies vor allem wegen der Freizügigkeit innerhalb der EU und der damit verbundenen Ausreise- bzw. Auswanderungsmöglichkeit nach Deutschland. Auf den EU-Beitritt müssen sie jetzt nicht mehr warten. Im Zuge der Kriegswirren können sie die erhoffte Einreise ins gelobte Land von heute auf morgen verwirklichen!

Die Ampel-Regierung verstärkt diesen Migrationstourismus zusätzlich, indem sie einen sog. *Rechtskreiswechsel* konstruiert, über den die Ukrainer keinen Asylantrag zu stellen brauchen, sondern sofort wie deutsche Bürger Hartz IV beziehen können! So machen sich auch viele Ukrainer, die in Polen und anderen Ländern schon Zuflucht gefunden haben, auf den Weg nach Deutschland. Landräte und Bürgermeister sind ob des Ansturms verzweifelt und sprechen von „sekundärer Migration“ und „sozialer Hängematte“! Aber gnadenlos verbrät die Berliner Ampel weiter unnötig Milliarden deutscher Steuergelder!

Wir müssen also davon ausgehen: Die Mehrheit der Ukraine-Migranten, die nach Deutschland kommen, wollen gar nicht wieder nach Hause. Sie wollen, vom ersten Tag an mit Hartz VI ausgestattet, hier sesshaft werden. Das ist nachvollziehbar, aber der deutschen Bevölkerung, die genügend eigene Problem hat, nicht mehr zuzumuten! Wir müssen diesen Ukrainern sagen: Liebe Leute, es tut uns leid, aber wir müssen Euch samt und sonders wieder nach Hause schicken. Wendet Euch an Eure aufgeblasene Regierung in Kiew oder an Eure amerikanischen Freunde. Für uns sind ukrainische Flüchtlinge erst einmal ein innerukrainisches Problem, zumindest beim jetzigen Stand der Dinge.“

Die ukrainische Massenzuwanderung bringt zwar nicht die immensen kulturellen Verwerfungen mit sich, die die vorwiegend muslimische der ersten beiden Migrationswellen verursacht hat. Aber die Kosten für jetzt schon mindestens eineinhalb Millionen Ukrainer liegen bereits im mittleren zweistelligen Milliardenbereich und dürften, wenn das so weiter geht, bald jeden vorstellbaren Rahmen übersteigen, nicht nur im Hinblick auf die finanziellen Mittel, sondern in gleicher Weise im Hinblick auf die Kollateralschäden in Schulen, in Krankenhäusern, auf dem Wohnungsmarkt usw.! Die politischen Folgen sind mittelfristig noch schwerwiegender. Denn ein Großteil dieser Ukrainer ist naiv westgläubig und hält die USA immer noch für einen Hort der Freiheit – eine Einstellung, wie sie bei uns in der Zeit des Kalten Krieges bestand – damals sogar mit einer gewissen Berechtigung. Gestand uns doch die amerikanische Vorherrschaft deutlich mehr persönliche Freiheit zu als das seinerzeitige Sowjetregime den Mitteldeutschen, weshalb die USA für uns damals tatsächlich das kleinere Übel waren. Inzwischen haben auch die Deutschen, von Vietnam bis Afghanistan, genügend negative Erfahrungen mit dieser Supermacht gemacht, so dass sich ihre positive Einstellung zu den USA verflüchtigt hat.

Die Ukraine-Flüchtlinge aber bringen jetzt nicht nur wieder jede Menge einfältiger Illusionen aus der Mottenkiste amerikanischer Freiheitsideale ins Land, noch schlimmer ist ihre damit verbundene oft schon rassistische russenfeindliche Einstellung. Sie kann die bei uns ohnehin vorhandene geopolitische Schieflage erheblich verstärken. Diese Leute erleichtern es den US-Amerikanern, Deutschland zukünftig in immer weitere Konflikte mit Russland hineinzuhetzen. Den rot-grünen antideutschen Kräften in und um die Berliner Regierung ist diese importierte zusätzliche Russland-Feindlichkeit sicherlich durchaus willkommen.

Weitere Folgen der Migration

Auch die offizielle Politik klagt, der Zusammenhalt der Gesellschaft würde nach und nach zerbrechen. Sie macht „die Rechten“ dafür verantwortlich, denn sie würden die Gesellschaft spalten. Das ist unsinnig, denn „die Rechten“ waren und sind nicht in der Regierung und deshalb nicht verantwortlich für die immense Veränderung der Zusammensetzung der deutschen und europäischen Gesellschaft. Es war die offizielle Politik aller deutschen Systemparteien, die dafür gesorgt hat, dass in Deutschland heute nicht mehr die Rede sein kann von einem deutschen Volk, wie es, wenn auch staatlich geteilt und auch damals schon mit hohen Zuwanderungsraten, bis zur Wiedervereinigung 1989 bestanden hat. Das, was ein Volk zusammenhält, eine gemeinsame Herkunft und Geschichte, eine gemeinsame Tradition und Kultur, das alles kam in den ideologischen und staatlichen Reißwolf. Wir haben jetzt eine völlig amerikanisierte sog. multikulturelle Gesellschaft, wobei dieser Begriff ein Etikettenschwindel ist. Denn Kultur ist etwas primär Kollektives. Sie ist das wesentliche Band, das ein größeres Kollektiv eint und zu einem Volk macht. Dabei ist der innerste Kristallisationskern jeglicher Kultur eine Religion.

Multikulti aber bedeutet Kulturlosigkeit, denn eine Kultur, die sich nicht im Kollektiv entfalten kann und nur im Einzelnen äußert, verkümmert zu leeren Ritualen und abstrusen Verhaltensweisen. In der Praxis entwickeln sich kulturell- und Herkunft-bestimmte gesellschaftliche Gruppierungen („communities"). Im günstigen Fall existieren sie nebeneinander, im ungünstigen gegeneinander: Es kommt zu rassisch-ethnischen, sozialen, kulturellen und religiösen Auseinandersetzungen, die sich in Krisenzeiten zu Kriegen und Bürgerkriegen hochschaukeln.

Rassisch-ethnische Konflikte haben wir nicht nur zahlreich in Afrika, sondern auch in Spanien (Basken, Katalanen), in den USA [siehe später] und anderswo. Religiös- kulturelle Auseinandersetzungen erleben wir im Nahen Osten (Sunniten, Schiiten) und sehr stark in Israel (Juden/Palästinenser), weiter in China (Uiguren), in Russland (Tschetschenen) und in Europa (Irland/Nordirland). Der ethnokulturelle Faktor spielt in Geschichte und Gegenwart eine extrem große Rolle und birgt ein hohes Potential an Konflikten, an Kriegen und Bürgerkriegen. Dass dabei der kulturelle Faktor stärker wiegt als der ethnische, zeigt zuletzt der bosniakische Bürgerkrieg, in dem katholisch geprägte Kroaten, orthodox geprägte Serben und muslimisch geprägte Slawen an einander zugefügten Grausamkeiten gegenseitig übertrafen.

Das gilt nicht nur für zwischenstaatliche, sondern auch für innerstaatliche Beziehungen. Je größer die ethnokulturelle Heterogenität in einem Staat, desto größer das Bürgerkriegspotential! Es zeugt von politischer Verantwortungslosigkeit, wenn man gerade in Regionen, die, wie die meisten Staaten in Europa, eine relativ hohe ethnokulturelle Homogenität entwickelt haben, durch induzierte und gesteuerte Massenzuwanderung gezielt eine möglichst große ethnokulturelle Heterogenität zu schaffen versucht. Es fehlt den multikulturellen bzw. Multi-Communities-Gesellschaften hinten und vorne an innerem Zusammenhalt, weil das entscheidende Elixier des Zusammenhalts fehlt: die gemeinsame Kultur und Religion, die ethnokulturelle Identität!

Indem sie historisch gewachsene Nationalstaaten auflösen und in supranationale Konstrukte wie die EU hineinzwingen, wollen die westlichen „Eliten" außenpolitisch Viel-heit („Diversität") abschaffen und Einheit erzwingen. Innenpolitisch wollen sie dagegen durch Massenzuwanderung immer mehr Viel-heit (Bunt-heit) erzeugen. Wir wollen dagegen ethnokulturelle Homogenität (Einheitlichkeit) als *innen*politisches und ethnokulturelle Heterogenität (Vielfalt) als *außen*politisches Prinzip. *Wir* wollen also möglichst viele Staaten, in denen jeder die ihm eigene und für ihn typische Kultur voll entfalten kann, was Rechte als *Ethnopluralismus* bezeichnen. Ethnokulturell homogene Staaten werden in einer globalisierten Welt, in der ethnisch-rassisches und kulturelles Chaos herrscht, besser bestehen als heterogene Mischstaaten. Je größer die innere Einheit, desto größer die Handlungsfähigkeit nach außen. Es ist also nicht so, wie das immer dümmlich dargestellt wird, dass links-grün für Vielfalt (diversity) und rechts für Einheit bzw. Einfalt steht. Es geht um die Frage: wo was? Was ist das Leitprinzip in der Außen- und was in der Innenpolitik?

Dessen ungeachtet betreiben westliche Politiker ihre Politik der Massenzuwanderung und begründen sie damit, dass sie sagen, Deutschland sei ein **„Einwanderungsland"**. Was aber bedeutet das, wer definiert das? Natürlich gibt es und muss es Einwanderung auch in Deutschland geben, denn ein Land ohne jegliche Einwanderung degeneriert sozusagen inzestuös. Aber die entscheidende Frage ist, wie auch beim Salz in der Suppe: *wieviel* Einwanderung? Ohne Salz schmeckt die Suppe schal, zu viel Salz macht sie ungenießbar. Wir haben heute in Europa eine Massenzuwanderung, die die indigene Bevölkerung verdrängt und zur Minderheit macht. Unter den bis zu 18-Jährigen sind die Deutschen schon in der Minderheit, in großen Städten auch schon in der Gesamtbevölkerung. Deutsche Mehrheiten gibt es gerade noch in der Kirche, in der Oper und im Altersheim. Das ist nicht mehr Zuwanderung, das ist ein Bevölkerungsaustausch: die indigenen weißen europäischen Völker werden durch eine farbige afroasiatische Mischbevölkerung ersetzt!

Motive der Migrationspolitik

Durch Klima, Hunger, Kriege und anderes wurden zu allen Zeiten Migrationsbewegungen ausgelöst. So auch heute. Aber heute werden sie von diversen Lobbyisten gezielt verstärkt und politisch gesteuert. Die Motive und Begründungen sind verschieden: wirtschaftspolitisch, geopolitisch, (pseudo-)humanitär-moralisch, religiös, ideologisch usw.

Am häufigsten hört man humanitär-moralische Begründungen: Man müsse den Menschen helfen, die vor Krieg und Hunger fliehen. Das ist richtig, aber die Frage ist: *wie?* Sollen wir möglichst viele von ihnen bei uns aufnehmen und ihnen einen Standard gewähren, den sie in ihren Herkunftsländern nicht haben, selbst wenn sie arbeiten? Im Hinblick auf das ganze Elend dieser Erde ist das ein Tropfen auf den heißen Stein und wirtschaftlich völlig ineffizient. Denn mit dem, was man in Deutschland in einen einzelnen Flüchtling investiert, kann man in dessen Heimatland 100, wenn nicht 1000 Menschen helfen und vor Hunger bewahren. Außerdem schaffen wir durch diese Politik einen zusätzlichen Anreiz für Migration.

Es sind nicht die Ärmsten der Armen, die da kommen. Es sind oft die Cleveren und der dortige „Mittelstand“, die sich auf den Weg machen. Das sind gerade die „Fachkräfte“, die diese Länder selbst bräuchten, um politisch und wirtschaftlich auf die Beine zu kommen. Was westliche Politiker hier treiben, ist eine üble Form des Kolonialismus. Sie rauben den Herkunftsländern menschliches Kapital. Man spricht, natürlich amerikanisch, von „Brain Drain“. Aber wer soll zum Beispiel das zerstörte Syrien aufbauen, wenn sich die syrische Intelligenz lieber ins gemachte Bett des deutschen Sozialstaats legt?

Die Bösen sind nicht die Zuwanderer, sondern die Regisseure der globalen Massenmigration, die an der amerikanischen Ostküste und in Brüssel sitzen. Nicht nur direkt durch Migrationslobbyismus und Migration-verherrlichende Propaganda – noch mehr durch ihre Wirtschafts- und Kriegspolitik treiben sie die Menschen von A nach B. Das fängt bei den globalen Konzernen an. Sie verdrängen und zerstören die nationalen Klein- und Mittelständler. Denen, die sich dem westlichen Vordringen unbotmäßig widersetzen, drohen sie ruinöse Wirtschaftssanktionen an; und wenn die auch nicht fruchten, kommen Drohnen und Bomben der US-Army. So erzeugt man Migration und macht Menschen zu Migranten, die das nie werden wollten! Wir denken an den Irak, an Syrien, Libyen usw. Seit 2011 missbraucht z. B. die EU ihre Wirtschaftsmacht, um die syrische Wirtschaft durch Sanktionen zu zerstören, und im Jemen zerbombt eine bislang vom Westen unterstützte saudisch-israelische Allianz das von Krieg und Hunger geschundene Land. Es ist schon sarkastisch, wenn die Heuchler des Westens dann Geberkonferenzen für Syrien oder den Jemen veranstalten und die Bevölkerung in Europa und den USA zu Spenden für diese Länder aufrufen.

Die globale Migration ist so gesehen eine legitime Reaktion der Unterdrückten und Ausgebeuteten gegen die globalen Herrscher. Die beste Migrations- und Entwicklungshilfe-Politik bestünde in einem rigorosen Kampf gegen die neokolonialistische US-westliche Kriegs- und Wirtschaftspolitik. Man sollte die USA endlich weltweit wirtschaftlich, politisch und moralisch ächten. Sie maßen sich das Recht an, alle anderen zu sanktionieren, wiewohl gerade sie es sind, die all diese Sanktionen am meisten verdienten! Für die Mehrheit der Weltbevölkerung sind sie inzwischen der größte Schurkenstaat dieser Welt.

„Replacement“

Damit begründet die EU ihre Zuwanderungspolitik in Europa. Die demographische Entwicklung sei so negativ, dass aufgrund niedriger Geburtenzahlen immer mehr Menschen fehlten, die für eine funktionierende Wirtschaft gebraucht würden. Der Ersatz (*replacement)* müsse durch Migration geschaffen werden.

Abgesehen davon, dass man hier den wirtschaftlichen Faktor absolut setzt und ihm Kultur, soziale Harmonie und alles andere unterordnet – auch in sich ist das replacement-Argument nicht schlüssig. Schon in wenigen Jahren werden durch künstliche Intelligenz unzählige Jobs wegfallen. Es drohen hohe Arbeitslosigkeit und schwere Verteilungs- und Verdrängungskämpfe. Das wissen auch die Eurokraten. Deshalb ist ihre Argumentation vorgeschoben.

UNO-Migrationspakt

Hier wird schon deutlicher, worum es den Globalisten geht: Vorrangig soll nicht mehr das Recht der sesshaft indigenen Bevölkerung gelten, ihren durch historische Leistung erworbenen Besitz, ihre Heimat, ihren Staat zu wahren. Vorrangig soll jetzt das Recht der Migranten, der Nomaden, sein, sich überall auf dieser Erde niederzulassen und die dort von Indigenen geschaffenen Strukturen und Ressourcen vollständig zu nutzen. Die UNO fordert in diesem Sinn ein vollständiges Durchgriffsrecht der Migranten insbesondere auf die Sozialsysteme der Staaten, in die sie einwandern.

Es gäbe dann keine illegale Einwanderung mehr, sondern nur noch eine illegale Verweigerung von Einwanderung, also eine vollständige Umkehr dessen, was sich vor 12.000 Jahren, dem Beginn der mittleren Steinzeit, durchgesetzt und Zivilisation überhaupt erst ermöglicht hat. Damals wurde das bis dahin vorherrschende „kommunistische“ Nomadenprinzip, nach dem allen alles gehörte, zunehmend durch ein Recht auf Eigentum und Privatbesitz relativiert und verdrängt.

Anders als beim Jagen und Sammeln kommt es bei Ackerbau und Viehzucht darauf an, auf längere Sicht zu planen, denn erst muss man säen und dann kann man – nach einiger Zeit – ernten. Da geht es nun mal nicht, dass dann irgendwelche Leute kommen und sagen: Wie schön, dass es hier etwas zu ernten gibt. Lasst uns das mal genießen. Es geht darum, dass der, der gesät hat, über das Recht auf Eigentum das Privileg zur Ernte seiner Saat hat. Auf diesem

Prinzip baut die ganze Zivilisation auf! Mit der Rückkehr zum Primat des Nomadenprinzips, nach dem Migranten einen Rechtsanspruch bekommen, da zu ernten, wo sie nicht gesät haben, untergräbt und beseitigt die UNO nicht nur die Grundlagen *unserer* Zivilisation, sondern die von Zivilisation überhaupt.
Für die Kommunisten und ihren Urgroßvater **Jean Jacques Rousseau** ist die Einführung des Privateigentums der große Sündenfall der Menschheitsgeschichte:

> „Der erste, der ein Stück Land eingezäunt hatte und dreist sagte: ‚Das ist mein', und so einfältige Leute fand, die das glaubten, wurde zum wahren Gründer der bürgerlichen Gesellschaft. Wie viele Verbrechen, Kriege, Morde, Leiden und Schrecken würde einer dem Menschengeschlecht erspart haben, hätte er die Pfähle herausgerissen oder den Graben zugeschüttet und seinesgleichen zugerufen: ‚Hört ja nicht auf diesen Betrüger! Ihr seid alle verloren, wenn Ihr vergesst, dass die Früchte allen gehören und die Erde keinem."
>
> [Diskurs 173]

Ein einfältiger Sozialist, der das Wesentliche nicht verstanden hat! Die Einführung des Privateigentums stellt nicht nur den Beginn von Zivilisation dar, sondern auch das materielle Korrrelat für die Entwicklung von *Individualität.* Erst mit dem Privateigentum konnte der Einzelne aus der Herde heraustreten und in stärkerem Maße Eigenheit entwickeln, eben das, was wir „Individualität" nennen.

Wenn es nach den globalistischen Ideologen à la Klaus Schwab und Co. ginge, sollte schon 2030 gelten: „Dir gehört nichts mehr, aber du wirst glücklich sein". Damit würden die globalen Putschisten die Menschen nicht nur materiell enteignen, sondern ihnen auch die Grundlage für Entwicklung von Individualität entziehen. Da Individualität zum Wesen des Menschen gehört, wird hier ein Frontalangriff auf den Menschen und seine Menschlichkeit vorbereitet! Die Globalisten sagen ganz offen, dass ihr Konzept nicht human sei. Es sei „transhuman", es gehe um „Transhumanismus". Was das bedeutet, sagen sie freilich nicht explizit: dass sie die Menschen ihres Menschseins berauben und sie zu Tieren machen, die in ihrem „Menschen-Zoo" scheinbar unbekümmert vor sich hingrunzen – nur noch Ballaststoff für die Auserwählten, die Globalisten und ihre Entourage!

Der UNO-Migrationspakt ist bislang noch in keinem Staat rechtsverbindlich etabliert. Besonders salomonisch äußert sich die deutsche Regierung dazu: Der Pakt sei rechtlich nicht bindend, aber „politisch verpflichtend". „*soft law*" nennen sie das: die Einführung eines Gesetzes durch die Hintertür – eine typische Methode des Westens, um politischen Widerstand der Bevölkerung gegen die eigene Politik nach und nach, subversiv-einschleichend, zu unterlaufen. Wann aus dem etablierten unverbindlichen Gewohnheitsrecht ein rechtlich verbindliches Gesetz wird, ist dann nur noch eine Frage der Zeit!

Migration und Machtpolitik

Multiethnisch und multikulturell heterogen zusammengesetzte Bevölkerungen bergen ein hohes inneres Konfliktpotential und sind deshalb instabiler als relativ homogen zusammengesetzte. Für die Herrschenden bedeutet das: Die internen Konflikte zwischen den verschiedenen Communities sorgen dafür, dass im Bedarfsfall keine einheitliche und wirksame Opposition gegen das System und seine Führer zustande kommt. „Teile und herrsche!" (*divide et impera*) ist auch hier Leitprinzip für die Regierenden und ihre Hintermänner. Je mehr Zuwanderung, desto mehr Spannungen und Konflikte in der Bevölkerung; desto mehr schlagen sich die Leute gegenseitig den Schädel ein, und die Herrschenden können sich beruhigt zurücklehnen. Gerade im amerikanisch-westlichen System spielt der Gesichtspunkt, Migration als politische Waffe einzusetzen, eine wichtige Rolle.

Die Aggressionskriege der USA im Nahen Osten und der damit verbundene Massenmord an der dortigen Bevölkerung haben Millionen Menschen in die Flucht nach Europa getrieben; ganz im Sinne der internen westlichen Arbeitsteilung: Die Amerikaner führen die Kriege und machen den großen Dreck. Die Europäer, vor allem die Deutschen, sind für die Folgen zuständig und müssen aufräumen und zusehen, wie sie die Millionen Flüchtlinge dann in Europa unterbringen und versorgen können.

Für manche ist die Destabilisierung Europas durch Massenzuwanderung aus dem Nahen Osten sogar das Hauptmotiv der USA für ihre dortige Intervention. Mutmaßlich ging es aber doch mehr um wirtschaftliche (Öl) und israelische Interessen, sprich: den Anspruch Israels auf ein Atomwaffenmonopol im Nahen Osten; und auch darum, dass die USA im Nahen Osten, dem geographischen Bindeglied zwischen Europa, Asien und Afrika, geopolitisch adäquat präsent sein wollen. Ein willkommener Nebeneffekt aber war für die Amerikaner die Massenflucht und die damit verbundene Destabilisierung und Schwächung des Konkurrenten Europa allemal!

Islam und Islamisierung Europas

Zuwanderung ist nicht gleich Zuwanderung. Es geht nicht nur um Quantität, sondern auch um Qualität, insbesondere um kulturelle Besonderheiten der Zuwandernden. Je größer die Differenz zur Kultur der Aufnahmegesellschaft, desto weniger Zuwanderer braucht es, um deren Kultur zu unterlaufen und aufzulösen. Dies gilt besonders für Moslems, die in Deutschland den höchsten Anteil der Zuwanderer stellen. Es müssen nicht über 50 % sein, schon 20 bis 25 % Moslems genügen in einer Gesellschaft, um diese islamisch zu erobern. Schon heute, wo wir in Deutschland noch deutlich unter einem 20 % Anteil liegen, erleben wir einschneidende Veränderungen im Kleinen wie im Großen: in zahlreichen Betriebs- und Schulkantinen gibt es kein Schweinefleisch mehr, die Badeordnung in Freibädern wurde zugunsten von Ganzkörper-Badeanzügen („Burkinis“) geändert und in Friedhöfen können Moslems – das Grundwasser spielt dann keine Rolle mehr – ihre Leichen ohne Sarg bestatten.

Noch schlimmer wird es, wenn Staatsanwältinnen und Lehrerinnen der zweiten oder dritten Zuwanderergeneration plötzlich ihre ursprüngliche Kultur „entdecken“ und darauf bestehen, im Gerichtssaal und im Schulklassenzimmer mit Kopftuch aufzutreten; oder wenn der Staat den Moslems zugesteht, sich bei Streitigkeiten nicht mehr am deutschen Zivilrecht, sondern an der Scharia zu orientieren.

Am schlimmsten ist es, wenn sogar strafrechtliche Normen durch Berufung auf die Religionsfreiheit aufgehoben werden und der ansonsten fast schon übermäßig dem Tierwohl zugetane deutsche

Staat den Moslems das Schächten gestattet; oder wenn Praktiken wie die Beschneidung von Minderjährigen, die ohne medizinische Indikation gemäß unserer Rechtsordnung eine Körperverletzung und Kindesmisshandlung darstellt, bei uns jetzt gang und gäbe sind.

Islam und Christentum haben ein völlig verschiedenes Menschen- und Gottesbild. Der Islam ist eine autoritär-patriarchale Religion. Es fehlt ihm das fraternale Element, der Sohn Gottes, der Mensch gewordene Gott. Für Moslems ist eine Menschwerdung Gottes der höchst denkbare religiöse Frevel, für den Christen dagegen das tiefste Geheimnis seiner Religion. Im Islam bleibt Gott im wahrsten Sinne des Wortes un-menschlich, und das „Paradies" der Moslems ist aus christlicher Sicht eine Art Menschenzoo. Es fehlt den Insassen an nichts, aber von der Möglichkeit, in die Sphären der Göttlichkeit aufzusteigen und selbst göttlich zu werden, kann nicht die Rede sein. Im Islam bleibt der Mensch immer ein Sklave Gottes, im Christentum dagegen ist er ein Kind Gottes, ein junger, ein werdender Gott, der, wenn er den Glauben hat, die ihm innewohnende Göttlichkeit entfaltet und selbst göttlich, zum Gott wird.

Islam und Christentum stellen zwei verschiedene und einander entgegengesetzte religiöse Entwürfe dar, was sich einschneidend auf die Entwicklung der Kulturen ausgewirkt hat, die aus ihnen hervorgegangen sind. Es ist deshalb kein Zufall, dass sich die beiden Kulturkreise immer wieder in kriegerischen Auseinandersetzungen gegenüberstanden und insbesondere der Islam nie aufhörte, Europa erobern zu wollen. 1529 und 1683 standen die türkischen Moslems vor Wien. Letztlich war es der starke christliche Glaube der Europäer, der es geschafft hat, eine weitere Islamisierung Europas zu verhindern.

Heute versuchen nicht wenige türkische Moslems, an diese Tradition anzuknüpfen und sie sozusagen zum erfolgreichen Abschluss zu bringen. Nicht zufällig benennen sie ihre Moscheen nach den Feldherren muslimischer Eroberungsfeldzüge in Europa, und sie denken gar nicht daran, sich unserer Kultur anzupassen. Vom Kopftuch bis zur Prunk-Moschee erklären sie ihr den Krieg, und anmaßend, wie sie nun mal sind, halten sie es schon für ein Entgegenkommen, dass sie unsere Gesetze einhalten und hier nicht ausschließlich nach der Scharia leben. Ihre Strategie ist es, riesige muslimische Parallelgesellschaften in den westlichen Gesellschaften zu etablieren. Nicht zuletzt aufgrund des demographischen Faktors – die zuwandernden Moslems sind deutlich jünger als die einheimische Gesellschaft – sollen die Parallelgesellschaften immer größer werden und nach und nach mehr oder weniger feindlich die einheimischen Gesellschaften übernehmen.

Dabei berufen sich die muslimischen Protagonisten auf die bei uns geltende **Religionsfreiheit.** Religionsfreiheit ist eine *Bekenntnisfreiheit.* Jeder kann sich zu der Religion bekennen, die ihm die wahre scheint. Das bedeutet aber mitnichten, dass auch für alle kulturellen Praktiken, die mehr oder weniger schlüssig aus dieser Religion abgeleitet werden, eine entsprechende Freiheit besteht. Man versucht also, Religionsfreiheit zu einer generellen *Kulturfreiheit* auszudehnen, die aber nirgendwo gilt, auch nicht bei uns. Sonst könnte man ja jede kulturelle Abstrusität bis hin zum Ehrenmord mit einem Recht auf Religionsfreiheit rechtfertigen.

Das Christentum ist in Europa zu Hause. Es ist die Religion, die Europa zur kulturellen und geistigen Weltmacht gemacht und seine Identität geprägt hat. Ursprung und Wirkstätte des Islam sind dagegen der Orient und Nordafrika. Es ist eine historische, kulturelle und politische Wahrheit: **Der Islam gehört nicht zu Europa.** Doch antichristliche westliche Elemente sehen das anders: Systematisch betreiben und fördern sie die muslimische Massenzuwanderung nach Europa. Auch sie berufen sich auf „Religionsfreiheit". Der massenhafte Import einer fremden Religion hat nichts mit Religionsfreiheit zu tun, aber sehr viel mit **Religionskrieg** und **religiöser Eroberung!** Die Moslems sind sich dieses innenpolitischen Kampfes der Kulturen wohl bewusst, die Brüsseler Eurokraten und ihr Anhang dagegen verschleiern diesen Zusammenhang. Sie wollen mit ihrer Appeasement-Politik gegenüber dem Islam das Christentum in Europa ausrotten.

Die zuwandernden und zugewanderten Moslems werden auch vom muslimischen Ausland massiv unterstützt werden; vor allem vom türkischen Staat über sein Religionsministerium in Ankara und sein in Deutschland aufgebautes DITIB-Netzwerk, das über 800 türkisch-muslimische Gemeinden beeinflusst und steuert; auch von Saudi-

Arabien, das in Deutschland Prunk-Moscheen am Fließband errichtet usw. Schließlich gibt es noch, von der Berliner Politik heruntergespielt, einen islamistischen Terror, der sich nicht nur individuell kriminell äußert, sondern bei sozialen Unruhen von muslimischen Gruppierungen gezielt im Bürgerkrieg eingesetzt werden kann.

Wir brauchen eine äußerst restriktive Islampolitik mit Verboten vom muslimischen Kopftuch bis zur medizinisch nicht indizierten, nur kulturell begründeten Beschneidung. Letztlich entscheidend ist die systematische **Rückführung** zahlreicher muslimischer Zugewanderter in ihren muslimischen Kulturkreis. Wir haben nichts gegen den Islam, aber sehr viel gegen ein islamisiertes Europa. Wir bräuchten eine Renaissance des Christentums! Die Europäer und vor allem die Deutschen sollten endlich ihre Religion und deren Traditionen und Riten zu neuem Leben erwecken. Geschieht dies nicht, gibt es bald ein böses Erwachen und kein Europa mehr. Nur ein christliches Europa ist Europa. Das, was die Eurokraten in Brüssel betreiben, hat mit Europa nichts zu tun, ist zutiefst antichristlich und schon dadurch antieuropäisch.

Die Afrikanisierung Europas, neuerdings „Afrikopäisierung" genannt

Auch bei der Zuwanderung geht es nicht nur um das Suppe-Salz-Prinzip, also um Quantität. Spezifische Faktoren können eine unverhältnismäßig große Wirkung erzielen. Dies gilt im Hinblick auf die kulturelle Seite vor allem für muslimische Zuwanderer, im Hinblick auf die ethnische Seite vor allem für schwarzafrikanische Zuwanderer. Für letztere gibt es inzwischen den Begriff Afrikopäisierung Europas, auf der Leipziger Buchmesse 2022 explizit thematisiert. Die Besucher wurden zu einer „Reise durch das schwarze Europa" eingeladen!

Die Massenzuwanderung von Schwarzen nach Europa hat seit 2015 gigantisch zugenommen. Von den Strippenziehern des westlichen Systems wird sie systematisch betrieben und ideologisch begleitet: keine Reklame, ob für Autos oder Unterhosen, ohne mindestens einen Schwarzen! Kein ARD-Tatort mehr ohne afrikanische Kulturbereicherer – natürlich nie in der Täterrolle, die grundsätzlich den weißen Europäern vorbehalten ist. Je mehr ihnen die westliche Journaille Honig ums Maul schmiert, desto selbstbewusster, um nicht zu sagen dreister, werden diese Herrschaften aus Afrika. Was dem einen das Kopftuch, sind dem anderen zum Beispiel Rastalocken. Zunächst harmlos, sind sie bei näherem Hinsehen ein kultureller Fehdehandschuh mit der Botschaft: Es geht uns nicht um Integration in Eure, sondern um Entfaltung und Ausleben unserer eigenen Kultur.

Die Kritik wird immer grundsätzlicher. Straßennamen, die irgendwie mit unserer Kolonialgeschichte zu tun haben, müssen verschwinden. In den USA werden bereits Statuen von Christoph Kolumbus zerstört. Da ist es nur noch eine Frage der Zeit, wann bei uns die ersten Bismarck-Büsten fallen.

Die Vorhut der schwarzen Zuwanderungslobbyisten wird noch grundsätzlicher: Es ginge nicht mehr, dass wir in Europa das Dunkle und Böse immer mit der schwarzen Farbe in Verbindung brächten. Mit dem inzwischen schon wahnhaft vorgetragenen Rassismus-Argument versuchen sie, unsere Geschichte, unsere Traditionen und unsere Kultur mehr oder weniger zu kriminalisieren. Von Grund auf wollen sie unser Denken ändern und unsere Identität umpolen, damit sie sich bei uns wohl und nicht „diskriminiert“ fühlen. Im Gegensatz zu den USA haben wir diese Leute nicht bei uns zwangsimportiert! Sie haben sich selbst eingeladen und lassen sich massenhaft von uns alimentieren. Von daher erwarten wir erstens Dankbarkeit und zweitens unbedingte Akzeptanz unserer Kultur!

Wir sagen schon an dieser Stelle ganz klar: **Afrika den Afrikanern, aber Europa den Europäern!** Europa ist ein weißer Kontinent, und er soll und wird es weiterhin bleiben. Ein schwarzes Europa ist kein Europa, und eine „Afrikopäisierung“ werden die Europäer mit allen Mitteln zu verhindern wissen. Das heißt nicht, und hieß es auch bislang nicht, dass in Europa keine schwarzen Menschen leben können. Aber weiß ist die Regel und schwarz die Ausnahme! Und die europäische Leitkultur ist die der Weißen, und die zuwandernden Schwarzen und anderen Ethnien haben sich danach zu richten und nicht umgekehrt!

Das eigentliche Ziel der offiziellen westlichen Politik ist die Abschaffung der weißen Rasse. Man sagt das natürlich nicht offen, ja man kriegt sich ob solchen Vorwurfs vor Empörung gar nicht mehr ein. Aber das Ergebnis spricht für sich: Die Weißen werden auf diesem Erdball immer weniger, nicht nur relativ, sondern auch in absoluten Zahlen!

Man hat bei den Deutschen angefangen. 1943 verbreitete ein Harvard-Anthropologe namens Earnest **Hooton** einen rassistischen Plan. Die Deutschen, die er für genetisch kriegslüstern und moralisch minderwertig hielt, sollten umgezüchtet werden. Alle Wehrmachtsangehörigen sollten in ein 20-jähriges Exil verbannt werden. Dort könnten sie Frauen schwängern und die Populationen „auffrischen". Gleichzeitig sollten in entsprechender Zahl nichtdeutsche Männer nach Deutschland gebracht werden, um mit deutschen Frauen Kinder zu zeugen, die dann nicht mehr so kriegslüstern und moralisch minderwertig sein sollten.

Wenn man nun naheliegenderweise die offizielle Zuwanderungspolitik der EU mit den Hooton-Plänen vergleicht und zahlreiche gemeinsame Schnittmengen feststellt, jaulen die links-grünen Staatsmedien auf! Es habe gar keinen Hooton-Plan gegeben, solche Parallelen seien absurd usw. Absurd sind hier nicht solche Parallelen, sondern das Gestammel der Staatsmedien, die leugnen, was nicht zu leugnen ist: den Massenimport nichteuropäischer Gene in die europäische Bevölkerung!

Konventioneller Rassismus und Vermischungsrassismus

Einige Jahre vor Hooton hat ein Mischling aus österreichischem Adel – seine Mutter war Japanerin – ein wesentlich umfassenderes und grundsätzliches Konzept für eine universale Rassenvermischung vorgelegt. Er hieß **Coudenhove-Kalergi** und gilt als Vordenker der Brüsseler EU. Auch ein Preis, den die EU regelmäßig auslobt, ist nach ihm benannt.

Rassismus ist eine Ideologie, die den Gesichtspunkt der Rasse zum Dreh- und Angelpunkt des eigenen Denkens macht. Das gilt zu 100 % für Coudenhove-Kalergi. Er will das Konflikt- und Hasspotential zwischen den Rassen dadurch abschaffen, dass er die Rassen insgesamt abschafft. Alle Rassen sollen sich wild miteinander vermischen. Am Ende würde nur noch eine einzige Mischlingsrasse übrig bleiben. Diese würde, das glaubt er, wie die alte ägyptisch-negroide Rasse aussehen. Im Gegensatz zum konventionellen Rassenreinhaltungsrassismus predigt Coudenhove-Kalergi also nicht totale Reinhaltung, sondern totale Vermischung von Rassen. Dementsprechend kann man das, was er hier vorträgt, als *Rassen-Vermischungsrassismus* bezeichnen.

Eine solche Vermischung von Rassen wird seit Jahrzehnten systematisch in den USA praktiziert. Im Gegensatz zu den hohen Erwartungen der Multikulturalisten hat sie aber nicht zu immer weniger, sondern zu immer mehr Rassenhass in der Gesellschaft geführt. Nirgendwo auf der Welt ist Rassismus stärker entwickelt als in den USA. Demnach gilt: Je mehr *Rassenvermischung, desto mehr Rassenhass,* und rassisch vermischte Gesellschaften sind offensichtlich Brutstätten des Rassismus. Leute, die vorgeben, Rassismus bekämpfen zu wollen und gleichzeitig mit allen Mitteln ausgerechnet das US-amerikanische Rassenvermischungsmodell in Europa durchsetzen wollen, sind entweder völlig bekloppt oder extrem bösartig.

Dabei spielt in den USA inzwischen der Rassismus der Schwarzen gegen die Weißen politisch und gesellschaftlich eine größere Rolle als der *Ku-Klux-Klan-Rassismus* der Weißen gegen die Schwarzen. Die Spitze dieser schwarzen Rassenhass-Bewegung ist BLM: Black lives matter! Das heißt: „*Schwarze* Leben zählen“, und heißt nicht: „Schwarze Leben zählen auch“. Es heißt auch nicht: „Alle Leben zählen“! Es heißt nur: „Schwarze Leben zählen“! Offensichtlich zählen also nur schwarze Leben und weiße nicht. Dabei richtet sich der Hass in besonderer Weise gegen weiße Polizisten. Wenn man aber in die Statistik der USA schaut, sieht man: Die meisten Menschen werden in den USA von Schwarzen ermordet, und insbesondere werden wesentlich mehr Weiße von Schwarzen als Schwarze von Weißen getötet.

Das sind die Fakten! Aber die rassistische Propaganda der grünen Kommunisten und schwarzen Lobbyisten will sie nicht wahrhaben und versucht mit allen Mitteln, das Gegenteil zu beweisen. Es gehört zur Basisstrategie des Westens, den politischen Gegner immer als „Täter“ und Angreifer hinzustellen und die, für die sie Lobbyisten sind, als „Opfer“ und Angegriffene: die Verteidigung von „Opfern“ – Dreh- und Angelpunkt der westlichen Pseudomoral. Dementsprechend sind auch nicht die Migranten, die massenhaft in Europa eindringen, die „Täter“, sondern die Europäer, die sich gegen diese Okkupation zur Wehr setzen.

Diesem moralisierenden Ideologie-Zirkus muss man ein Ende bereiten. Was dieser Staat und seine Medien hier treiben, ist Meinungs- und Psychoterror. Wir müssen dem mit harten Worten entgegentreten, was an der ideologischen Front, im „Krieg der Worte“ zu geschehen hat. Die rot-grünen Kommunisten, die wichtigsten Lobbyisten des schwarzen Rassismus, versuchen die Weißen, insbesondere die Europäer, immer und überall in die Defensive zu treiben. Alle Weißen seien mehr oder weniger „rassistisch“, auch wenn sie es selbst gar nicht bemerkten. Dieser Generalvorwurf wird erst einmal in den Raum gestellt – ein Manöver psychologischer Kriegsführung! Jeder Weiße soll sich ständig rechtfertigen und in jedem Satz irgendwie bekennen müssen, dass er wirklich kein Rassist sei. Wenn wir uns auf diesen ständigen Selbstrechtfertigungsterror einlassen, haben wir den „Krieg der Worte“ schon verloren.

Im Nationalsozialismus wurde den Menschen beigebracht, dass die Rasse das wichtigste Identitätsmerkmal ihrer Existenz sei. Im „antirassistischen“ Westen gilt das Gegenteil: Die Rasse spiele in der Identität eines Menschen überhaupt keine Rolle, und einige Pseudowissenschaftler gehen noch weiter und unterstellen, es gäbe überhaupt keine Rassen. Die Wahrnehmung von Rassen sei quasi eine optische Täuschung, mindestens aber ein Vorurteil.

Doch der Rassefaktor spielt bei jedem Menschen eine Rolle, vor allem auf der biopsychologischen Ebene, wenn es um Sympathie oder Abneigung gegenüber anderen geht. Er ist ein Faktor, sollte aber nicht der entscheidende, sondern als biologischer Faktor dem geistigen, also kulturellen Faktor untergeordnet sein. Wie stark er sich bei einem Menschen auswirkt, hängt auch von dessen geistig-kultureller Entwicklung ab: Je höher diese, desto geringer wirkt er. Ihn aber völlig zu verkennen und zu leugnen, zeugt von ideologischer Verblendung.

Indem der Nationalsozialismus den Rassefaktor bedeutungsmäßig unheimlich aufgeladen hat, förderte er eine geistig-kulturelle Regression des deutschen Volkes und schaffte den Nährboden für das heutige Gegenteil. Gerade die jungen Menschen bei uns, in der Schule völlig verbogen, realisieren in keiner Weise ihre auch rassisch-ethnische Identität, wohingegen diese bei Zugewanderten in der Regel stark ausgeprägt ist und durch die Ideologen noch verstärkt wird.

Schon der chinesische Militärstratege *Sunzi* sagte: *Wenn zwei Krieg führen und einer dabei gar nicht realisiert, dass es ein Krieg ist, wird er es sein, der diesen verliert.* So sind die deutschen Jugendlichen bei entsprechenden Auseinandersetzungen in einer schwierigen Ausgangsposition. Oft biedern sie sich an und lassen sich in ein geistig selbstmörderisches antideutsch-rassistisches Fahrwasser hineinmanövrieren, was dann zu noch dreisterem Auftreten ausländischer Jugendlicher führt.

Was Rassismus in der politischen Praxis bedeutet, ist leicht zu beantworten: Jeder, der sich gegen die offizielle EU-Zuwanderungspolitik stellt, ist ein „Rassist"! So funktioniert psychologische Kriegsführung, so zerstören die westlichen Akteure Nationalstaaten, lösen Nationalvölker auf und setzen dabei den Anti-Rassismus als ideologisch flankierende Maßnahme ein.

Kolonialismus und Negersklaverei

In grundsätzlicheren Diskussionen hebt man dann auf den europäischen Kolonialismus und auf die US-amerikanische Negersklaverei ab. Letztere, exzessiv betrieben von den edlen Gründervätern der USA, war ohne Zweifel ein kultureller und humanitärer Rückschritt in der Geschichte der Menschheit. Der Kolonialismus aber ist komplex-ambivalent. In seiner Gesamtbilanz muss man ihn, zumindest was den *deutschen* Kolonialismus betrifft, als positiv einschätzen!

Das fängt mit der Entwicklung des Gesundheitswesens, des Verkehrswesens, des Verwaltungswesens usw. an. Noch bedeutender ist die Entwicklung des Schul- und Bildungswesens. Hier haben gerade die Deutschen in Ostafrika zur Entwicklung einer gemeinsamen

Sprache und dadurch zur Nationenbildung einen entscheidenden Beitrag geleistet. Viele Afrikaner wissen das noch heute sehr zu schätzen, und es ist kein Zufall, dass gerade die Deutschen in ihren ehemaligen Kolonien und in der gesamten sog. Dritten Welt immer noch ein relativ hohes Ansehen genießen – im Gegensatz zu den englischen und auch französischen und sonstigen Kolonialherren, denen es weit mehr um Ausnutzung und Ausbeutung ihrer Kolonien ging, als dies bei den Deutschen der Fall war. Je mehr aber die Deutschen im Schlepptau der amerikanisch-westlichen Neokolonialisten agieren, desto mehr und desto schneller wird ihr Ansehen in diesen Ländern auf britisches Niveau absinken, und das ist nicht sehr hoch.

Deutsche Kolonialverbrechen?

Die Deutschen haben ihre Kolonien ohne einen Schuss, also ohne militärischen Einsatz, rein käuflich, erworben. Es ist widerlich, wenn jetzt gewisse deutschfeindliche Protagonisten des Westens ausgerechnet die Deutschen ins Rampenlicht kolonialer Verbrechen zerren wollen, siehe die Geschichte in der Omaheke-Wüste in Namibia. Dort kam es 1904 zu blutigen Aufständen, bei denen zahlreiche Deutsche von Einheimischen massakriert wurden. Der militärische Gegen- und Befriedungsschlag der deutschen Kolonialverwaltung gerät zum Desaster, weil sich die Führer der Aufständischen nicht ergaben, sondern mit ihren „zivilen Geiseln" in die Omaheke-Wüste flohen und etliche von ihnen dort umkamen. Dass es zu solchen Opferzahlen kam, lag nicht an den dort kämpfenden Deutschen, sondern an den Anführern des Aufstands.

Die auf deutschen Völkermord spezialisierten heutigen Historiker-„Eliten" sehen das natürlich anders. Sie sprechen bei den auf der Flucht durch Hunger und Durst umgekommenen Menschen, ganz im Sinn ihres à la Relotius gehandhabten Narrativs, von „Völkermord", was im antideutschen Diskussionsmilieu von ARD, ZDF und Co. dann entsprechend ausgeschlachtet wird. Die Selbstbesudelungssucht der Deutschen, die ihnen die US-Amerikaner nach dem Zweiten Weltkrieg anerzogen haben, verhindert auch hier eine einigermaßen objektive Geschichtsdarstellung.

Die größte Errungenschaft der Kolonialvölker, die sie von den Europäern bekommen haben, ist die Religion der Europäer, das

Christentum! Sehr, sehr viele Afrikaner haben an dieser Religion festgehalten, obwohl sie heute ja wirklich genügend Alternativen hätten! Den Europäern selbst dagegen ist diese ihre Religion im Gefolge ihrer Vereinnahmung in den atheistischen amerikanischen Westen weitgehend abhanden gekommen. So können sie mit dem Argument vom Christentum als kolonialer Errungenschaft nicht mehr viel anfangen, im Gegenteil: Sie machen auch das noch zum antieuropäischen Vorwurf: Die Europäer hätten damit die so wertvollen indigenen afrikanischen Religionen vernichtet. Gleichzeitig aber wird ganz selbstverständlich mit missionarischer und auch militärischer Inbrunst die neue Religion des Westens, der Menschenrechtskolonialismus verbreitet. Darüber ist noch zu sprechen.

Auf jeden Fall ist in diesem Zusammenhang an den Begriffen *Entwicklung und Entwicklungsländer* festzuhalten, die davon ausgehen, dass das Zivilisierungstempo auf dem Globus in den verschiedenen Regionen verschieden ist und die Europäer, bedingt durch ihre Religion und Kultur, gegenüber manchen Regionen in Afrika einen zivilisatorischen Vorsprung von einigen tausend Jahren hatten. Das ist nicht Eurozentrismus, sondern eine Tatsache für alle, die nicht ideologisch indoktriniert und nicht der Ansicht sind, dass Geschlechtsverstümmelung und sodomitische oder kannibalistische Rituale bis hin zu Menschenopfern zu einer hochentwickelten Menschheitskultur gehören. In diesem Sinn konnten sich die Entwicklungsländer viel Schweiß, viel Geist, viel Arbeit und viel Blut ersparen, mit denen die Europäer ihren Gipfelsturm zur Hochkultur bezahlen mussten. Auch diese Sicht der Dinge gehört zu einem positiven **Europäismus** – Voraussetzung für eine Renaissance Europas und ein neues Selbstbewusstsein der europäischen Völker! Auf dieser Basis kann auch diskutiert werden, inwieweit im Einzelfall bestimmte Kulturobjekte aus Kolonialländern, die durch europäische archäologische Wissenschaftler entdeckt und nach Europa gebracht wurden, als Tribut für geleistete Entwicklungshilfe angesehen oder aber zurückgegeben werden.

Den globalistischen Ideologen des Westens geht es beim Thema *Kolonialismus* nicht um vorurteilsfreie Klärung der Frage: ein gigantischer zivilisatorischer Missionierungsakt, der vielen Völkern im Zeitraffer den Weg aus der Steinzeit in die Jetztzeit ermöglicht hat? Oder ein gigantisches Ausbeutungsverbrechen der Kolonialisten?

Oder Beides, und wenn ja: was mehr? Sind also Dankbarkeit der Kolonisierten oder Schuldbekenntnis und Wiedergutmachung der Kolonialisten angesagt? Den globalistischen Ideologen geht es nicht um Wahrheit und Aufklärung. Sie entscheiden sich ohne Wenn und Aber für die *Verbrechensversion,* weil sie ein neues **Narrativ** brauchen, um ihre Rassismus-Vorwürfe gegenüber den Europäern auf ein scheinbar rationaleres Fundament stellen zu können. Es war schon im Fall des Holocausts erfolgreich, ein Massenverbrechen des Zweiten Weltkriegs in eine metapolitische zivilreligiöse Sphäre zu hieven und die Deutschen damit zum „Tätervolk" zu machen und ihnen quasi eine Erbschuld aufzubürden. Mit dieser glaubt man, sie bis zum Ende aller Tage erpressen und demütigen zu können. Dabei spielt der pauschale und willkürliche Einsatz des Antisemitismus-Vorwurfs eine entscheidende Rolle.

Der Holocaust als Zivilreligion ist für die globalistischen Ideologen freilich nur bei Deutschen anwendbar. Beim Rassismus-Vorwurf geht es aber nicht nur um die Deutschen, sondern um alle Europäer! Um hier die geplanten Schuldorgien inszenieren zu können, versucht man deshalb das Holocaust-Narrativ durch ein Kolonialismus-Narrativ zu ergänzen bzw. zu erweitern.

Deutschenhass und Anti-Europäismus

Um die Politik ethnokultureller Durchmischung und eines Bevölkerungsaustausches durchzusetzen, ist der Rassismus-Vorwurf die wichtigste Allzweckwaffe gegen die inneren Feinde des Systems. Aber wie alles, was das westliche System hervorbringt, ist auch das Thema *Rassismus* von Lügen durchsetzt. Erst einmal sollten wir feststellen: Heute ist nicht die Diskriminierung von Fremden und Zugewanderten und eine Verletzung von deren Menschenwürde das Problem, sondern die Verletzung der Menschenwürde der deutschen resp. europäisch-indigenen Bevölkerung – eine Verletzung ihrer kulturellen Identität, ihres Rechts auf Heimat und durch Leistung erworbenen Besitzstands, ihres Leibes und Leben. Deutschenfeindlichkeit bis hin zu blankem antideutschen Rassismus bestimmte die Politik der rot-grünen Kommunisten von Anfang an. Claudia Roth mit ihren Transparenten: „Nie wieder Deutschland" und „Deutschland verrecke" ist nur die Spitze des Eisbergs. Hierher gehört auch der weit verbreitete *Alman-Hass* der Türken gegen Deutsche und nicht zuletzt der neueste Kampfbegriff der Rot-Grünen: *Nazi-Hintergrund*! Sie wollen jetzt biologisch unterscheiden zwischen **„Deutschen mit Migrationshintergrund“** und **„Deutschen mit Nazi-Hintergrund“** – ein beispiellos rassistisches Manöver aus der dreckigen Propagandaküche des rot-grünen Systems!

Messermorde

Schlimmste Form eines antideutschen und antieuropäischen Rassismus sind die zahlreichen Messermorde ausländischer Täter. Man sagt, es handle sich um psychische Störungen der Täter – eine Vertuschung des Sachverhalts, denn solche psychische Störungen gibt es auch in großem Maß bei europäischen Menschen. Dennoch werden die meisten dieser Anschläge von Kulturfremden verübt. Warum? Weil die psychische Störung nicht für sich, sondern nur im Zusammenhang mit der kulturellen Prägung des Täters zu solchen Taten führt. Viele dieser Zugewanderten sind ja nicht froh und dankbar, dass sie hier aufgenommen wurden. Vielmehr blicken sie mit Hass und Neid auf unsere Gesellschaft, und wenn dann irgendwelche psychische Störungen dazu kommen, entlädt sich dieser Hass in solch kulturspezifischen Gewalttaten gegen Menschen aus der deutschen Bevölkerung. Der Rassen- und Kulturhass der Täter ist die eigentliche Ursache zahlreicher Messermordtaten, und es ist ein Skandal, dass der antieuropäische Rassismus, der dahinter steckt, durch ein paar Monate psychiatrische Behandlung vertuscht und dadurch letztlich gefördert wird.

Eine Psychopathologie anderer Art ist es, wenn die Protagonisten muslimischer Zuwanderung den Deutschen *Islamophobie* vorwerfen. In gewisser Weise eine Steigerung des Rassismusvorwurfs, denn wir werden hier, wenn wir uns gegen die muslimische Eroberung unseres Kontinents zur Wehr setzen, für medizinisch krank und behandlungsbedürftig erklärt – eine beispiellose Anmaßung dieser selbsternannten zugewanderten Islam-„Mediziner“, aber auch eine völlige Verdrehung der Wahrheit. Denn wir haben nichts gegen sie und ihren Islam, wohl aber sehr viel dagegen, dass sie das, was sie 1529 und 1683 militärisch nicht geschafft haben, jetzt durch die Hintertür einer Massenzuwanderung erreichen wollen. De facto ist das **ein kalter Religionskrieg**, der den religiösen Charakter und religiösen Frieden unserer Gesellschaft in ihren Fundamenten erschüttert, den Zusammenhalt unserer Gesellschaft untergräbt und zu erheblichen religiösen und sozialen Unruhen führen wird.

Die aktuellste Variante des antiweißen Rassismus ist derzeit ein antirussischer, der sich in unglaublicher Offenheit äußert: So erklärt der ukrainische Botschafter in Berlin, er werde die Einladung zu einem Konzert nicht wahrnehmen, weil bei den Musikern einige Russen mitwirken würden. Die Grünen und sonstige Hüter der Antirassismus-Religion jubeln ihm auch noch zu und reichen ihn von Talkshow zu Talkshow!

Schließlich sei noch einmal an den BLM-Rassismus erinnert, der eine Kriegserklärung gegen uns Weiße darstellt. Immer mehr wird dabei vor allem auf diversen Sportveranstaltungen die religiöse Neutralität der Events missachtet. Die pseudosakralen BLM-Rituale mit Kniefall etc. sind praktizierter Rassenkampf. Mit solchen Provokationen fördert man den Rassismus und die Entwicklung von Rassentumulten. Schwarze, die diesen Kult bei öffentlichen Veranstaltungen betreiben, sollten umgehend des Platzes verwiesen werden, und dies nicht nur für ein paar Stunden, sondern für einige Monate! Auch hier gilt: **Afrika den Afrikanern, Europa den Europäern!**

Demographie und die Notwendigkeit von Massenabschiebungen

Die Deutschen stehen mit dem Rücken zur Wand. Sie werden im eigenen Land zur Minderheit. Bei den unter 18-Jährigen sind sie es schon, in einigen Großstädten auch schon bei der Gesamtbevölkerung. Durch systematisch betriebenen Zustrom von Millionen Menschen aus fremden Kulturen, die schon aufgrund ihrer Masse nicht mehr integrierbar waren, ist der innere Zusammenhalt dieser Gesellschaft zerbrochen. Dies gestehen auch linke Staatsideologen ein, die hierfür freilich den Rechten die Schuld geben. Durch ihre Hetze gegen Zugewanderte würden sie deren Integration verhindern. Hier wird freilich wieder einmal der Überbringer der schlechten Nachricht für ihren Inhalt verantwortlich gemacht. Denn es waren die Linken, die rot-grünen Kommunisten, die in den letzten

30 Jahren den Bevölkerungsaustausch vorantrieben und die europäische Kultureinheit, das entscheidende Band gesellschaftlichen Zusammenhalts, zerstört haben.

Was ist jetzt noch zu tun? Noch mehr, aber besser kontrollierte Zuwanderung? Noch mehr Integrationsmaßnahmen? Alles vergebliche Liebesmühe und 30 Jahre zu spät! Jetzt geht es nur noch um Notfallmaßnahmen, und das bedeutet vollständigen Zuwanderungsstopp und Abschiebung, Abschiebung, Abschiebung! Wollen wir noch ein einigermaßen integrationsfähiges Volksgebilde und dies auf einer europäisch-kulturellen Basis? Wenn ja, dann müssen wir jetzt einen völligen Zuwanderungsstopp verordnen und in den nächsten Jahren circa drei bis fünf Millionen Menschen, die in den letzten 30 Jahren aus fremden Kulturen zugewandert sind, in ihre Kulturen zurückbringen – „remigrieren“, „repatriieren“ oder wie immer man das nennen mag. Jede andere Politik bedeutet einen ethnokulturellen Suizid der deutsch-europäischen Bevölkerung.

Triage bei Integration und Abschiebung

Aus praktischen und noch mehr aus grundsätzlichen Erwägungen müssen wir bei den Zugewanderten eine Triage praktizieren: ca. ein Drittel von ihnen sind für uns und unser Land eine Bereicherung, nicht nur wirtschaftlich, sondern auch kulturell und menschlich. Es sind diejenigen, die sich aktiv und harmonisch in unsere deutsch-europäische Kulturgemeinschaft einfügen. Sie verdienen vollständige Akzeptanz. Wir sind dankbar, dass sie da sind, denn wir brauchen sie. Das fängt schon bei dem großen Abschiebungsprojekt an. Wir erwarten erheblichen Widerstand der rot-grünen Elemente dieser Gesellschaft, und wir werden das nur schaffen, wenn die Konfliktlinie nicht zwischen indigenen Deutschen und zugewanderten Ausländern verläuft. Sie muss mitten durch die Zugewanderten gehen: auf der einen Seite also die indigenen Deutschen und die integrationsfähigen und integrationswilligen Zugewanderten, auf der anderen Seite die nicht integrationsfähigen und abschiebungspflichtigen Zugewanderten. Der richtige Verlauf dieser Trennungslinie wird über den Erfolg des Gesamtprojekts entscheiden.

Wir brauchen dieses Drittel der Zugewanderten nicht nur im Hinblick auf Abschiebung der anderen, sondern auch grundsätzlich.

Das deutsche Volk ist durch Nationalsozialismus, Weltkrieg, US-amerikanische Umerziehung und schließlich die seit 1968 stattfindende subversive grün-kommunistische Revolution geistig, kulturell und auch biologisch ausgelaugt und nur noch in Restbeständen als Volk existent. Wir können eigentlich nicht mehr von einem deutschen Volk als geschichtlich handlungsfähigem Subjekt sprechen, sondern nur noch von einer deutschen „Bevölkerung", die Geschichte und Politik geschehen lässt, also mehr passiv erleidet als aktiv gestaltet.

Dies liegt vor allem an den deutschen Eliten, in denen sich eigenartig und fast schon spezifisch deutsch eine hohe funktionale Intelligenz und Kulturträchtigkeit mit kadaverloyalem Obrigkeitsverhalten und ausgesuchter politischer Dummheit vermengen. Psychologisch kommt noch ein autodestruktiver Hang zum dramatischen Untergang hinzu, und das allergrößte Problem ist, dass diese Eliten, eher als ihr Volk, ihren großen christlichen Glauben verloren und diesen in einen kleinkarierten Moralkodex umgewandelt haben. Im Nationalsozialismus orientierte man sich dabei an Reich und Rasse, ab 1968 dann zunehmend am US-amerikanischen Konstrukt sog. Menschenrechte – beides, von der Höhe des christlichen Glaubens aus betrachtet, ein geistiger Absturz, wie er schlimmer nicht vorstellbar ist!

Wir brauchen also dringend eine geistige Erneuerung, um lebensfähig zu bleiben bzw. wieder zu werden, und dafür ist – da haben die Linken nicht unrecht – auch Zuwanderung eine Chance und ein Potential, aus dem wir schöpfen können und müssen. Wer diesen positiven Aspekt der Zuwanderung missachtet, kann nicht nur keine sinnvolle Zuwanderungspolitik, sondern auch keine sinnvolle Gesamtpolitik betreiben.

Wenden wir uns dem negativen Drittel der Zugewanderten zu! Wenn wir als europäische Gesellschaft überleben und nicht in ein amorphes afroasiatisches Vielvölker-Gebilde transformiert werden wollen, müssen wir diese Menschen mit Härte und Konsequenz abschieben. Das wird schwer werden, weil nicht zuletzt ein Heer von vermeintlich idealistischen Deutschen nur die individuelle Problematik von Zuwanderer-Schicksalen und nicht die politische Gesamtproblematik sieht oder sehen will. Angesichts der Dimension dieser Aktion werden sich individuelle Härten und auch Ungerechtigkeiten nicht vermeiden lassen, aber es muss allen klar sein und klar gemacht werden: Wer allen helfen will, kann zuletzt niemandem mehr helfen – und vor allem nicht mehr sich selbst. Ein suizidaler Helfer-Idealismus sieht auf den ersten Blick gut aus, ist es aber nicht! Bei genauerem Hinsehen erkennt man, dass sich hier zahlreiche Menschen zu nützlichen Idioten des Bösen machen.

Kriterien für die Abschiebung

Es ist sicher nicht einfach, das abzuschiebende Drittel konkret zu definieren. Erst einmal wird man Männer und Frauen ohne Familien abschieben. Weitere Kriterien wären:

- Wie lange lässt sich jemand vom Staat alimentieren? Je länger, desto weniger können wir ihn brauchen.
- Kriminalität sollte in jedem Fall, nicht erst bei Schwerstkriminalität, ein Abschiebegrund sein.
- Wie verhält sich jemand kulturell? Kann er nach zwei Jahren Anwesenheit immer noch keine Basiskonversation in Deutsch führen? Kultiviert er Parallelgesellschaften und fremde Kulturrituale wie Schächten, Burka und anderes?
- Ostasiaten sind in der Regel wesentlich integrationsfähiger als Menschen aus dem islamischen Kulturkreis. Der Islam ist nicht überall, wohl aber in Europa ein expliziter Risikofaktor für das Gelingen einer positiven Integration.
- Bemüht sich jemand aktiv um Integration in einem deutschen Umfeld? Oder profiliert er sich frühzeitig in einer antideutschen Protest- und Vorwurfskultur, fühlt sich ständig diskriminiert und lässt jede Dankbarkeit vermissen für all das, was ihm hier geboten und geschenkt wird.
- Am schlimmsten in diesem Drittel sind die Ausländer, die in den Systemparteien an vorderster Front ihren antideutschen Migranten-Lobbyismus betreiben und uns von morgens bis abends Rassismus und Diskriminierung vorwerfen.

Wir erwarten aktive Integration als *Bringschuld der Zugewan*derten, nicht als Versorgungsverpflichtung der indigenen Deutschen gegenüber den Zuwanderern. Dabei gilt: Es genügt nicht, nicht negativ aufzufallen. **Man muss positiv auffallen, um hierbleiben zu**

können. Kriminalität ist das kleinere Problem, das größere eine antieuropäische Eroberungsmentalität, der es vorrangig darum geht, die eigene Kultur gegen die indigene durchzusetzen.

Praktisch ist von Bedeutung, dass mehrere Staaten in Asien und Afrika für entsprechende Auffanglager gefunden werden. Die Briten haben mit Ruanda einen ersten Schritt getan, der entsprechend ausgebaut werden muss.

Innerhalb der EU ist eine solche Politik unmöglich, denn die EU will den Bevölkerungsaustausch und tut alles, um ihn umzusetzen. Für die Briten war das im Übrigen der wichtigste Grund, die EU zu verlassen!

Schon beim ersten geplanten Ruanda-Flug der Regierung *Johnson* wurde auch deutlich, dass ein Brexit bzw. ein Dexit nicht genügt. Es gelang den Globalisten über den sog. *Europäischen Gerichtshof für Menschenrechte* den von der britischen Regierung angeordneten Ruanda-Flug zu verhindern. Dieser Gerichtshof ist nicht einmal eine Institution der EU, sondern eine des sog. Europarats, einer rein privatrechtlichen Vereinigung!

Wirksame politische Maßnahmen gegen den Bevölkerungsaustausch sind nur möglich, wenn die strukturellen Voraussetzungen geschaffen sind. Das bedeutet konkret: **Austritt aus der EU und Abschaffung supranationaler Gerichtshöfe à la EuGMR.** Auch eine weitere Mitgliedschaft in der UNO ist nur zu rechtfertigen, wenn sich eine realistische Möglichkeit auftut, die dort praktizierte Migrationspakt-Politik zu kippen.

Gesamtziel der Aktion sollte sein, den Anteil von Menschen mit Migrationshintergrund[1] langfristig auf maximal 20 % zu begrenzen. Um dies zu erreichen, brauchen wir für einige Zeit eine radikale Abschiebungspolitik. Die Alternative dazu ist, nichts zu tun, und das bedeutet ein afroasiatisches Vermischungsgebilde, das sich „EU“ nennt, in zwei bis drei Generationen. Die Deutschen sind dann so et-

---

1 alle Personen, die mindestens zwei Großeltern haben, deren Muttersprache nicht Deutsch ist;

was wie die Indianer Europas, und Europa wird wieder – eine Regression – zu Westasien und verliert seine geistige Identität. Um das zu verhindern, hätten vor 40 Jahren noch homöopathische Maßnahmen genügt. Heute geht das, um im medizinischen Bild zu bleiben, nur noch mit einschneidender chirurgischer Therapie.

Schuld und Verantwortung

Schuld und Verantwortung für die Europas Existenz gefährdende Migrationspolitik tragen nicht die Migranten und Asylanten, sondern die Politiker in Brüssel und Berlin. Auf unseren Straßen sieht man jetzt schon mehr Ausländer als Deutsche, und immer weniger spricht man Deutsch. Man ist geneigt, die aufkommenden negativen Emotionen auf die Zugewanderten zu lenken. Das bringt aber nichts, verdirbt nur die Stimmung und verhindert positive Kontakte zu *den* Menschen, die diese verdienen würden. Unsere negativen Emotionen sollten wir auf die verantwortliche Politik konzentrieren, auf die rotgrünen Kommunisten und das westliche System, in dessen Auftrag sie agieren.

Darüber hinaus müssen wir im Hinterkopf behalten: Die meisten Migranten kommen zu uns aus Nordafrika, aus dem Orient und auch aus Zentralasien, also aus Regionen, wo unsere westliche Führungsmacht, die USA und ihr Anhang, auf fürchterlichste Weise gewütet hat. Allein im Irak haben die US-Amerikaner 500.000 Zivilisten umgebracht und überall Terror und Chaos verbreitet. Die beste und sinnvollste Migrationspolitik ist deshalb der konsequente Kampf gegen die USA und ihre globale Kriegspolitik. Wer sich für den Fortbestand oder gar die Erweiterung der NATO einsetzt, unterstützt die USA und ihre Kriegspolitik und macht sich mitschuldig an deren Kriegsverbrechen und Massenmorden. Schon gar nicht ist er legitimiert, Migranten, die vor dieser Kriegspolitik geflohen sind, irgendwelche Vorwürfe zu machen.

Jenseits der Politik liegende Ursachen für Migration

Der griechische Philosoph Heraklit sagt: Das Pendel schlägt in die eine Richtung genauso stark aus wie in die andere. Das heißt: Ein Extrem gebiert ein gleich großes Gegenextrem. Für die Zuwanderung bedeutet das beispielsweise: Wenn in einer Gesellschaft religiöse Indifferenz und Agnostizismus massiv zunehmen, entstehen wie auch immer Kräfte, die das auszugleichen versuchen. Wenn die inneren Ausgleichsmöglichkeiten des Systems erschöpft sind, werden äußere Kräfte angezogen, die einen entsprechenden Ausgleich bringen. Im konkreten Beispiel bedeutet das einen massiven Zuzug von sehr bewusst religiös lebenden Menschen mit einem Glauben, der umso fundamentaler und fanatischer ist, je areligiöser und atheistischer die Aufnahmegesellschaft ist. **Westliche Gottlosigkeit und islamischer Fundamentalismus ziehen sich also an.** Der Zusammenprall der Extreme bringt den notwendigen Ausgleich und gebiert die neue Mitte.

Ein anderer Aspekt von Zuwanderung ergibt sich uns aus Nietzsches Philosophie. Für ihn ist das Leben ein In- und Gegeneinander von *apollinischen* und *dionysischen* Kräften, benannt nach den griechischen Göttergestalten *Apollo* und *Dionysos*. Apollo repräsentiert das Helle und Klare, die Sonne, das Licht, die kühle ordnende Macht von Geist und Bewusstheit; Dionysos dagegen den Rausch, das Dunkle, das Chaos. Für Nietzsche ist das Dionysische in seiner Unbewusstheit und ungezähmten Kraft das eigentliche Leben. In der abendländischen Geschichte seit Sokrates sei es domestiziert, ja vergewaltigt worden, aber jetzt sei die Zeit, wo es aus den Abgründen des Lebens herausbricht, die abendländisch-christliche Kultur wie ein Moloch verschlingt und ein elementares Chaos sich universal entfalten lässt. In vielen Europäern kommt mit der Invasion vor allem afrikanischer Migranten die Angst vor solch einem nietzscheanischen Untergangsszenario auf. Gerade in Deutschland gibt es freilich auch genügend Intellektuelle, die diesem Untergang zumindest unterbewusst freudig entgegenfiebern.

Die große Schuld

In den letzten Jahrzehnten wurden in Deutschland ca. sechs Millionen Kinder im Mutterleib getötet. Es gibt Menschen, die diese Massentötungen mit Verbrechen totalitärer Staaten vergleichen. Was das Ausmaß des Tötens anlangt, ist dies nachvollziehbar; was die „Täter" und deren Motivation betrifft, freilich nicht. Dennoch steht es diversen Zeitgeist-Ideologen nicht zu, sich über solche Vergleiche zu entrüsten, sind sie es doch, die dafür gesorgt haben, dass in dieser Gesellschaft inzwischen Abtreibung zu einem medizinischen Routineeingriff geworden ist und jegliche Diskussion über die moralische Dimension dieses Vorgehens mit unappetitlicher Empörungsrhetorik im Keim erstickt wird.

Stellen wir uns einmal vor, diese sechs Millionen ungelebten Leben wären hier als lebendige Menschen unter uns. Alles wäre anders, nicht nur im Hinblick auf Zuwanderung, aber auch darauf. Wir hätten schon mal nicht dieses große entsetzliche Loch in unserer Gesellschaft, diesen ungeheuren Mangel an jungen Menschen, den wir in unserer ökonomistisch verzerrten Moral nur noch als „Fachkräftemangel" empfinden. Wir hätten weniger Dekadenz und mehr lebendiges Leben, und nicht zuletzt: Wir hätten nicht die große Schuld in uns, die solche Abtreibungsorgien im kollektiven Unterbewussten einer Gesellschaft hinterlassen.

Solche Schuld, solch unbewusst schlechtes Gewissen, lähmt nicht zuletzt die Abwehrkräfte, die man bräuchte, um sich der bedrohlichen Überfremdung zu erwehren. Wenn wir uns dieser Schuld nicht stellen, wenn wir uns nicht mit ihr auseinandersetzen, verformt sich unser Verhalten: entweder im Sinn eines linken selbstmörderischen Fremdenkults oder im Sinn eines rechten Abschottungshasses.

Wir können das Problem nicht politisch lösen. Um politisch handeln zu können, muss man komplexe Probleme auf einfache Alternativen herunterbrechen. In der Politik muss man komplex denken und einfach handeln. Diese scheinbare Schizophrenie durchzieht das Leben insgesamt, aber in der Politik verdichtet sich das in besonderer Weise. Auch wenn sich komplexes Denken nicht direkt im Handeln widerspiegelt, gestaltet es doch aus dem Hinterkopf der Handelnden das Handeln indirekt mit.

Gefahren und Folgen der Massenzuwanderung – Zusammenfassung

1. **Wirtschaftlicher Zusammenbruch:** Angesichts von Inflation und Megaschulden lassen die Kosten für Migration das Fass überlaufen. Allein in 2015 und 2016 wurden ca. 23 Milliarden Euro pro Jahr di-

rekt für Migration ausgegeben, wobei die Zahlen insofern nicht stimmen, als zahlreiche indirekte Kosten (Gerichtskosten, zusätzliche Kosten in Schulen etc.) dabei nicht ausreichend erfasst sind. Das Argument, das Ganze sei eine Investition in die Zukunft, ist eine Hoffnung bzw. ein Propagandatrick der Rot-Grünen. Ein Großteil der Eingewanderten, was jetzt schon absehbar ist, wird sich auch langfristig nicht integrieren; z. B. beziehen von den Flüchtlingen aus 2015/16 immer noch 70 % Hartz IV! Selbst wenn in 15 oder 20 Jahren doch noch eine positive Bilanz herauskäme, brächte das nichts, wenn der Staat inzwischen wirtschaftlich kollabiert ist.

2. Viele Ausländer sind sozial entwurzelt und begehen hier Straftaten, die sie in ihren Herkunftsländern nie begangen hätten. Die durch die Massenzuwanderung **importierte Kriminalität** schädigt Tausende von Bürgern elementar: Sie erleiden Raub, Vergewaltigung, schwerste Verletzungen, den Verlust von Angehörigen und Freunden und oft auch das eigene Leben. Dass dies im Bewusstsein der Menschen nicht so präsent ist, liegt an den Systemmedien, die diese Opfer systematisch verschweigen oder kleinreden. Die deutsche Justiz tut ihr Übriges: Vielfach belegt sie Deutsche, die verbal gegen Ausländer hetzen, mit schwereren Strafen als ausländische Messerstecher, die Menschen ermordet haben! Es spricht Bände, wenn es bei uns Messermörder gibt, die 1½ Jahre Gefängnis, und U-Bahn-Schwarzfahrer, die 2½ Jahre bekommen haben. Dabei gehört es zur Grundstrategie des Systems, bei Straftaten von Migranten die politische und kulturelle Dimension verschwinden zu lassen und dafür die individuelle („Einzeltäter“) und medizinische Dimension (Psychiatrie) in den Vordergrund zu stellen.

3. Die turko-islamische Massenzuwanderung (ca. drei Millionen Türken sind seit den 1980er Jahren in Deutschland eingewandert) hat die deutsche Gesellschaft sukzessive unterwandert. Ein Großteil dieser Zugewanderten bildet eine riesige türkische Parallelgesellschaft mit eigenen Geschäften und gesellschaftlichen Treffpunkten. Über DITIB und damit den türkischen Staat wird geplant eine türkische Parallelgesellschaft strukturiert und institutionalisiert – ein **Staat im Staate**, der als solcher nicht toleriert werden kann! Die meisten Türken nutzen selten deutsche, aber regelmäßig türkische Medien. Sie betrachten nicht die Berliner, sondern die Regierung in Ankara als die ihre, und hinzu kommt: Zahlreiche Türken

haben deutsche Parteien, vor allem die SPD und die Grünen-Partei, unterwandert und betreiben von hier aus unter dem Firmenschild *Kampf gegen rechts* eine deutschfeindliche und antideutsch-rassistische Politik. Die türkische Immigration ist kein Beispiel für gelungene Integration, sondern für eine gelungene türkische Eroberung von erheblichen Teilen der deutschen Politik, Wirtschaft und Kultur.

Das ganz große Problem aber kommt noch, wenn Erdogan seine nationalistische Kriegspolitik vorantreibt. Der Krieg in Nordsyrien gegen die Kurden kann jederzeit eskalieren, und im Mittelmeer drohen militärische Auseinandersetzungen mit den Griechen um verschiedene Inseln (Samos, Rhodos) und Erdgasregionen. Ein weiterer Brandherd ist die von den Türken teilweise besetzte Insel Zypern. Die nationalistische Politik der Türkei bedroht nicht nur außenpolitisch den Frieden in Europa, sondern hat in Deutschland enorme innenpolitische Auswirkungen, insbesondere dann, wenn sich die deutsche Regierung in diesen Konflikten nicht so verhalten sollte, wie es die türkische gerne hätte. Dann wird sich gewaltsam zeigen, dass sehr viele Türken in Deutschland nicht Europäer geworden, sondern Türken geblieben sind!

4. Der **islamistische Terror** bedroht nach wie vor Leben und Gesundheit von tausenden Menschen. Derzeit finden Anschläge eher vereinzelt statt. Wenn sich aber die Spannungen zwischen Europa und dem islamischen Kulturkreis zuspitzen sollten, könnte die saudische Regierung die Zeit für gekommen sehen, ihren gewaltigen Einfluss auf die hier lebenden islamistischen Terroristen geltend zu machen. Mit mehreren gleichzeitigen Terroranschlägen könnten nur wenige islamische Terrorzellen das gesamte gesellschaftliche Leben in Deutschland und in Europa lahmlegen. Der Terror von rechts wird gewaltig aufgebauscht, der islamistische Terror dagegen bagatellisiert. Dieses Verhalten nicht zuletzt des deutschen Verfassungsschutzes bereitet den Nährboden für einen islamistischen Terrorkrieg.

5. Die mit Massenzuwanderung verbundene **Multikulturalisierung** zerstört die deutsch-europäische Kultur und damit das wichtigste einigende Band des Zusammenhalts unserer Gesellschaft.

6. Die Massenzuwanderung im Allgemeinen und die aus Afrika insbesondere chaotisiert die deutsche Gesellschaft. Sie führt zu sozialen und kulturellen Konflikten und Unruhen, die bis zum Bürgerkrieg gehen können. Schon auf den griechischen Inseln haben wir gesehen, wie Migranten sich mit Metallschneidern die Grenzen frei gekämpft und dann auf den Inseln die Sau rausgelassen haben: Vandalismus vom Gröbsten!

In Deutschland haben wir erstmals an **Silvester 2015 auf der Kölner Domplatte** erlebt, wie Tausende von vorwiegend afrikanischen Migranten Hunderte von Frauen sexuell schwer belästigt und vereinzelt vergewaltigt haben! Ein ähnliches Ereignis fand vor kurzem in Italien am Gardasee statt. Es wurde, wie nicht anders zu erwarten, von den deutschen Medien totgeschwiegen!
Im Ahrtal haben wir erlebt, wie Gruppen von Migranten die Katastrophensituation für gezielte Raubzüge missbraucht haben – auch davon in der Presse nichts!
In NRW haben Migrantengruppen versucht, sämtliche Bestände an Olivenöl aufzukaufen. Als Verkäufer dies verweigerten, wurden die Öl-Einkäufer gewalttätig, und die Polizei musste intervenieren. Solche Szenarien sind in großem Maß zu erwarten, wenn der deutsche Staat die hohen Ansprüche seiner verwöhnten ausländischen Gäste nicht mehr befriedigen kann. Für viele Menschen wird es dann auch nicht mehr selbstverständlich sein, seine Einkaufstasche heil vom Laden bis nach Hause zu bringen. Die größte Gefahr aber kommt auf, wenn es zum Stromausfall und Zusammenbruch der Energieversorgung inklusive aller digital gesteuerten Prozesse kommt – eine Gefahr, die durch die Berliner Sanktionierungspolitik gegen Russland immer näher rückt: Raubzüge, Plünderungen, Vergewaltigungen, Gewaltanwendung in jeder Form – Chaos pur!

Sicherlich sind Chaos und Bürgerkrieg auch in Gesellschaften ohne Migration möglich. Durch Migration wird dies jedoch, wie zahlreiche Einzelfälle uns vorgeführt haben, wahrscheinlicher und um ein Vielfaches potenziert.

Sie tun das, was sie anderen vorwerfen

Die Strippenzieher des westlichen Systems sind sich all dessen bewusst, wollen es aber nicht verhindern, denn sie brauchen das

Chaos, um aus diesem heraus die strukturellen Voraussetzungen für eine Neuordnung der Welt in ihrem Sinne zu schaffen („Neue Weltordnung", „Zeitenwende" etc.). Es geht nicht mehr um Regierungsversagen, sondern um Regierungsverbrechen! Dabei wirft man den Deutschen und den Europäern an allen Ecken und Enden Rassismus vor, betreibt aber hinter der Maske des allgegenwärtig geführten *Kampfes gegen rechts* antideutschen und antieuropäischen Rassismus. Man zieht die Europäer über den Tisch, bis sie resignieren und sich ihrem Schicksal ergeben. So schafft man vollendete Tatsachen für ein weitgehend afrikanisiertes und islamisiertes Europa, das mit dem ursprünglichen Europa nichts mehr zu tun hat, sondern inhaltlich das Gegenteil von diesem darstellt!

Dabei ist es ein Grundelement der rot-grünen Systempropaganda, ihren Feinden, den „Rechten" immer das zu unterstellen, was sie selbst gerade vorhaben und betreiben. Nicht nur, dass sie, die größten Verräter der europäischen Idee, sich *Europäische* Union nennen, überschlagen sie sich förmlich in ihrem „Kampf gegen Rassismus". Dabei praktizieren sie selbst einen antideutschen Rassismus, wie es schlimmer nicht geht! **„Haltet den Dieb!"**

Grundsätzlich relativierende Gedanken zu Kampfbegriffen

Es gilt bei uns heute schon als Skandal, wenn Menschen bestimmte Dinge nach Religion oder nach Hautfarbe entscheiden. Sie werden als krank im Sinne einer *Phobie* hingestellt oder als dumm im Sinne einer *irrationalen Vorurteilsgläubigkeit* oder als böse im Sinne eines moralisch begründeten *Antirassismus.* Das mag in Einzelfällen zutreffen, in unserer vom rot-grünen Zeitgeist verseuchten Gesellschaft sind aber in der Regel nicht die Angeklagten, sondern die *Ankläger* krank oder dumm oder böse.

Es ist nämlich ganz normal, bestimmte Menschen zu mögen und andere nicht, und das kann sich auch auf Gruppen beziehen. Sicherlich ist der Mensch weniger als das Tier von Instinkten geprägt, aber er ist nicht instinktlos und sollte es auch nicht sein! Der Mensch handelt in vielerlei Hinsicht nach Prinzipien, die nicht rational erklärt werden können und auch nicht rational erklärt werden müssen. Wer den Menschen dieses Recht absprechen will und den quasi instinktlosen Menschen fordert, ist sich seiner eigenen Instinkte nicht bewusst oder hat sie so unterdrückt, dass er seine seelische Gesundheit schon geschädigt und seinen Charakter deformiert hat. Denn Instinktlosigkeit gilt auch in unserer verqueren Gesellschaft Gott sei Dank immer noch als gewisser Mangel und nicht als Vorzug! Anstatt sich nun um ihre eigene Krankheit und seelische Verstümmelung zu kümmern, erklären die rot-grünen Ideologen ihre politischen Gegner für krank und werfen ihnen Phobien, Hass und anderes vor.

Ähnlich ist es mit den Vorurteilen. Jeder Mensch hat Vorurteile, und wer glaubt, keine zu haben, hat schon mal das Vorurteil, kein Vorurteil zu haben, und das ist das schlimmste Vorurteil von allen! Jeder moralische Codex, jeder religiöse Glaube basiert auf Vor-Urteilen, und auch das Verhalten anderen Menschen gegenüber ist immer mehr oder weniger Vorurteil-bestimmt. Was den Rassismus anlangt, so sind in der Regel die, die ihn ständig anderen vorwerfen, selbst äußerst rassistisch denen gegenüber, denen sie ihn vorwerfen.

Natürlich gibt es Phobien, gegen die man etwas tun muss, und auch Vorurteile, die man revidieren sollte; und natürlich gibt es Hass und Rassismus, der sich zersetzend auf zwischenmenschliche Beziehungen auswirkt. Aber es ist legitim, gegenüber einem bestimmten Kollektiv insgesamt negativ voreingenommen zu sein, wenn das keine Auswirkung auf den Einzelfall hat. Auch wenn ich das Kollektiv insgesamt nicht mag, muss es selbstverständlich sein, dass ich zu Einzelnen aus diesem Kollektiv ein gutes Verhältnis pflegen kann. So hat sich meine emotionale Einstellung gegenüber Fremden und Zugewanderten in den letzten Jahrzehnten grundsätzlich verändert. Früher war sie bis zum möglichen Beweis des Gegenteils positiv, heute ist sie, bis zum möglichen Beweis des Gegenteils, eher negativ. Solche gruppenbezogene Voreingenommenheit hat jeder, und sie ist völlig normal, auch wenn rot-grüne Hanswurst-Ideologen das leugnen. Dabei sind gerade sie es, die gegen die Gruppe derer, die sie als „rechts" bezeichnen, eine „gruppenbezogene Menschenfeindlichkeit" an den Tag legen, die ihresgleichen sucht.

Ich muss also völlig frei sein in meinem Gefühl, in meiner Gesinnung, und es ist nicht nur eine strafrechtliche Frage, dass nur Taten und nicht Gesinnung bestraft werden darf. Es ist auch eine moralische Frage: Niemand kann und darf einem anderen ein Gefühl verbieten. Das westliche System aber fordert von seinen Bürgern ein positives Gefühl und eine positive Gesinnung gegenüber Fremden, Schwulen und anderen Gruppen und versucht immer mehr, das auch strafrechtlich einzuklagen. Was der Bürger fühlt, geht den Staat nichts an! Das ist Gefühlsterror und Gesinnungsterror, wenn er hier eingreift, und es führt zur Verbreitung einer maßlosen Gefühlsheuchelei, die charakteristisch ist für die westliche Gesellschaft. Dies ist der Nährboden für Orgien von Phobie-, Vorurteils- und Rassismus-Vorwürfen, mit denen das politische System diejenigen diskriminiert, die sich nicht mit ihm identifizieren.

II. Ukraine-Krieg und Geopolitik

Über Narrative und Menschenrechte

Ein *Narrativ* ist der geistige Rahmen oder auch Hintergrund eines Themas, in dem mit bestimmten Bildern und Begriffen eine Grundüberzeugung bzw. Grundorientierung ausgedrückt wird. Bislang sprach man eher von Paradigmen, auch die Begriffe Ideologie oder Philosophie wurden und werden in diesem Sinn gebraucht. Bei einem universalen Narrativ, das sich also auf alle behandelbaren Themen bezieht, spricht man von Religion, wenn ein *Transzendenz* = *Jenseits*-Bezug inbegriffen ist. Ist dies nicht der Fall, spricht man von einer *Säkular-* oder *Zivilreligion*.

Narrative kristallisieren sich aus größeren gesellschaftlichen Diskussionen heraus und bestimmen diese nachhaltig. Ab einem bestimmten Punkt kommt es dann nicht mehr darauf an, dass ein Einzelargument das Narrativ stützt. Vielmehr wird jetzt das Einzelargument durch das Narrativ gestützt. Das heißt: Das Einzelargument gilt nur noch, wenn es zum Narrativ passt. Damit beginnt die Verfallsphase eines Narrativs! Narrative muss man dann nicht mehr begründen, sondern nur noch glauben, und die Meinungsauseinandersetzung wird zunehmend zum Glaubenskrieg, zum Kampf um das richtige Narrativ, zum Kampf um den wahren Glauben.

In religionslosen Gesellschaften wird der ursprünglich religiöse Glaubenskrieg zu einem quasireligiös-politischen Glaubenskrieg, in dem es in gleicher Weise um Leugnen oder Für-wahr-halten einer bestimmten Meinung geht und Andersdenkende wie z. B. „*Corona-* und *„Klima-Leugner*“ als Abtrünnige und Ketzer behandelt und verfolgt werden. **Religion wird zur Politik, und Politik zur Religion!** Das ist die Situation in der westlichen Gesellschaft, wie sie sich mit Beginn der globalen Alleinherrschaft der USA (1989) nach und nach durchgesetzt hat und durch Corona-Krise und Ukraine-Krieg zur Norm geworden ist.

Wenn im Meinungsstreit um Narrative das eine Narrativ staatlich-medial (ARD, ZDF) extrem favorisiert und das Gegennarrativ extrem unterdrückt oder gar strafbewehrt verboten wird, wie man das im Fall von Corona und jetzt des Ukraine-Kriegs zunehmend versucht, dann riecht es nach Totalitarismus, dann liegt Krieg in der Luft! Von solchen Kriegen sagt der alte chinesische Stratege Sunzi, sie würden vor ihrem Ausbruch in den Tempeln der Wahrheit entschieden. Das heißt: Wenn ich meinen Feind besiegen will, muss ich sein Narrativ erschüttern und zertrümmern. Der Krieg der Worte, die Propagandaschlacht, die Schlacht um die Durchsetzung des eigenen Narrativs ist entscheidend für den Sieg. Das hat die gesamte deutsche Opposition bis hin zur AfD noch nicht verstanden!

Wie bei allen wichtigen Themen gibt es auch im Ukraine-Krieg zwei sich gegenüberstehende Narrative: Im ersten, im **Narrativ des Westens** bzw. der Westgläubigen, sind die USA und ihr Anhang die Guten. Sie stehen für Freiheit, Demokratie und sog. Menschenrechte. Was das im Einzelnen bedeutet, legen sie selbst fest.

Besonders schlimm ist es in diesem Narrativ, eine Aggression zu begehen, denn Aggressoren gehören immer zu den Bösen, d.h. das Narrativ ist zumindest in der Theorie pazifistisch, denn eine gute Aggression bzw. ein guter Aggressor ist darin nicht vorgesehen. Damit ist jede Menge Lüge und Scheinheiligkeit vorprogrammiert!

Wenn ein Guter, z. B. die USA, eine Aggression begeht, muss er es also hinkriegen, dass es wie eine Aggression des Feindes aussieht und er das Opfer dieser Aggression geworden ist. Eine elegantere Taktik ist natürlich, den Feind so in die Enge zu treiben, dass ihm nur noch eine mehr oder weniger aggressive Aktion als Ausweg bleibt. Wenn alle Stricke reißen, muss man die eigene Aggression umfirmieren. Man begründet sie mit einer Verletzung der „Menschenrechte“. Dann ist sie keine „Aggression“ mehr, sondern eine „humanitäre Intervention“! Diese Methode beherrschen die USA meisterlich.

Die Feinde der USA sind in diesem Narrativ immer sehr böse und erinnern irgendwie an Hitler. Die bösesten Bösen sind die, gegen die die USA mit ihrer NATO gerade einen Krieg planen oder schon führen: Milosevic, Saddam Hussein, Gaddafi, Assad und jetzt natürlich Wladimir Putin.

Auch im westlichen Narrativ ist also nicht jeder, der einen Krieg beginnt, ein Aggressor. Es kommt darauf an, womit er ihn begründet. Im konkreten Fall bedeutet das: Hat Putin eine menschenrechtsbasierte Begründung, um seine militärische Intervention in der Ukraine zu rechtfertigen? Er bejaht das und führt schwere Menschenrechtsverletzungen der Kiewer Regierung gegenüber der Bevölkerung im Donbas an. In der Tat sind durch Aktionen der Kiewer Regierung zwischen 2014 und 2022 ca. 14.000 Menschen in der Ost-Ukraine ums Leben gekommen. Der Westen kann Putins Vorwurf der Menschenrechtsverletzung nicht widerlegen.

Er kann auch nicht begründen, warum die Massaker im jugoslawischen Bürgerkrieg Menschenrechtsverletzungen gewesen sein sollen und die im ukrainischen nicht. Er misst nicht mit gleicher Elle und verlangt von allen, sich seinem Narrativ zu unterwerfen: Milosevic und seine Serben sind böse, weil sie gegen den Westen sind. Selenskyj und seine Ukrainer sind gut, weil sie *für* den Westen sind. Böse Menschen begehen nun mal Menschenrechtsverletzungen, gute aber nicht.

Das Gegennarrativ zu dem der Westgläubigkeit ist das **antiglobalistische Narrativ.** In ihm sind die USA die Bösen und die, die sich der Welteroberungsstrategie der USA entgegenstellen, die Guten. Hier gelten der Westen und seine von den USA geführte NATO als das aggressivste Militärbündnis der Welt. Überall, vor allem in Afghanistan und im Nahen Osten, haben sie mit ihrem Anhang die Blutspur eines Bomben- und Drohnenterrors hinterlassen, der in der Geschichte seinesgleichen sucht. Politisch steht in diesem Narrativ der Westen für Genderwahn, Klimapanik, Corona-Impfterror und für eine Afrikanisierung und Islamisierung Europas durch Bevölkerungsaustausch und Auflösung der Nationalstaaten. Die US-westliche Menschenrechtsrhetorik ist gemäß diesem Narrativ nur hohle Phraseologie zur Verbrämung einer verbrecherischen Geopolitik der USA. Soweit das antiglobalistische Narrativ, das von seinen Gegnern als *rechts* und *verschwörungstheoretisch* gebrandmarkt wird.

Es stehen sich also – jeweils in der gegnerischen Bezeichnung – *West-* und *Menschenrechtsgläubige* auf der einen und *Rechte* und *Verschwörungstheoretiker* auf der anderen Seite gegenüber. Das ist der neue **Glaubenskrieg**, der an vielen Fronten tobt: an der Migrations-Asyl-Front, an der Klimafront, an der Corona-Impf-Front und jetzt an der Ukraine-Putin-Front. Das erste Narrativ ist das ältere, das zweite das jüngere, das neue. Letzteres wird immer stärker, setzt sich in der westlichen Gesellschaft aber nur langsam durch.

Das liegt an der hochentwickelten Fähigkeit des Westens und seiner Medien, die Bevölkerung massenpsychologisch zu manipulieren und ideologisch zu indoktrinieren. So werden die Menschen immer wieder von einem Wahn in den nächsten getrieben. Noch ist der Corona-Wahn nicht vorbei, schon wird der nächste, der Anti-Putin-Wahn entfacht, der alles Bisherige übertrifft. Hier genügt es nicht mehr, sich neutral zu verhalten und zu schweigen. Man muss jetzt immer und überall Flagge zeigen und laut mitjubeln, sonst wird man umgehend aus der westlichen Volksgemeinschaft ausgeschlossen; so z. B der weltbekannte russische Dirigent Gergiev und die Sopranistin Anna Netrebko. Sie werden von staatlichen Kulturbehörden des Westens aus allen Konzertsälen ausgeschlossen und bekommen faktisch Berufsverbot – nicht weil sie für Putin das Wort ergriffen oder den Krieg in der Ukraine gerechtfertigt hätten. Nein. Weil sie geschwiegen und sich nicht aktiv von Putin distanziert haben – und das wagen die maroden Führungsgestalten des Westens auch noch als Meinungsfreiheit und Demokratie zu verkaufen!

Der NATO-Osterweiterungskrieg

Dieser Krieg ist vom Erscheinungsbild her ein Krieg Russlands gegen die Ukraine, vom Wesen her aber ein Krieg der USA gegen Europa. Er hat nicht am 24. Februar 2022 begonnen, sondern bereits 1998/99 mit dem Angriff der NATO auf Serbien, mit dem NATO-Bombardement auf Belgrad und der gewaltsamen Annexion des Kosovo. Initiator dieses Angriffskriegs war die amerikanische Regierung, hier insbesondere Clintons Außenministerin Madeleine Albright. Nach russischen Quellen soll sie gesagt haben, es sei sehr ungerecht vom lieben Gott, all die vielen Bodenschätze Sibiriens nur einem einzigen Land (nämlich Russland) geschenkt zu haben. Die Lobbyisten des Westens bestreiten dieses Zitat, weil es zu offen US-amerikanisches Denken gegenüber Russland offenbart und zu gut hilft, die US-amerikanische Russland-Politik zu verstehen. Wem Albright nicht genügt, der lese geopolitische Literatur von Z. Brzezinski und G. Friedman! Nicht zuletzt sei an die NATO-Formel des britischen Generals Hasting Ismay erinnert, des ersten Generalsekretärs dieser Organisation: **to keep the Russians out, the Americans in, and the Germans down**[2] – Aufgabe und Ziel der NATO, genial formuliert!

Die politischen und militärischen Aktionen der NATO in Osteuropa laufen unter dem Titel „NATO-Osterweiterung". Klingt erst einmal unverfänglich und nicht kriegerisch und eher nach Freiwilligkeit und zivilen Entscheidungen. Tatsächlich ist die NATO-Osterweiterung ein Krieg, ein **NATO-Osterweiterungskrieg**; vorbereitet mit aggressiver westlicher Propagandarhetorik: Die guten Amerikaner sind bereit, die armen hilfsbedürftigen Osteuropäer vor den bösen Russen zu schützen; vorbereitet auch mit großen wirtschaftlichen Versprechungen für die zu Schützenden, die dann die Deutschen über die EU einlösen sollen; weiter dann mit subversiven CIA-Aktionen und massiver Aufrüstung prowestlicher Kräfte; schließlich militärische Operationen, wobei man sich auf Luftangriffe stützt, die im Gegensatz zum Kampf mit Bodentruppen die eigenen Verluste minimal halten, beim Interventionsopfer aber umso größeren Schaden in der Zivilbevölkerung anrichten; siehe NATO-Bombardements in Belgrad, Afghanistan etc.

Bis 1997 hat man sich an die Versprechungen gehalten, die nicht schriftlich, wohl aber mündlich und öffentlich bei den Verhandlungen um die deutsche Wiedervereinigung gemacht worden sind: Die NATO werde sich nicht über ihren damaligen Geltungsbereich hinaus, also nicht jenseits der Elbe, weiter ausbreiten. Nachdem sich der serbische Ministerpräsident Milosevic als nicht kooperationswillig erwies und nicht als NATO-Freund, sondern als potenzieller Bündnisgenosse Moskaus zu sehen war, musste er aus Sicht der USA weg. Man warf ihm Menschenrechtsverletzungen vor, die im grausam geführten Krieg um die Aufteilung des alten Jugoslawiens

2 „die Russen draußen, die Amerikaner drinnen und die Deutschen unten halten!"

von allen Seiten begangen worden sind, nicht nur von der serbischen, sondern in gleicher Weise von der kroatischen und der muslimisch-bosniakischen Seite. Bei ersteren machte die NATO einen Kriegsgrund daraus, mit letzterer, der bosnischen Seite, kooperierte sie und gründete für sie einen eigenen ethnisch gemischten, aber muslimisch geführten Staat, der für die NATO als fester Stützpunkt in dieser Region gedacht war. Der serbische Präsident Milosevic, das Opfer der NATO-Aggression, wurde vom sog. Internationalen Strafgerichtshof in Den Haag verurteilt.

Die meisten Staaten des ehemaligen Warschauer Pakts, die in den folgenden Jahren in die NATO eintraten, taten dies aus eigenem Antrieb. Es gab zwar auch Widerstandsbewegungen, die Mehrheit der Bevölkerung in den meisten osteuropäischen Staaten misstraute aber offensichtlich dem neuen postsowjetischen Russland und hatte den Besatzungsterror der Sowjets in ihren Ländern noch zu frisch im Gedächtnis. Zudem war die Mitgliedschaft im NATO-Bündnis Voraussetzung für einen EU-Beitritt, und hier gab es über Brüssel eine ganze Menge deutsches Entwicklungsgeld, das man sich nicht entgehen lassen wollte.

In Staaten, in denen keine spontanen Mehrheiten für den NATO-Westen bestanden, agierten CIA und diverse, meist von G. Soros finanzierte NGOs undercover und inszenierten sog. Farbrevolutionen gegen prorussische Regierungen: 2003 in Georgien, 2004 in der Ukraine. Protagonisten waren prowestliche Kräfte, in Georgien z. B. Saakaschwili, der in den USA studiert hatte, dort lebte und für die Organisation der sog. Rosenrevolution erst einmal von dort zurückgeholt werden musste!

Zur Vorgeschichte des Ukraine-Kriegs

Die Ukraine gehörte bis 1654 zu Polen, danach zu Russland; Teile der West-Ukraine um die Stadt Lemberg (Lwiw) zu Österreich. 1993 wurde die Ukraine nach dem Zusammenbruch der Sowjetunion ein selbstständiger Staat, ohne freilich ein einheitliches Volk darzustellen. Schon der amerikanische Soziologe Samuel Huntington thematisierte die Binationalität der Ukraine. Im ukrainischen Westen sprechen etwa 10 % der Bevölkerung Russisch als Muttersprache, in ihrem Osten dagegen weit über 50 %. Auch kulturell und religiös gibt es Unterschiede: Die Russen sind orthodoxe Christen, die Ukrainer unierte Katholiken. Bei Wahlen waren die Ergebnisse in West-und Ost-Ukraine völlig verschieden, ja invers: etwa 20 zu 80 prorussisch im Westen und 80 zu 20 prorussisch im Osten. Aufgrund ihrer Binationalität kann die Ukraine als einheitlicher Staat nur bestehen, wenn sie sich in beide Richtungen neutral verhält, in Richtung Europa wie auch in Richtung Russland. Huntington nannte sie deshalb einen „Brückenstaat“: Sobald eine der beiden Seiten die andere zu dominieren versuche, müsse dieser Staat zerbrechen.

Im Gegensatz zu Russland, das allenfalls mit günstigen Energieangeboten die Ukraine umwarb, untergruben die USA und ihr Westen systematisch diese Neutralität und griffen direkt ins politische Geschehen der Ukraine ein. 2004 zettelten sie, um sie auf Westkurs zu bringen, besagte orangene „Farbrevolution“ an und brachten Wiktor Juschtschenko, der auf ihrer Gehaltsliste stand, ins Präsidentenamt. 2010 wurde dann – demokratisch völlig korrekt – der eher Russland-freundliche Wiktor Janukowitsch zum Präsidenten gewählt. Nach einigem Hin und Her entschied dieser sich, auch wegen der von Russland angebotenen Energievorteile, nicht mehr auf einen EU-Beitritt der Ukraine hinzuarbeiten, sondern *neutral* zu bleiben. Das Abrücken vom EU-Kurs nahmen prowestliche Kräfte zum Anlass, Demonstrationen und Provokationen gegen die Regierung zu organisieren. Sie wurden massiv von amerikanischen Geheimdiensten und NGO-Organisationen des George Soros unterstützt.

Im Februar 2014 kommt es dann zur sog. **Maidan-Revolte**! Prowestliche nationalistische Demonstranten übten brutale Gewalt aus, gossen z. B. Benzin über Polizisten und zündeten sie an, so dass diese bei lebendigem Leib auf der Straße verbrannten. Es gibt zahlreiche Video-Dokumente hierzu.

Daraufhin trafen sich die Außenminister von Deutschland, Frankreich, Russland und der Ukraine und vereinbarten, dass Janukowitsch bis zum September 2014 Präsident bleiben und dann geordnete Wahlen abhalten sollte – eine politische Vereinbarung ohne die Amerikaner! Das konnten und wollten diese nicht hinnehmen, und so schicken sie zwei ihrer führenden Außenpolitiker in die Ukraine, den Republikaner John McCain und Victoria Nuland von den Demokraten. Letztere sagte: „Fuck the EU – wir haben doch nicht 5 Milliarden Dollar umsonst in dieses Ukraine-Projekt gesteckt!" Sie organisierte mit ihrem Politkomplizen McCain von der amerikanischen Botschaft in Kiew aus den Sturz der Regierung Janukowitsch: von der Bezahlung der Demonstranten mit Dollars bis hin zur Unterstützung bewaffneter Aktionen gegen die ukrainischen Staatsorgane. Es gelang ihnen, ein proamerikanisches Marionetten-Regime an die Macht zu putschen, zunächst unter Jazenjuk, dann unter dem Oligarchen Poroschenko. Der rechtmäßig gewählte Präsident Janukowitsch musste ins Exil flüchten. Das Ganze erinnerte sehr an den von den USA 1973 von Henry Kissinger organisierten Putsch in Santiago de Chile. Durch den Kiewer Putsch wurde die binationale Ukraine zerbrochen und das Land in zwei Teile gespalten.

Die prowestlichen **Putschisten** versuchten jetzt, mit allen Mitteln den Willen der ostukrainischen Bevölkerung zur Selbstbestimmung zu unterdrücken und sie der Kiewer Regierungsgewalt zu unterwerfen, was damals noch einigermaßen objektiv in den deutschen Me-

---

[3] So schrieb der Spiegel am 3. März 2014: „... dass (die jetzige ukrainische Regierung) das Gleichgewicht verloren hat, ist unübersehbar. Ganze Regionen im Osten und Süden des Landes haben sich von ihr losgesagt, auf der Krim sieht ein Großteil der Bevölkerung die einmarschierenden russischen Soldaten als Schutzmacht.
Dass es soweit gekommen ist, liegt an fatalen Fehlern der neuen Kiewer Regierung und des ukrainischen Parlaments. Unter dem Druck rechter Straßenkämpfer, die das Parlament in bedrohlicher Weise „bewachen", hat die Werchowna Rada [das ukrainische Parlament] ein Gesetz aufgehoben, das den Status der russischen Sprache im Osten und Süden des Landes garantierte. Die mit den Außenministern Deutschlands, Frankreichs und Polens (Steinmeier, Fabius und Sikorski) am 21. Februar unterschriebene Vereinbarung sieht die Bildung einer *„Übergangsregierung der nationalen Einheit"* vor. Die hätte logischerweise auch Vertreter der russischsprachigen Regionen einbeziehen müssen, die mehr als ein Drittel des Landes umfassen ... Stattdessen wurden Mitglieder der rechtsextremen Swoboda Minister ...
Dass die Aufnahme von Rechtsextremen in die Regierung kein Beitrag zur nationalen Versöhnung war, erkannte man in den russischsprachigen Regionen der Ukraine schneller als in westlichen Außenministerien.... der Führer des militant rechtsextremistischen Sektors Dimitri Jarosch ... ließ seit Januar seine Kameraden auf die Polizei schießen. So trug er maßgeblich zur blutigen Eskalation bei..... Die russische Bevölkerung der Krim erhob sich gegen die Zentralregierung, noch bevor Putin Truppen in Marsch setzte..."

dien berichtet wurde.[3] Es kam zu heftigen bewaffneten Auseinandersetzungen im Osten, in deren Folge es den Ost-Ukrainern gelang, zwei größere Regionen um die Städte Lugansk und Donezk dauerhaft zu besetzen und trotz anhaltender militärischer Terrorangriffe der illegalen Kiewer Putschisten-Regierung bis heute als Autonomiegebiete zu verteidigen. Der Begriff *„Separatistengebiete“*, den die westliche Propaganda benutzt, ist falsch. Denn nicht die russischen Kräfte der Ost-Ukraine, sondern die prowestlichen der West-Ukraine haben durch den gewaltsamen Putsch unter amerikanischer Führung die staatliche Einheit der Ukraine zerbrochen.

Nachdem sich die Machtverhältnisse durch den Putsch in Kiew grundsätzlich geändert hatten, besetzte Russland die Krim. Diese gehörte historisch nie zur Ukraine. Dementsprechend entschieden sich in einer Volksabstimmung über 90 % der Bevölkerung gegen einen weiteren Verbleib im Kiewer Staatsgebilde und für einen Anschluss an die *Russische Föderation*. Das war keine „Annexion“, wie es vom Westen dargestellt wird, sondern eine *Sezession*: **Die Bevölkerung einer bestimmten Region hat in einem freien Akt der Selbstbestimmung beschlossen, aufgrund gewaltsam durchgesetzter Veränderungen im bisherigen Staat diesen zu verlassen und sich einem anderen Staat anzuschließen.**

Im Westen gab es nicht nur großes Geschrei, sondern massive wirtschaftliche Sanktionen gegen Russland, was an Scheinheiligkeit nicht zu überbieten ist. Denn ein paar Jahre zuvor hat der Westen über die EU eine Region Serbiens, das Kosovo, annektiert, und dies ohne Volksabstimmung! Man sagte, es ginge um Menschenrechte, und wie immer oblag die Interpretationshoheit, was Menschenrecht ist, ausschließlich dem westlichen Aggressor. Mit solchem Menschenrechtsimperialismus glauben die USA und ihr Westen alle Völker und Staaten dieser Welt „demokratisch“ missionieren und erobern zu dürfen.

Zwischen 2014 und 2022

Acht Jahre hielten die militärischen Auseinandersetzungen im Osten der Ukraine an. Sie gingen fast ausschließlich vom Kiewer

Marionettenregime aus, das sich legitimiert fühlte, den Donbas zurückzuerobern. An die 14.000 Menschen, vorwiegend aus der Ost-Ukraine, sind dabei ums Leben gekommen – von zahlreichen Verletzten und gigantischen Sachschäden an Häusern und der Infrastruktur reden wir gar nicht. Kiew betrieb eine Vernichtungspolitik gegen die Bevölkerung der autonomen Gebiete. Die Rentner bekamen keine Rente mehr aus der gemeinsamen Rentenkasse ausbezahlt, auch Krankenhäuser und Schulen ruinierte man, indem man ihnen die Finanzierung entzog usw. Wenn Putin von schweren Menschenrechtsverletzungen spricht, ist das nicht übertrieben.

Nach Poroschenko wurde 2019 Wolodymyr Selenskyj in der West-Ukraine zum Präsidenten gewählt, ein Schauspieler und Zögling des Oligarchen Ihor Kolomoyskyj, der von den Amerikanern mit allen Mitteln in die Auseinandersetzung mit Russland gedrängt wurde. Selenskyj sabotierte das Minsker Autonomie-Abkommen, das zum Ziel hatte, den Frieden in der Ukraine unter Wahrung der Rechte der russischen Bevölkerung wiederherzustellen. Im März 2021 erließ er ein Dekret zur Rückeroberung der Krim und verlegte den Großteil seiner Streitkräfte in den Süden Richtung russische Grenze. Er sollte und wollte den Donbas zurückerobern und stellte dabei sogar die atomare Wiederbewaffnung der Ukraine in den Raum. Gleichzeitig kündigte der amerikanische Außenminister Blinken seinem russischen Kollegen Lawrow an, dass die Ukraine sehr bald NATO-Mitglied sein könnte – ein NATO-Mitglied, das den Donbas und die Krim als seine Territorien betrachtet und zurückerobern will – da läuteten im Kreml die Alarmglocken, und das zu Recht!

Die USA haben in den acht Jahren nach 2014 die Ukraine maximal aufgerüstet und faktisch zu einem NATO-Staat gemacht: mit amerikanischen Beratern, amerikanischen Ausbildern, mit NATO-Ausbildungslagern in und um die Ukraine, mit amerikanischen Waffen und nicht zuletzt der direkten Einbindung in das amerikanische und britische Geheimdienstsystem. Auch andere NATO-Staaten haben sich an dieser kalten NATOisierung der Ukraine beteiligt, insbesondere Deutschland, das allein in dieser Zeit zwei Milliarden Euro nach Kiew überwiesen hat, obwohl dieser Staat weder in der EU noch in der NATO und auch kein Entwicklungsland ist! Der deutschen Politik fehlt also jede Begründung für diese gigantischen Ausgaben im Haushalt. Letztlich handelte sie im Auftrag ihrer amerikanischen

„Freunde“, die die Deutschen von Anfang an in ihren NATO-Osterweiterungskrieg hineingezogen haben, siehe die Beteiligung der Bundeswehr an der Bombardierung Belgrads schon 1998/99!

Im Januar und Februar 2022 haben die Kiewer Attacken im Donbas erheblich zugenommen, und gerade in den Tagen vor der russischen Intervention – die westlichen Medien berichteten ausführlich darüber – kam es zu Opfern durch Hunderte von Explosionen, auch in Krankenhäusern, Schulen und sogar Kindergärten! Für die Russen war es höchste Zeit zu reagieren.

Am 24. Februar beginnt dann die militärische Gegenoffensive der Russischen Föderation. Die Russen wollen jetzt die Massaker im Donbas beenden, die Regionen mit großer russischer Mehrheit vom Kiewer Putschisten-Regime befreien und einen NATO-Beitritt der Ukraine insgesamt verhindern. Der Krieg, den Putin führt, ist kein Angriffskrieg, wie die westlichen Regierungsmedien mantraartig verkünden. Er ist eine militärische Gegenoffensive in einem Angriffskrieg, den die USA mit ihrem NATO-Osterweiterungkrieg seit 1998 führen – zum Teil verdeckt, mit subversiven Bürgerkriegsinszenierungen (*Farbrevolutionen*), bewaffneten Aufständen, wie auf dem Maidan bis hin zu offener militärischer Gewalt, wie in Serbien und im Kosovo.

Der geopolitische Hintergrund des Ukraine-Kriegs

Um den Ukraine-Krieg zu verstehen, müssen wir nicht nur dessen Vorgeschichte kennen, sondern auch das geopolitische Konzept, **nach dem die USA vorgehen.** Hier ist vor allem **Z. Brzezinski** zu nennen, der wohl führende Geopolitiker der USA. Er war Präsidentenberater bei Jimmy Carter und bei Barack Obama. Bei Busch jun. und Trump hatte er weniger Einfluss. Joe Biden, der bei Obama Vizepräsident war, ist auch stark von ihm beeinflusst. Wahrscheinlich hätte mit Trump ein Ukraine-Krieg nicht stattgefunden – wohl einer der Gründe, weshalb er mehr oder weniger illegal aus dem Amt gejagt wurde.

Die Ausgangsthese von Brzezinskis Geopolitik ist: Nur wer Eurasien regiert, hat die Weltmacht. Das heißt: Man muss über Russland herrschen, wenn man über die Welt herrschen will. Dabei spielt die Ukraine im Rahmen seiner Gesamtstrategie gegen Russland eine entscheidende Rolle. Er nennt sie einen **„Dreh- und Angelpunkt" der amerikanischen Geopolitik.** Nach seinem Plan hätte sie bis spätestens 2010 fest in das transatlantische Bündnis integriert sein müssen, um die weitere geopolitische Ausschaltung bzw. Eroberung Russlands voranzubringen.

Ziel seiner Geopolitik ist ein Weltstaat nach US-amerikanischem Vorbild. **Den USA falle als letzter und einziger Supermacht die Aufgabe zu, aus den Vereinigten Staaten von Amerika die Vereinigten Staaten der Welt zu machen!** Auf dem Weg dorthin sei Bündnispolitik von entscheidender Bedeutung. Insbesondere dürften die Amerikaner kein Bündnis zwischen Japan und China, zwischen China und Russland und vor allem nicht zwischen Russland und Deutschland zulassen!

George Friedman, ein anderer US-Geostratege vom *Chicago Council on Foreign Affairs,* führt dazu aus: „Das außenpolitische Hauptinteresse der USA im I. und im II. Weltkrieg und auch im Kalten Krieg waren die Beziehungen zwischen Deutschland und Russland, weil diese beiden vereint die einzige Macht sind, die uns bedrohen kann. Unser Hauptinteresse galt sicherzustellen, dass dieser Fall nicht eintritt." Er präzisiert dann weiter: „Die Hauptbefürchtung der USA ist, dass sich deutsches Kapital und deutsche Technologie mit russischen Rohstoffressourcen und russischer Arbeitskraft zu einer einzigartigen Kombination verbinden, die die USA seit einem Jahrhundert zu verhindern suchen."

Auch der allseits bekannte Geostratege und Politiker **Henry Kissinger** fürchtet ein russisch-deutsches Bündnis und hebt dabei vor allem auf die Rolle Deutschlands ab, wenn er sagt: „Letztendlich wurden zwei Weltkriege geführt, um eine dominante Rolle Deutschlands in Europa zu verhindern".

Dieses geopolitische Konzept der USA und insbesondere die Integration der Ukraine ins transatlantische Bündnis bis 2010 – also längst überfällig – muss man im Hinterkopf haben, wenn man den russisch-ukrainischen Krieg und die Reaktion Russlands beurteilt. Putin kann sich mit gutem Grund von einer ihm feindlich eingestellten NATO eingekreist fühlen und die seit 2014 stattfindenden Attacken der Kiewer Regierung im Donbas nicht nur als schwere Menschenrechtsverletzungen der dort lebenden Bevölkerung, sondern auch als gezielte Vorbereitung einer Eroberung bzw. Neutralisierung Russlands verstehen.

Die russischen Ziele der Militärintervention in der Ukraine

Zunächst reagieren die Russen auf den von den USA initiierten Maidan-Putsch. Die hieraus hervorgegangene Regierung in Kiew ist eine *Putschisten-Regierung,* die durch offenen Verfassungsbruch an die Macht gelangt ist: eine bewaffnete Revolte mit Sturz des demokratisch gewählten Präsidenten! Sie kann deshalb aus *dieser* Verfassung keinen Herrschaftsanspruch mehr gegenüber einer Bevölkerung beanspruchen, für die diese Verfassung gegolten hat. In gleicher Weise hat die Putschisten-Regierung mit ihrem Verfassungsbruch auch jeglichen Rechtsanspruch auf territoriale Integrität des ursprünglichen Verfassungsgebietes verloren. Bei den militärischen Attacken gegen die Bevölkerung im Donbas, von der diese Regierung nie gewählt worden ist, handelt es sich also nicht um von der Verfassung legitimierte staatliche Aktionen zur Wiederherstellung der staatlichen Integrität, sondern um Terroraktionen einer privaten, verfassungsmäßig nicht legitimierten Putschisten-Clique.

Diese rechtliche Situation hat der deutsche Kanzler Scholz offensichtlich nicht verstanden, wenn er ständig mit einer „Verletzung der territorialen Integrität der Ukraine" seine massiven Waffenlieferungen an die Ukraine zu rechtfertigen versucht – oder besser: Er hat sich dem US-Diktat unterworfen und will und darf das nicht verstehen!

Die russische Intervention will also in diesem Sinn die Grenzen der autonomen Ostgebiete absichern, diese endgültig aus dem ursprünglichen, durch den Maidan-Putsch rechtlich nicht mehr existenten Kiewer Staat herauslösen und damit den acht Jahre andauernden Terror von Poroschenko, Selenskyj und Konsorten beenden.

Darüber hinaus hat Putin das Ziel, auch die russisch orientierten und vorwiegend russischsprachigen Gebiete zu erobern, die bislang nicht von den Sezessionisten („Separatisten") gehalten werden. Auch in diesem Sinn ist die russische Intervention ein Befreiungskrieg. Wie auf der Krim wurde dies im September 2022 durch entsprechende Volksabstimmungen in den entsprechenden Regionen bestätigt.

Der Westen zieht jetzt eine große Propaganda-Schau ab, weil keine sog. internationalen Beobachter im Kriegsgebiet waren und bewaffnete Kräfte die Abstimmung vor Kiewer Terroranschlägen schützen mussten. Man spricht von „Scheinreferenden" und „völkerrechtswidrig", was lächerlich ist, wenn man sich anschaut, wer diese Vorwürfe erhebt – die USA und ihr Westen, die im Serbienkrieg das Kosovo ohne irgendein Referendum annektiert haben! Und Joe Biden! Er sitzt aufgrund einer Wahl im Weißen Haus, die wegen zahlreicher Unregelmäßigkeiten und Verstößen unbedingt hätte wiederholt werden müssen! Und auch noch Scholz, der Cumex-Kanzler! Auch er illegal im Amt! Der Bundestagswahl 2021, die ihn zum Kanzler machte, wurde vom Bundeswahlleiter offiziell die Gültigkeit nicht bestätigt, und Regierung und Parlament in Berlin tun so, als würde sie das nichts angehen – mehr als ein Jahr nach der beanstandeten Wahl! Sie sitzen im Glashaus und werfen die größten Steine!

Schließlich will die russische Regierung eine NATO-Mitgliedschaft der Ukraine verhindern und deren Neutralität zwischen NATO und Russland erzwingen. Die Ukraine soll entmilitarisiert und weitgehend entwaffnet werden. In diesem Sinn zerstören die Russen systematisch militärische Strukturen, die von den USA und anderen NATO-Staaten in den letzten acht Jahren in der Ukraine aufgebaut worden sind.

Kritik an Russland

Die genannten Kriegsziele sind politisch legitim und nachvollziehbar und auch völkerrechtlich zu rechtfertigen. Die russische Regierung kündigte jedoch am Anfang des Krieges auch eine „Denazifizierung" der Ukraine und die Absetzung der Kiewer Regierung an. Abgesehen davon, dass der Begriff „Denazifizierung" politisch mehr als schwammig ist, geht es in der Ukraine nicht um irgendwelche Nazis, sondern um willfährige Erfüllungsgehilfen des US-Globalismus. Wir sind nicht mehr im Zweiten Weltkrieg. Der US-Globalismus, nicht irgendein „Nazismus" ist der globale Feind.

Wenn dann auch noch ein Territorium besetzt werden soll, das mehrheitlich von Menschen bewohnt wird, die eine russische Herrschaft ablehnen, und dann von außen eine neue Regierung eingesetzt werden soll, ist das eine Einmischung in die inneren Angelegenheiten eines Landes, die völkerrechtlich nicht mehr zu legitimieren ist. Zwar könnten sich die Russen dabei auf gängige US-amerikanische Praxis berufen, für die *Regime Change* und ideologische Umerziehung der Bevölkerung über militärische Interventionen selbstverständlich sind. Moralisch und völkerrechtlich legitimer wird das diesbezügliche russische Handeln davon nicht.

Schon jetzt ist die militärische Lage für die Russen schwierig. Die USA und ihr Westen und in gleicher Weise Israel setzen bei ihren Einsätzen kaum Bodentruppen ein und halten dadurch die eigenen Verluste sehr niedrig. Sie führen ihre Angriffe vorwiegend mit der Luftwaffe, wodurch die Kollateralschäden in der zivilen Bevölkerung hoch sind, die eigenen Verluste aber gering. Man denke an die horrenden zivilen Opferzahlen im Nahen Osten, im Gaza etc. Die Russen dagegen kämpfen vorwiegend mit Bodentruppen, was im Vergleich zur US-westlichen Kriegsführung geringere Kollateralschäden in der Bevölkerung verursacht, aber umso höhere eigene Verluste! Die russische Kriegsführung ist also humaner als die der USA und Israels. Die USA sind deshalb die letzten, die das Recht haben, den Russen schlimme Kollateralschäden in der Bevölkerung vorzuwerfen!

Hinzu kommt, dass das ukrainische Militär aus zivilen Einrichtungen wie Wohnblöcken und Krankenhäusern heraus operiert, Raketen abschießt usw., was ihm nicht nur die Russen vorgeworfen haben, sondern auch Organisationen wie *Amnesty international,* die eher pro-ukrainisch und sicher nicht negativ voreingenommen gegenüber diesem Staat sind.

Je mehr also Putin versucht, die Bevölkerung zu schonen, was zumindest die ersten sechs Wochen nach dem 24. Februar 2022 die russische Strategie war, desto weniger kann er seine militärische Übermacht ausspielen. Solange er sich im Gebiet der vorrangig russischsprachigen Bevölkerung bewegt und damit einen *Befreiungskrieg* führt, ist dieses Problem handhabbar. Je mehr er auf *Eroberungstour* geht und damit auf eine ihm immer unfreundlicher gesonnene Zivilbevölkerung trifft, desto mehr wird die Zahl der Opfer zunehmen. Er muss dann wählen, ob er mehr Zivilisten der Gegenseite oder mehr eigene Soldaten zu opfern bereit ist. Letzteres könnte ihm in Russland, Ersteres vor allem außerhalb Russlands zu einem Problem werden. Auch von daher sollte die russische Militärintervention ein Befreiungskrieg innerhalb der russischsprachigen Ukraine bleiben und nicht zu einem Eroberungskrieg der nicht-russisch-sprachigen Ukraine ausarten!

Die militärische Situation und die Gefahr eines III. Weltkriegs

Inzwischen hat sich in diesem Krieg durch westliche, nicht zuletzt deutsche Waffenlieferungen auch die militärische Situation verändert. Personell war die Ukraine den Russen von Anfang an im Verhältnis 3:1 überlegen; also auf einen russischen kommen drei ukrainische Soldaten. Diese zahlenmäßige Überlegenheit kann Putin auch durch Teilmobilmachung im eigenen Land nicht vollständig kompensieren. Auf der unteren Ebene der Kriegsführung, insbesondere im Häuserkampf, spielt, wenn man nicht auf die amerikanisch-israelische Strategie mit Flugzeugbomben übergehen will, die Zahl der Soldaten eine entscheidende Rolle.

Noch schwerer wiegt die zunehmende technologische Überlegenheit der Ukraine durch modernes westliches Militärgerät. Russland führt diesen Krieg von Anfang an nicht wirklich gegen die Ukraine, sondern gegen das gesamte US-gesteuerte westliche NATO-Bündnis. Den Strategen im Kreml war das, als sie den Krieg begannen, offensichtlich nicht ausreichend bewusst.

An der Spitze der Waffentechnik, auf der Ebene der Lang- und Mittelstreckenraketen und der interkontinentalen Raketen, ist Russland den USA relativ gleichwertig. Durch seine Hyperschall-Waffen, die die Amerikaner (noch) nicht haben, hat es sogar einen gewissen taktischen Vorteil. Auf der mittleren Ebene der Artillerie, von Panzern, Haubitzen, Raketenwerfern, ist offensichtlich der Westen durch hochwertigere Technik den Russen überlegen. Hinzu kommt die ständige Versorgung der ukrainischen Streitkräfte mit allen, vor allem mittels Satelliten gewonnenen Informationen über die russischen Streitkräfte, was sogar schon zur gezielten Ausschaltung hoher russischer Offiziere geführt hat. All das kann jetzt in der Ukraine voll ausgespielt werden.

So wird den Russen gar nichts anderes übrig bleiben, als auf die höhere Ebene weitreichender Raketen überzugehen, um ihre diesbezügliche Überlegenheit geltend zu machen. Im internationalen Propagandakrieg, den die USA ohnehin schon mit sehr schmutzigen Mitteln führen, wird das Russland schaden.

Die USA versuchen, die Eskalationsspirale nur in kleinen Stufen zu erhöhen, um nicht in den Bereich hineinzukommen, in dem die Russen der Ukraine überlegen sind. Denn dann wäre der Krieg für die USA verloren, oder sie müssten mit der gesamten NATO „offiziell" eingreifen und die totale Konfrontation mit Russland riskieren, sprich: den globalen Atomkrieg, den III. Weltkrieg!

Das wollen sie zumindest vorerst nicht, und die Russen wollen es auch nicht. Außer den Polen und Balten, die man ohnehin nicht mehr ernst nehmen kann, will das im Augenblick wohl niemand. Aber die sukzessive Eskalation dieses Krieges kann an jeder Eskalationsstufe aus dem Ruder laufen und eine Eigendynamik entwikkeln, die niemand mehr steuern kann, so dass wir einen Atomkrieg bekommen könnten, obwohl niemand ihn wollte.

Wir sind noch nicht im III. Weltkrieg. Das muss man wissen. Sonst kriegt man nämlich nicht mit, wenn er wirklich anfängt. Es ist aber mitnichten so, wie manche Vollidioten auch in Deutschland, vor allem in der CDU, es sehen, dass der Atomkrieg nur eine theoretische Gefahr oder gar nur ein Bluff sei. Die Gefahr eines atomaren Weltkriegs ist erheblich, und eine verantwortungslose Bagatellisierung dieser Gefahr kann dazu führen, dass er kommt, obwohl er zu verhindern gewesen wäre!

Russischer Imperialismus?

Der Westen wirft Putin einen neuen russischen Imperialismus vor. Dieser Vorwurf ist unberechtigt und lässt sich aus dem derzeitigen Krieg in der Ukraine nicht ableiten. Die Motivation der Russen ist national defensiv, sie sehen im NATO-Osterweiterungskrieg zu Recht eine unmittelbare Bedrohung ihres eigenen Territoriums. Nicht russische Flugzeuge tangieren ständig die amerikanische Grenze, sondern amerikanische die russische. Die militärische Konzentration der NATO spielt sich **vor der Haustüre Russland**s ab, tausende Kilometer entfernt von den USA. Was aber haben die USA überhaupt in Europa zu suchen?

Die Situation ist vergleichbar mit der Kuba-Krise von 1962. Damals wollte Sowjet-Russland Atomraketen auf Kuba vor der Haustür der USA stationieren. Die Antwort der USA war eine Drohung mit dem Atomkrieg! Noch heute ist man im Westen ganz selbstverständlich bereit, diese Atomdrohung mit dem „Sicherheitsbedürfnis“ der USA zu rechtfertigen! Wenn man dann noch sieht, welch einen Bombenterror der Westen den Israelis zugesteht, um deren „Sicherheitsbedürfnis“ zu befriedigen, dann sind die Vorwürfe des Westens an die russische Adresse fast schon lächerlich. Das Problem ist nicht ein russischer oder sonstiger Imperialismus. Das Problem ist der globalistische Imperialismus der USA mit ihrem Anhang, die sich weltweit als selbsternannte Ordnungsmacht aufführen.

Die strategischen Ziele der USA in diesem Krieg

Zunächst wollen die Amerikaner ihr Marionettenregime in Kiew erhalten und die Ukraine weiterhin als Aufmarschgebiet für antirussische Aktionen ausbauen. Ihr Hauptziel ist Russland. Sie wollen es wirtschaftlich ruinieren, politisch isolieren, militärisch sich verschleißen lassen und so dieses Land durch einen sich hinziehenden Krieg destabilisieren, chaotisieren und geopolitisch ausschalten. Nicht zuletzt sollen eine innere Opposition im Land entfacht und vor allem junge Leute durch Propaganda gegen die Regierung zu einer „Farbrevolution“ in Russland aufgewiegelt werden.

Deutschland ist für die USA nicht nur ein wichtiger NATO-Erfüllungsgehilfe, sondern auch ein ernstzunehmender wirtschaftlicher Konkurrent. Deshalb soll Deutschland einerseits wirtschaftlich stark genug bleiben, um als Lastesel des Westens EU und NATO zu finanzieren. Andererseits, und diese Gesichtspunkt ist für sie jetzt der wichtigere, führt eine zu starke wirtschaftliche Macht Deutschlands dazu, dass dieses auch politisch immer selbstbewusster gegenüber den USA auftreten könnte. Deshalb versuchen sie, die wirtschaftliche Macht Deutschlands immer wieder zu schwächen: in den 2000er Jahren Aktionen gegen Siemens, dann gegen die Deutsche Bank und zuletzt gegen die Autoindustrie – horrende Strafzahlungen (VW zuletzt 23 Milliarden Dollar) bis hin zu skandalösen strafrechtlichen Inhaftierungen von führenden deutschen Managern (Siemens, Audi).

Deutsche Politmarionetten

Für ihre Deutschlandpolitik brauchen die USA eine ihnen hörige Regierung in Berlin. Hier haben sie sich seit 1945 eine robuste transatlantische Lobbyisten-Kaste geschaffen, die lange Zeit von den C-Parteien angeführt wurde. Noch heute spielen C-Politiker wie Merz, Röttgen und Kiesewetter als US-transatlantische Lobbyisten eine wichtige Rolle. Mehr oder weniger US-hörig sind heute *alle* im Bundestag vertretenen Parteien bis hinein in die AfD – am wenigsten in diesem Fall die Linke. Die willfährigste und US-hörigste Partei sind die Grünen, die man nicht nur als US-Lobbyisten, sondern als US-*Marionetten* bezeichnen sollte!

Entsprechend ihrer geopolitischen Grundausrichtung versuchen die USA jeden Sonderweg einer deutschen Regierung in Richtung Moskau im Keim zu ersticken. Es ist ihnen gelungen, den Russland-Freund Gerd Schröder zu stürzen, der ihnen im Irakkrieg erheblich in die Quere kam. Vordergründig ging es um Schröders sog. Agenda 2010, tatsächlich aber um dessen Mangel an transatlantischer Loyalität. So wurde er durch die wesentlich gefügigere Angela Merkel ersetzt. Doch auch sie war den USA nicht hörig genug, verhinderte sie doch zusammen mit Frankreich einen NATO-Beitritt der Ukraine und hielt bis zuletzt am Bau der Ostsee-Pipeline *Nord Stream* 2 fest. Deshalb setzten die USA und ihre Lobbyisten bei der Bundestagswahl 2021 voll auf die Grünen und insbesondere auf Annalena Baerbock, die sie zur Kanzlerin machen wollten. Für die war Geopolitik erst einmal nur Klimapolitik. Dann kamen irgendwann noch die „Werte“ dazu, nicht zuletzt die feministischen – Geopolitik als Missionsarbeit! Vom großen Spiel der Mächte, von Interessenskonflikten und Bündnispolitik und insbesondere der Durchsetzung deutscher Interessen hat sie keine Ahnung. Man kann davon ausgehen, dass sie kein einziges geostrategisches Standardwerk von Kissinger oder Brzezinski in der Hand gehabt hat. Auch sonst ist sie nicht die Hellste, aber gerade das macht sie für die Amerikaner leicht führbar. „Leider“ erwies sie sich schon nach einer Woche Wahlkampf als völlig überfordert, so dass man sie als „Kanzler*innen-kandidat*in“ fallen lassen und ersatzweise auf Olaf Scholz setzen musste. Der hatte von seiner Partei her auch noch gewisse Russlandschwächen, kann aber gegebenfalls mit einem immer noch drohenden cum-ex-Gerichtsverfahren ausreichend unter Druck gesetzt werden. Die Baerbock hat man ihm als totale US-Marionette zusätzlich ins Regierungsnest gesetzt.

Die wirtschaftlichen Interessen der USA im Ukraine Krieg

Die USA wären nicht die USA, wenn sie nicht auch im Ukraine-Krieg irgendwelche handfesten Wirtschaftsinteressen verfolgen würden. Das beginnt mit dem Zugriff auf die ukrainische Energie (vor allem Gas), den sich US-amerikanische Gesellschaften schon vor 2014 verschafft haben. In den Führungen dieser US-Gesellschaften fallen Namen amerikanischer Politgrößen auf, Söhne oder enge Freunde von Joe Biden, John Kerry und anderen; allen voran natürlich Hunter Biden, Sohn des derzeitigen US-Präsidenten und seinerzeitigen US-Vizepräsidenten! So sind wirtschaftliche Interessen der US-amerikanischen Politkaste erheblich mit dem Schicksal der Ukraine verknüpft, was die Motivation für das US-amerikanische Engagement in diesem Land nicht unwesentlich beeinflussen dürfte.

Sehr schnell sind die USA mit ihrem schmutzigen Fracking-Gas in die europäische Erdgaslücke gesprungen und haben in kurzer Zeit nicht nur Milliarden an Gewinnen geschaufelt, sondern sich auch noch langfristige Verträge unterschreiben lassen. Auch die amerikanische Waffenindustrie ist als Kriegsgewinnler voll im milliardenschweren Geschäft, allen voran Lockhead. Sogar die Deutschen, die gemeinsam mit den Franzosen eigentlich ein eigenes Flugzeug hätten, nämlich den Eurofighter, mussten sich auf amerikanische Anweisung um weitere Milliarden verschulden und in den USA die dort hergestellten F35-Bomber kaufen. Könnten sie doch sonst nicht die amerikanischen Atombomben transportieren, die sie im Ernstfall für die Amerikaner und in deren Auftrag abzuwerfen haben. Atombomben aus deutschen Flugzeugen, das klingt doch „gut" – die Legende für eine neue deutsche Schuld? Und das Ganze nennt man auch noch „atomare Teilhabe"!

Nicht zuletzt erwartet die amerikanische Landwirtschaft Vorteile aus dem Ukraine-Krieg. Sie haben zwar gigantische Anbauflächen, spielen aber im internationalen Handel keine große Rolle, weil die Transportwege zu den Hauptkonsumenten in Afrika und Asien zu lang sind und außerdem das in den USA beliebte genveränderte Getreide nicht überall den besten Ruf genießt. Wenn aber die Hauptlieferanten Ukraine und Russland längere Zeit ausfallen sollten, könnte man den Transportkostenfaktor vernachlässigen, und auch eine genetische Getreideveränderung nimmt man hin, bevor man gar nichts hat und verhungert.

So profitiert die amerikanische Wirtschaft schon jetzt vom Ukraine-Krieg und hofft, dies schon mittelfristig erheblich ausbauen zu können. Noch wichtiger beim Thema Wirtschaft ist den Amerikanern die Schwächung ihrer größten Wirtschaftsrivalen: Durch die westliche Sanktionierungspolitik, die sie selbst kaum trifft, wird die deutsche Wirtschaft massiv, ja existenziell geschädigt, damit auch politisch klein gemacht und in eine völlige Abhängigkeit von den USA hineinmanövriert – vom Fracking-Gas bis zu den Atomwaffen!

„Du darfst keine fremden Abhängigkeiten neben mir haben! Nur von mir darfst Du abhängig sein!" – so sprach der Große Bruder jenseits des Atlantiks, und die Deutschen zuckten zusammen und gehorchten. In selbstmörderischem Wahn zogen sie in den Sanktionskrieg gegen Russland und zerstörten das Geschäftsmodell, das sie mit dem günstigen russischen Gas an die Spitze der Weltwirtschaftsmächte gebracht hatte.

Meldung an Washington: Befehl ausgeführt, keine Abhängigkeit mehr von Russland! Scholz und Habeck – wahre Kämpfer für deutsche Freiheit und Unabhängigkeit! – Dafür jetzt noch abhängiger von den USA? – So darf man das nicht sehen. Das ist ja eine echte Freundschaft, die deutsch-amerikanische. Da kann man nicht von „Abhängigkeit“ sprechen. Welch ein hässliches Wort in diesem Zusammenhang! – Und von Katar und Aserbaidschan? – Na ja, das ist auch kein Problem. Das sind ja Moslems, und der Islam gehört auch irgendwie zu Deutschland, das ist doch bekannt. Außerdem geht es um Moral, um Opfer bringen usw.!

Wenn man auf so hohen moralischen Höhen der Fremdbestimmung taumelt, was spielt da ein wirtschaftlicher Zusammenbruch noch für eine Rolle? Das ist doch dann alles Pillepalle. **Es gibt keine zweite Regierung auf der ganzen Welt, die so gezielt die Interessen des eigenen Volkes schädigt wie diese illegale Regierung in Berlin – bis hin zur totalen wirtschaftlichen und moralischen Vernichtung!**

Die „Renaissance“ der NATO

Schließlich geht es den USA um eine Renaissance der NATO, dem wichtigsten Instrument ihrer Russlandpolitik. Noch 2017 nannte der amerikanische Präsident Trump sie „obsolet“, und zwei Jahre später erklärte sie der französische Präsident Macron für „hirntot“. Jetzt fließen nicht nur Milliarden in die Aufrüstung – allein die Deutschen investieren 100 Milliarden Euro extra für ihre NATO-Tauglichkeit. Durch Angst- und Panikmache ist es der westlichen Propagandamaschinerie sogar gelungen, eine Stimmung zu erzeugen, die überall nach Ausbau und weiterer Verbreitung von NATO-Truppen schreit und Finnland und Schweden dazu gebracht hat, ihre jahrzehntelange Neutralität einem NATO-Beitritt zu opfern.

Die USA treiben jetzt die 2014 begonnenen Wirtschaftssanktionen gegen Russland auf die Spitze: Sie vereinnahmen dafür in räuberischer Weise das gesamte internationale Bankensystem und unterwerfen es ihrem Diktat. Sie sperren die internationalen Deviseneinlagen Russlands, blockieren internationale Zahlungssysteme und tun so, als wären all diese Institutionen ein Privatunternehmen der USA. Mit solch verbrecherischen Aktionen führen sie einen Vernichtungskrieg gegen Russland. Doch selbst wenn sie ihn gewönnen, wäre es ein Pyrrhussieg, ein Sieg, der den Untergang der USA und ihres Westens beschleunigt. Denn dieser Krieg nutzt den USA nur kurzfristig, langfristig nutzt er vor allem ihrem größten Rivalen, der Volksrepublik China.

Die USA führen diesen Krieg nicht für die Menschen in der Ukraine, schon gar nicht für die Menschen in Europa, und am allerwenigsten für die „Freiheit"! Sie führen ihn einzig und allein für ihre geopolitischen Machtinteressen, für den Erhalt ihrer Vorherrschaft in Europa und für die globale Durchsetzung ihres westlichen Systems. Wir werden bald sehen, ob sie noch die Macht haben, die sie glauben, noch zu haben. In der Ukraine steht die Weltpolitik auf der Kippe.

II-1 Globale Geopolitik

Geopolitik ist ein globaler Machtpoker, bei dem die Staaten dieser Welt mit militärischer, wirtschaftlicher und auch psychologischer Kriegsführung sowie mit Verhandlungen und Bündnispolitik möglichst viel Macht bzw. möglichst viel Souveränität für den eigenen Staat zu erringen versuchen.

Zunächst ist die Welt multipolar. Mit der Zeit kristallisiert sich ein hegemoniales Machtzentrum heraus, das dann früher oder später ein hegemoniales Gegenzentrum bekommt; in der Antike Athen – Sparta, im Mittelalter Abendland - Morgenland usw.

Unter dem Primat solcher Machtzentren werden die Beziehungen der anderen Staaten untereinander geordnet. Geopolitik ohne Hegemonialität ist eine unrealistische Wunschvorstellung; wenn überhaupt, dann dauern solche Phasen nicht lange und sind zumeist mit größerer außenpolitischer Unordnung verbunden.

Im Kalten Krieg waren die USA und die Sowjetunion die globalen Supermächte; heute sind das die USA als absteigende und die Volksrepublik China als aufsteigende Supermacht.

Autokratie versus totalitäre Demokratie

Im Westen tut man so, als gebe es nur Demokratien und Autokratien. Aber erstens ist nicht jeder Autokrat ein Diktator, und zweitens nicht jede „Demokratie“ eine Demokratie. Sicherlich ist in Deutschland derzeit kein Autokrat in Sicht, von dem eine diktatorische Gefahr ausgehen könnte. Aber dennoch empfinden immer mehr Menschen, dass wir irgendwie schon in einer Diktatur leben; dass Corona nur die Spitze eines Eisbergs war – also eine Eisberg-Diktatur: Ein Achtel sieht man, sieben Achtel nicht. Ein Großteil der Diktatur ist latent, sozusagen im Standby-Modus; und die Systemmedien bemühen sich redlich, die sieben Achtel so gut wie möglich verdeckt zu halten.

Jeder Staat hat Regeln, an die sich die Bürger halten müssen. Aber je mehr Lebensbereiche er mit seinen Regeln erfasst und je tiefer er ins Privatleben der Menschen eingreift, desto totaler bzw. totalitärer wird er. Aus einem Staat wird ein *System*. Ein *totalitärer* Staat ist ein ausentwickeltes System.

- Es gibt **totalitäre Demokratien**, die man *Demokratur* oder *Systemdiktatur* nennen kann.
  Im wiedervereinigten Deutschland haben wir eine solche Systemdiktatur, noch keine voll entwickelte, keine 100-%ige, aber eine etwa 70-%ige, wenn wir das System mit der Nachkriegszeit vergleichen.

- In einem System gelten Regeln als entscheidendes Steuerungsmoment. Personen spielen eine untergeordnete Rolle: je mehr System, desto austauschbarer sind die Führungsgestalten. In einer Autokratie spielen Personen und Persönliches eine Rolle, inklusive Charakter und Charisma des Herrschers.

- Die USA waren zunächst kein System, sondern ein halbdemokratischer Staat. Seit 9/11 enwickelt sich auch der amerikanische Staat mehr und mehr zum System.

- Die Oligarchen des amerikanisch-westlichen Systems haben ihren Sitz in der Wall Street. Die westliche Oligarchie ist eine Finanzoligarchie. Sie entstand 1913, als verschiedene Banker die amerikanische Zentralbank in Privatbesitz nahmen.

- Die zu Wirtschaftsoligarchen aufgestiegenen Banker gingen daran, aus dem Staat ein System zu machen, in dem die Gesetze der Wirtschaft („wirtschaftliche Zwänge") immer mehr zum obersten Leitsatz wurden. Sie legten dem Staat sozusagen ein wirtschaftliches Korsett an, das immer enger geschnürt wurde. Auf diese Weise transformierten sie wirtschaftliche in politische Macht.

- Ein System wird nicht durch Religion, sondern durch eine Ideologie gesteuert. Alternativen zur bestehenden Ideologie werden im System immer weniger möglich. Das System setzt sich selbst absolut. Es will keine fremden Götter neben sich haben.

- Ideologie ist die entscheidende steuernde Macht im System. Absolute Identifikation mit der Ideologie des Systems, also Systemgläubigkeit, der Glaube an das System, sind unabdingbar. Die Bösen sind hier Ungläubige und Ketzer, die die „Wahrheit", die das Systems vorgibt, nicht glauben wollen.

- System bedeutet mehr oder weniger Diktatur. In Systemdiktaturen wird heftig gegen *Autokraten* gehetzt, um damit von der eigenen Diktatur abzulenken. Dabei sind Systemdiktaturen oft schlimmer als die schlimmste autokratische Diktatur.

- Alternativlosigkeit, Anonymität der Herrscher und totale Technokratie sind Kernmerkmale eines politischen „Systems".

Unterschiede zwischen westlichem und östlichem System

- Das US-westliche System ist plutokratisch-technokratisch, das östliche der Chinesen kommunistisch-technokratisch. „Technokratisch" bedeutet heute: vollständige Digitalisierung als Voraussetzung und materielle Basis für ideologische Überwachung und Diktatur.
- Eine Gruppe von Personen ist nicht ins westliche System integriert, sie steht außerhalb bzw. darüber: die Plutokraten der *Wall Street,* die sich dieses System als Machtinstrument aufgebaut haben.

- Die Plutokraten agieren globalistisch. Sie wollen einen globalen Weltstaat. Es gibt keine Außenpolitik mehr, sondern nur noch Welt-Innenpolitik.

- Die chinesischen Kommunisten sind nationalistisch. Über einen starken eigenen Staat versuchen sie, die anderen Staaten nach und nach zu Vasallen zu machen.

- Im chinesischen System gibt es keine Plutokraten, aber Privilegierte im System gibt es auch hier. Es sind vor allem die Nachkommen der alten Revolutionsfamilien um Mao Zedong, die eine einflussreiche Politkaste hinter den Kulissen bilden.

- Das chinesische System ist von Anfang an kollektivistisch und ausschließlich auf Ordnung fixiert. Individuelle Freiheit spielt hier keine Rolle. Das westliche System dagegen ist erst einmal extrem individualistisch und *freiheits*fixiert, ja anarchisch – vom Wilden Westen bis zu Gender! Aus dem entstehenden Chaos geht dann eine neue totalitäre Ordnung hervor. Das chinesische System ist von vornherein totalitär, das westliche System erst sekundär.

- Beide Systeme sind religions- und gottlos. Im einen Fall ist der Mammon (das Geld) der Ersatz-Gott, im anderen die Partei und „das Volk".

- Weder im Westen noch in China prägt Religion die Kultur der Gesellschaft. Religion wird zur reinen Privatsache der Bürger gemacht, wie Fußball oder Tanzen.

- Der westliche Totalitarismus artikuliert sich derzeit noch mehr außenpolitisch, mit Bomben und Drohnen; der chinesische mehr innenpolitisch, mit Sozialkreditsystemen und Religionsverboten. Die Außenpolitik der VR China kann man noch nicht als totalitär bezeichnen. Deshalb sind mit China taktische Bündnisse, z. B. gegen den Hauptfeind, die USA und ihr System, noch möglich.

- Will man in Europa ein System etablieren, muss man die europäische, das heißt die christliche Religion ausrotten. Entchristlichen ist für die Errichtung einer modernen Diktatur noch wichtiger als Digitalisieren und alles andere.

Geopolitisches Ranking

Für ein geopolitisches Ranking nehme ich jetzt das Modell der DFB-Fußball-Ligen:

Im Kalten Krieg nach dem Zweiten Weltkrieg spielten die USA und die Sowjetunion geopolitisch in der Champions League, alle anderen Staaten in der Landesliga und tiefer.

1989 änderte sich das. Russland steigt in die 2., wenn nicht 3. Bundesliga ab, Deutschland in die 2. Bundesliga auf. Nur noch die USA spielen in der Champions League, und hier ganz oben.

Unter Putin steigt Russland in die erste Bundesliga auf. Die russische Wirtschaft wird stabilisiert, in der Außenpolitik punktet Putin vor allem im Nahen Osten.

Unter Merkel steigt auch Deutschland geopolitisch in die erste Bundesliga auf, was es seiner höchstentwickelten Wirtschaftskraft und seinem dadurch erheblichen Einfluss in Gesamteuropa verdankt.

2008 (Finanzkrise) rutschen die USA aufgrund verlorener Kriege in Nahost und Zentralasien ins Mittelfeld der Champions League ab. China, inzwischen größter Gläubiger der USA, steigt in die Champions League auf und etabliert sich hier auf den unteren Rängen, mit noch deutlichem Abstand hinter den USA.

Die ehemaligen Kolonialmächte England und Frankreich, die 1918 noch in der Champions League spielten, können sich heute allenfalls in der 3. Bundesliga behaupten. Die Engländer haben mit London einen wichtigen geopolitischen Finanzplatz, sind aber ansonsten nichts als der Pudel der USA.
Die Franzosen möchten gerne aufsteigen, können aber nicht. Die massive Islamisierung der Gesellschaft hängt ihnen schwer am Bein, und ihr traditioneller Laizismus gibt ihnen den Rest. Mit

deutschem Geld über Euro- und Corona-Bonds (europäischer Wiederaufbau-Fonds der EU) versuchen sie, sich vor dem Staatsbankrott zu retten.

In der 3. Bundesliga gibt es inzwischen einige Konkurrenz: Brasilien, Indonesien und andere. Japan, bis 1945 in der Champions League agiert in der zweiten Bundesliga. Wirtschaftlich ist es, wie Deutschland, auch sehr stark. Politisch aber hat es in Fernost nicht annähernd das Standing, das Deutschland in Europa hat.

Indien spielt inzwischen in der 1. Bundesliga auf unteren Rängen, deutlich hinter Deutschland, was sich bald ändern könnte.

Für das geopolitische Ranking, wie ich es hier versuche, spielen zunächst eine Rolle

- Größe des Territoriums eines Staates sowie dessen Bevölkerungszahl
- die geographische Lage, bei der Türkei beispielsweise die Lage zwischen Asien, Russland, Europa und Afrika
- der historische Hintergrund: China eine Zivilisation seit mehreren tausend Jahren, die USA eine Zivilisation seit gerade mal 200 Jahren!
- Bodenschätze und andere Ressourcen; schließlich, die entscheidenden Punkte:
- das militärische Potential (Größe des Wehretats in den letzten Jahren) und
- die wirtschaftliche Stärke.

Es gibt noch einen *ideellen* Faktor im Hinblick auf kulturellen und moralischen Einfluss. Die USA versuchen, diesen mit ihrer Menschenrechtsideologie maximal einzusetzen. Der Einfluss dieses Faktors auf das geopolitische Potential eines Staates ist schwer einzuschätzen, wie auch der von besonders fähigen Staatsführern, die ihren Staaten zeitweise eine geopolitische Bedeutung verschaffen können, die sie von den objektiven Faktoren her nicht haben.

Mögliche geopolitische Verschiebungen während des Ukraine-Kriegs und danach

Wenn der Ukraine-Konflikt, der eine immense globale Bedeutung hat, so weiterläuft wie jetzt, wenn insbesondere Deutschland an seinem Sanktionen-Selbstmord-Kommando unverdrossen bis zum Untergang festhält, könnte sich folgende geopolitische Machtverschiebung ergeben:

Die Chinesen ziehen in der Champions League an den USA vorbei in Richtung Spitzenposition. Die USA dagegen stürzen in den Keller der Champions League und geraten in akute Abstiegsnot.

Russland wird den gewollten Aufstieg in die Champions League verfehlen und muss froh sein, wenn es sich in der ersten Bundesliga hält. Läuft der Ukraine-Krieg schlecht, kann es ein bis zwei Klassen absteigen.

Indien könnte einen Platz an der Spitze der ersten Bundesliga bekommen, Brasilien und Indonesien und andere vielleicht in diese aufsteigen.

Am tiefsten wird Deutschland stürzen; wie tief, hängt von seinem Ukraine-Engagement ab: je größer dieses, desto tiefer der Absturz! Landesliga? Bezirksklasse? Wenn seine Wirtschaftsmacht zusammenbricht, wird Deutschland auch geopolitisch zur Nullnummer.

Eine geopolitische Sonderrolle spielen Israel und die Türkei. **Israel** hat sich in den letzten Jahren eine hohe Kompetenz in der Cyber-Kriegsführung, in der Drohnen-Herstellung und im Bau von Abwehrsystemen erworben, was in der Zukunft eine große Rolle spielen wird. Sein Atomwaffenpotential ist schwer einzuschätzen. Für einen Global Player reicht das wohl nicht aus, weil Israel alle sonstigen Essentials fehlen: territoriale Größe, große Bevölkerungszahl, wirtschaftliche Kraft und anderes.

Auf der anderen Seite spielt Israel im globalen Machtnetzwerk, das die US-amerikanischen Zionisten im gesamten Westen aufgebaut haben, eine bevorzugte Rolle. Auch wenn es zum Teil erheblich Widersprüche zwischen US-Globalzionisten und israelischen Nationalzionisten gibt: Israel kann sich unter jeder US-Regierung, ob Trump oder Biden oder wem auch immer, auf US-amerikanische Unterstützung verlassen. In diesem indirekten, mittelbaren Sinn spielt es als *Global Player* eine wesentliche Rolle.

Was die **Türkei** betrifft, so leidet sie noch stark, wie z.B. auch Frankreich und Russland, an ihrer verlorengegangenen Größe der Vergangenheit. Als islamische Macht spielt sie geopolitisch keine große Rolle, weil der Islam und sein Kulturkreis in sich völlig zerstritten und gespalten sind – nicht nur in Sunniten und Schiiten, sondern auch innerhalb der Sunniten in Moslem-Brüder (Türkei, Ägypten), Wahhabiten (Saudi-Arabien) und andere.

Das geopolitische Gewicht der Türkei leitet sich vor allem von ihrer geographischen Lage am Bosporus zwischen Europa, Russland, Vorderasien und Afrika ab. Erdogan versucht dies immer wieder auszunutzen und Russen, Europäer und Amerikaner gegeneinander auszuspielen. Letztlich aber ist er zu schwach für ein solches Machtspiel. Seine Wirtschaft droht durch Inflation, die er mit unsinnigen Maßnahmen zusätzlich steigert, zusammenzubrechen, was auch sein politisches Ende bedeuten würde. Es drohen dann erhebliche Unruhen und eine große politische Instabilität in der Türkei. Gelingt es Erdogan, seine Wirtschaft zu stabilisieren, z.B. durch erfolgreiche Einbindung in die Shanghai-Organisation (SCO), könnte er geopolitisch in die erste Bundesliga aufsteigen; wenn nicht, droht der Türkei der Absturz in die Bezirksklasse.

Die geopolitische Machtverschiebung in den indo-pazifischen Raum

Nachdem China sich in den letzten Jahren zur Weltmacht auf Augenhöhe mit den USA entwickelt hat, spielen neben der transatlantischen Achse für die USA asiatische Kooperationen eine zunehmende Rolle. Schon lange gibt es eine Organisation für die Zusammenarbeit der angloamerikanischen Geheimdienste, genannt **Five Eyes**; dann ein Vierer-Bündnis der USA mit Japan, Australien und Indien, genannt **Quad**; zuletzt ein Dreierbündnis von USA, Großbritannien und Australien, genannt **AUKUS**.[4]

Den US-geführten Kooperationen in Asien stehen mehrere asiatische Organisationen gegenüber, an denen die USA nicht beteiligt und die im Grundtenor gegen die USA und den Westen gerichtet sind. Die beiden wichtigsten Organisationen sind die **ASEAN** und die **Shanghai Cooperation Organization** (SCO). Zur ASEAN gehören die Philippinen, Indonesien, Malaysia, Singapur, Brunei, Kambodscha, Laos, Vietnam, Thailand und Myanmar. Es gibt auch mehrere Staaten mit Beobachter- und Bewerberstatus.

Zur politisch sehr bedeutenden SCO gehören China, Russland, Indien, Pakistan, Kasachstan, Usbekistan, Tadschikistan und Kirgistan. Mehrere Staaten haben einen Beobachter- oder Gästestatus, z. B. die Türkei. Als die EU Druck auf Ankara machte, eine Zusammenarbeit mit der SCO würde die Mitgliedsverhandlungen mit der EU sehr belasten, soll Erdogan kurz und bündig geantwortet haben: „dann Auf Wiedersehen EU!"

Unipolare, bipolare, tripolare und multipolare Konstellationen in der Geopolitik

Geopolitisch global können wir eine *unipolare*, eine bipolare, eine tripolare und eine multipolare Konstellation unterscheiden. Eine unipolare hatten wir von 1990 bis 2010, als die USA weitgehend ungehindert und unverfroren einen Krieg nach dem anderen anzetteln konnten: in Osteuropa (Serbien, NATO-Osterweiterungskrieg), im Nahen Osten und in Zentralasien (Afghanistan). Diese Kriege, von denen sie keinen einzigen gewonnen haben, haben sie geschwächt und ihre geopolitischen Kontrahenten China und Russland gestärkt; die Russen politisch-militärisch im Nahen Osten, die Chinesen wirtschaftspolitisch global.

---

4 Dieses Bündnis ist den Amerikanern offensichtlich sehr wichtig. Vor einiger Zeit haben sie die Australier dazu gebracht, einen schon laufenden Vertrag mit Frankreich zum Bau von atomar betriebenen U-Booten kurzfristig zu stornieren und die Boote in den USA und in England bauen zu lassen. Nicht nur die Franzosen, auch die übrige EU war empört, was die Angloamerikaner aber nicht sonderlich beeindruckte.

In den letzten Jahren hatten wir geopolitisch eine mehr oder weniger *multipolare* Konstellation, weil die USA schon zu schwach waren für eine unipolare und China noch zu schwach für eine bipolare. Viele, vor allem in Europa, halten eine multipolare Ordnung für ideal und würden sie gerne konservieren und ausbauen. Dies ist nicht realistisch gedacht und politisch blauäugig. Erst einmal drohen in einer multipolaren Ordnung Unruhen und kriegerische Konflikte an allen Ecken und Enden. Deshalb kann es durchaus sinnvoll sein, wenn eine hegemoniale Macht ordnend ins Geschehen eingreift und Konflikte reduziert und verhindert, wobei die entscheidende Frage ist, wie es um diese hegemoniale Macht geistig-moralisch bestellt ist.

Auf der anderen Seite strebt jede größere regionale Hegemonialmacht unweigerlich nach immer mehr Macht und letztlich nach dem Status einer Supermacht. Es gibt dann zwei Möglichkeiten, eine bipolare und eine tripolare, und vor dieser Alternative stehen wir heute.

Bipolar bedeutet: Wir haben zwei Supermächte, die USA und China, alle anderen Staaten gruppieren sich um eines dieser beiden Machtzentren. Die Amerikaner haben dafür ihre NATO, die Chinesen bauen langsam aber sicher die Shanghai Cooperation Organization (SCO) auf und aus. Das Problem ist: Wenn man eine strategische Verbindung mit einer Supermacht eingeht, wird man früher oder später zum Vasallen. Denn der Vasall braucht die Supermacht in der Regel mehr als die Supermacht den Vasallen. Selbst wenn zeitweise Kooperation zwischen den Machtblöcken besteht, polarisieren sich die Gegensätze in einer bipolaren Konstellation sehr schnell und aus einem kalten kann schnell ein heißer Krieg werden – mit einem apokalyptischen Szenario!

In einer *tripolaren* Konstellation gibt es – im Gegensatz zu einer diffus multipolaren (=„multilateralen“) Ordnung – eine starke und strukturierte Mitte: *stark* bedeutet, dass viele Staaten noch relativ selbstständig und nicht durch eine Supermacht vasallisiert sind; *strukturiert* bedeutet, dass innerhalb des mittleren Blocks ein oder zwei Staaten in der Lage sind, die anderen zu führen, insbesondere im Hinblick auf Bedrohungen durch eine oder beide Supermächte.[5] Bis zum Ukraine-Krieg wäre die Achse Moskau – Berlin eine naheliegende und erfolgversprechende Führungsstruktur für den mittleren Block gewesen. Für eine solche Achse hat Putin 2001 im Berliner Bundestag noch heftig geworben: Russland mit einem relativ großen militärischen Potential und unerschöpfbaren Ressourcen an Bodenschätzen und Energiequellen, Deutschland mit einer starken Wirtschaft und entsprechendem Know-how – zusammen eine sehr gute Ergänzung!

Die wirtschaftliche Sonderrolle droht Deutschland durch seine selbstmörderische Sanktionierungspolitik vollständig zu verlieren, und durch deutsche Waffenlieferungen an die Ukraine, die für erhebliche russische Verluste im Krieg verantwortlich sind, ist das deutsch-russische Verhältnis inzwischen nur noch ein Scherbenhaufen! Die Russen orientieren sich schon um und suchen gezielt neue Partner im eurasischen Raum, z.B. die Anrainerstaaten des Kaspischen Meeres und vor allem natürlich Indien. Es könnte bald sein, dass Russland, selbst wenn wir dann wollten, uns nicht mehr will und auch nicht mehr braucht, und uns Deutschen dann nur noch die kadaverloyale Totaleinbindung in den Westen übrig bliebe – was nicht nur ein Militärbündnis bedeutet, sondern Gender, Schwulenkult, Islamisierung, Afrikanisierung, Auflösung unseres Nationalstaates und nicht zuletzt eine antichristliche und anti-europäische Diktatur der „Menschenrechte"! Von der Einbeziehung Deutschlands über die NATO in einen globalen Krieg der USA gegen China reden wir lieber nicht, obwohl schon heute deutsche Schiffe der Bundeswehr im Auftrag der USA um das Südchinesische Meer herumkreuzen!

Ein russisch-deutsches Bündnis hat jetzt nur noch eine Chance, wenn die Deutschen in absehbarer Zeit erkennen, dass sie wieder einmal aufs falsche Pferd setzen; dass die unterwürfige Einordnung in den US-Westen, wie sie auch im Ukraine-Krieg von ihnen verlangt wird, ihren vollständigen wirtschaftlichen Untergang bedeutet und dass sie im Westen nicht einmal mehr sicher sein können, ob sie im Winter noch eine beheizte Wohnung haben – und wenn

---

[5] Die Führungsstaaten im mittleren Block müssen militärisch und/oder wirtschaftlich stärker sein als die anderen. Andererseits sollten Sie ausreichend abhängig von anderen Staaten und damit ausreichend entfernt von der Machtautarkie einer Supermacht sein.

ihnen dann vielleicht ein Licht aufgeht: Würde eine Kooperation mit Russland mit Wiederherstellung und Öffnung von *Nord Stream 2* nicht in kürzester Zeit fast all unsere wirtschaftlichen Probleme lösen?

Gleichzeitig müssten die Russen gewahr werden, dass sie in einem rein eurasisch ausgerichteten Gebilde sehr schnell von einer alles aufsaugenden chinesischen Supermacht vereinnahmt und letztlich auch sie auf das Vasallen-Niveau eines Energielieferanten heruntergestuft würden; dass andererseits in einer deutsch-russischen Allianz nicht nur die Deutschen auf Augenhöhe mit den US-Amerikanern, sondern auch die Russen auf Augenhöhe mit den Chinesen agieren könnten.

Ein solches deutsch-russisches Bündnis würde die geopolitische Mitte stärken, die Extreme, nämlich die beiden Supermächte und ihren Einfluss auf andere Staaten, schwächen und den Weltfrieden sicherer machen, indem es eine neutralisierende Pufferzone zwischen den beiden genuin kriegerischen Supermächten bilden könnte.

Die amerikanisch-westliche Menschenrechtspolitik – die scheinheiligste Veranstaltung der Menschheitsgeschichte!

Die USA und ihr Westen setzen insbesondere bei militärischen Interventionen gezielt ihre sog. Menschenrechte als ideologische Waffe gegen ihre Feinde ein. Sie beanspruchen dabei, eine „wertebasierte" Politik zu betreiben, im Gegensatz zu ihren Feinden, die alle nur interessenbezogen oder gar aus moralisch niedrigen Beweggründen handelten. Dieses missionarische und noch mehr anmaßende Sendungsbewusstsein bestand schon am Anfang der amerikanischen Staatsgründung. So sagte *Thomas Jefferson,* einer ihrer Gründerväter: „Wir glauben, dass wir Pflichten unterworfen sind, die sich nicht nur auf unsere eigene Gesellschaft beschränken. **Es ist unmöglich, nicht zu erkennen, dass wir für die ganze Menschheit handeln."**

Dies war schon damals ein scheinheiliges und verlogenes Schmierentheater. Denn während man der Menschheit mit nicht zu überbietendem Pathos ihre Freiheitsrechte verkündete, führte man in oft grausamer Weise die Negersklaverei wieder ein und betrieb einen Genozid an den Indianern, den Ureinwohnern des Kontinents. Diese Heuchelei ist bis heute elementarer Bestandteil amerikanischer Politik.

Die beiden Weltkriege

Im Ersten Weltkrieg haben die USA die Deutschen mit einem 14-Punkte-Programm über den Tisch gezogen. In diesem Programm war viel von der nationalen Selbstbestimmung aller Völker die Rede. Tatsächlich galt diese aber nur für die Siegermächte und nicht für die Besiegten, insbesondere nicht für die Deutschen. Deren nationale Rechte wurden massiv beschnitten, was nicht nur zu Hungersnöten mit Hunderttausenden von Toten führte, sondern die gesamte deutsche Politik zwischen 1918 und 1939 bis hin zur nationalsozialistischen Machtergreifung wesentlich beeinflusste.

Im Zweiten Weltkrieg haben die Amerikaner Atombomben auf Hiroshima und Nagasaki abgeworfen. Sie sind damit der **einzige Staat der Welt, der Atombomben gegen Zivilbevölkerung eingesetzt** hat, und das mit entsetzlichen Folgen in die nächsten Generationen hinein. Selbst dieser Zivilisationsbruch wird von Ideologen des Westens immer noch als notwendig und moralisch legitim gerechtfertigt: Man habe so den Krieg verkürzt und dadurch viele Menschenleben gerettet! Mit diesem Argument kann man jedes Kriegsverbrechen rechtfertigen – genau genommen gibt es dann überhaupt keine Kriegsverbrechen mehr, denn jeder will ja mit seinen Aktionen den Krieg verkürzen und so Menschenleben retten. Die Maxime amerikanischen Handelns ist einfach: Wenn es die anderen machen, ist es ein Kriegsverbrechen. Wenn sie es machen, ist es eine humanitäre Intervention.

Der Vietnamkrieg

Präsident Kennedy war der letzte Versuch, die moralische Substanz der USA zu retten. Er wollte die amerikanische Zentralbank FED wieder verstaatlichen und damit die Macht der Banken wesentlich beschränken. Einige wenige Bankerfamilien, die sich 1913 in einer Art Finanzputsch die Notenbank unter den Nagel gerissen haben, konnten so weitgehend die Entwicklung der amerikanischen Wirtschaft im eigenen Interesse steuern. Dies ist für uns noch heute von großer Bedeutung, weil inzwischen diese Banken nicht nur die amerikanische, sondern auch die globale Wirtschaft dominieren. Durch die weltweite Umsetzung der amerikanischen Sanktionierungspolitik gegen Russland wird dies augenscheinlich belegt.

Kennedy wollte auch die militärische Intervention in Vietnam eindämmen und beenden. Dies alles ist ihm nicht gut bekommen: Vor den Augen der Weltöffentlichkeit wurde er von den eigenen Geheimdiensten ermordet. Damit setzten sich in den USA endgültig die Elemente durch, die noch heute an der Macht sind. Nach ihrem Sieg im Kalten Krieg 1989 gegen die Sowjetunion haben sie den amerikanischen Staat in ein westlich-globales *System* transformiert und streben jetzt die Herrschaft über die ganze Welt mit einem globalen Einheitsstaat an. Der NATO-Osterweiterungskrieg gehört wesentlich zu dieser Welteroberungsstrategie.

Nach der Ermordung Kennedys ist auch bei der amerikanischen Zentralbank alles beim Alten geblieben. Private Banker bestimmen weiterhin entscheidend die internationale Finanzpolitik, und auch das amerikanische Vietnam-Engagement wurde von einer begrenzten Militäroperation in einen unbegrenzten und grausamen Krieg überführt. LeMay, einer der führenden US-Generäle, gab die Marschroute vor: **Wir werden Vietnam in die Steinzeit zurückbomben.** Das haben sie dann auch getan, die großen Menschenrechtsapostel, unter anderem mit dem Einsatz von Napalm-Bomben (*Agent Orange*). Auch hier ein Zivilisationsbruch, ein Massenmord, der über genetische Veränderungen in die nächsten Generationen hinein gewirkt hat – und auch hier kein Schuldbekenntnis, keine Wiedergutmachung und keinerlei Konsequenzen für die Täter!

Drohnenmorde

1989 dann der Zusammenbruch der Sowjetunion! Die Amerikaner sind jetzt für ca. 20 Jahre alleinige Supermacht und können dies reichlich ungeniert ausleben: Irak, Serbien, Afghanistan, dann wieder Irak, Libyen, Syrien usw. Allein im Irak haben sie für ihre Werte und Menschenrechte über 500.000 Zivilisten umgebracht. Das muss man erst einmal hinkriegen!

Dann der farbige Friedensnobelpreisträger: In seiner Amtszeit als Präsident der Vereinigten Staaten hat er 4000 Drohnen-Morde zu verantworten. Laut einer Studie der *Stanford University* ist bei 98 % von Obamas Drohnen-Toten nicht einmal die Identität bekannt. Dieser US-Präsident wusste also nicht einmal, wen er da alles umgebracht hat! Und der sog. *Internationale Strafgerichtshof* in Den Haag? Irgendeine Reaktion? Ein Verfahren gegen Obama? Fehlanzeige! Gab es überhaupt schon einmal irgendein Verfahren dieses Gerichtshofs gegen irgendeinen amerikanischen Politiker, gegen irgendeinen amerikanischen General oder gar gegen irgendeinen israelischen Politiker? Alles Fehlanzeige!

Politiker und Militärs, zumeist aus Kleinstaaten der Dritten Welt, werden vor dieses Gericht gezerrt. Aus der Vielzahl der überall und ständig stattfindenden Kriegsverbrechen greift man die heraus, bei denen sich die Akteure nicht genügend US-hörig verhalten haben – eine Warnung und Drohung an den Rest der Welt: So ergeht es jedem, der sich nicht unseren Menschenrechten unterwirft! Und was ein Menschenrecht ist, bestimmen natürlich wir, und wer dagegen verstoßen hat, bestimmen auch wir. Der sog. Internationale Strafgerichtshof ist eine pseudo-juristische Farce, mit der der Westen seine imperialistische Politik in juristischer Kostümierung weltweit durchzusetzen versucht. Für die nichtwestliche Welt ist es an der Zeit, diese politische Anmaßung der USA und ihrer Quislinge zu beenden und die unwürdige Versammlung in Den Haag aufzulösen.

Assange, Snowden

Und heute? Schauen wir in den Jemen! Dort führen engste Freunde der USA, eine saudi-arabisch-israelische Allianz, einen brutalen Bombenkrieg gegen ein ohnehin am Boden liegendes Land. Warum? Weil es mit dem Iran kooperiert! Auch hier könnte man von „Genozid" sprechen, aber kein Mensch regt sich darüber auf und schon gar nicht irgendein Politiker des sonst so empörungsfreudigen und sanktionswütigen Westens.

Aber was passiert, wenn jemand US-amerikanische Kriegsverbrechen aufdeckt? Das zeigt am besten der Fall **Julian Assange**. Unter anderem hat er ein Video veröffentlicht, in dem die gezielte Tötung irakischer Zivilisten durch amerikanische Soldaten gezeigt wird. Die Reaktion ist typisch für die westliche Welt: Man empört sich kurz und oberflächlich, aber dann wird nicht gegen die Täter und ihre Auftraggeber vorgegangen, sondern gegen den Boten der schlechten Nachricht. Julian Assange wurde in Schweden in eine Falle gelockt und sitzt seit 2010 in schwedischen und britischen Untersuchungsgefängnissen. Jetzt wollen ihn die Engländer an die USA ausliefern, wo ihm einige hundert Jahre Gefängnis drohen.

Ähnlich der Fall des **Eduard Snowden.** Von ihm haben wir konkrete Belege über das gigantische und verbrecherische Ausmaß der Ausspionierung und Überwachung der gesamten Welt durch die US-Amerikaner. Snowden konnte sich dem amerikanischen Zugriff entziehen und fand politisches Asyl – nicht in Deutschland, der selbsternannten Hochburg der Menschenrechte – nein, Wladimir Putin, der größte Bösewicht der Menschheit, gewährt ihm politisches Asyl!

Biowaffen-Labors, Waterboarding und anderes

Vergessen wir nicht die Ukraine selbst. acht Jahre lang fanden im Osten brutale Menschenrechtsverletzungen durch die Kiewer Regierung und ihre Handlanger statt: Angriffe auf Schulen, Kindergärten und Krankenhäuser usw. – 14 000 Tote!

Die Russen haben bei ihrer Militäraktion auch mehrere Biowaffen-Labore aufgetan, offensichtlich von den Amerikanern eingerichtet. Sie haben es dem UN-Sicherheitsrat vorgelegt, aber dessen westliche Vertreter haben es abgelehnt, das Thema überhaupt zu behandeln! Es gebe keine Belege, so die westlichen Medien unisono. Propagandistisch gingen diese dann in die Vorwärtsverteidigung und warfen den Russen ein Kriegsverbrechen in Butscha vor, das nur durch fragwürdige Zeugenaussagen aus dem Kiewer Regierungskreis belegt ist und durch sonst nichts.

Auch im Fall der Biowaffen-Labore gilt offensichtlich: Was ein Beleg ist und was nicht, entscheidet der Westen. Doch hier werden sie schon bald den Kopf nicht aus der Schlinge bekommen, denn die nichtwestliche Welt, die inzwischen wesentlich größer ist als die westliche, hat den Vorwurf bereits aufgenommen und wird eine entsprechende Aufklärung von den USA einfordern. Es geht um einen offensichtlichen Verstoß gegen die Biowaffenkonvention von 1971, gegen die die USA hier verstoßen.

Um rechtliche Hürden in den USA zu umgehen, hat man sich nicht nur bei Biowaffen-Laboren, sondern auch bei Foltergefängnissen extraterritoriale Alternativen verschafft. So bediente sich die CIA bei ihrem Foltergeschäft nicht nur des Libyers Gaddafi, auch in NATO-Europa, in polnischen und rumänischen Gefängnissen hat sie systematisch gefoltert. Unvergessen Guantanamo und auch das Gefängnis in Abu Ghuraib, in dem irakische Gefangene von ihren amerikanischen Wächtern sexuell gedemütigt und misshandelt worden sind!

Was in den USA selbst an Folter geschieht, wird einfach nicht als „Folter" bezeichnet, so z. B. das sog. Waterboarding. Man sehe sich im Netz einen Film über diese Tortur an! Wenn das nicht Folter ist, was dann? Mit welchen Definitionsmaßstäben messen hier die Gralshüter der Menschenrechte? Wer immer noch mit dem amerikanischen Kalauer vom „Kampf der Freiheit gegen die Tyrannei" daherkommt, hat nicht mehr alle Tassen im Schrank. Wie heißt es im Evangelium: Sie sehen den Splitter im Auge Putins, den Balken im eigenen Auge sehen sie nicht!

Die Menschenrechtsideologie ist eine zutiefst antichristliche Zivilreligion

Die Menschenrechte sind in der Tat die scheinheiligste Veranstaltung der Menschheitsgeschichte. Aber das ist nicht das Schlimmste! Denn selbst wenn die Menschenrechtler nicht so scheinheilig daher kämen und ihre eigene Lehre nicht nur in der Theorie, sondern auch in der Praxis beherzigen und umsetzen würden, stellt diese Ideologie einen Frontalangriff auf die geistigen Grundlagen Europas dar. Goethe bringt es auf den Punkt, wenn er sagt: *Europa ist von Wallfahrern gegründet und das Christentum seine Muttersprache!* Das ist die Kernidee Europas!

Dagegen sagt George Washington, einer der Gründerväter der USA: *Die Vereinigten Staaten von Amerika basieren in keiner Weise auf dem christlichen Glauben.* Richtig! Sie basieren auf den

Menschenrechten, die ein ideologisches Konstrukt der amerikanischen Gründerväter sind und tatsächlich in keiner Weise auf dem christlichen Glauben basieren. Auch in amerikanischer Sicht sind sie demnach nicht christlich, sondern a- bzw. antichristlich. Wie zeigt sich das?

Christentum bedeutet die Entdeckung der Göttlichkeit des Menschen auf nicht heidnischer, sondern jüdischer Grundlage. Im Heidentum ist Göttlichkeit nichts Besonderes. Die heidnischen Götter, ob Wotan, ob Zeus, sind menschlich, ja allzu menschlich. Sie treiben sich auf der Erde herum, bleiben dieser Erde treu (Nietzsche) und vom Betrug bis zum Ehebruch ist ihnen nichts Menschliches fremd.

Mit diesem banalen Gottesbild haben die Juden auf dem Sinai aufgeräumt. Sie haben dem Gott, dem Vater, seine Göttlichkeit, seine göttliche Reinheit zurückgegeben.

Aber was ist mit dem Menschen? Der bleibt menschlich. Das Judentum ist dualistisch: Göttlichkeit ist nur dem Gott vorbehalten, der Mensch hat sich mit seiner Menschlichkeit zu begnügen. Gott ist nicht menschlich und der Mensch ist nicht göttlich. Das ist die theologische Kernidee des Judentums, die heute – das erste Kuriosum dieser Diskussion – im Wesentlichen nicht mehr vom Judentum, sondern vom Islam und seinen Protagonisten verteidigt wird.

Jesus, der Christus, in seiner menschlichen Inkarnation ein Jude, hat dieses Gottesbild, die Kernidee des Judentums gesprengt. Das war keine Reformation, das war eine Revolution: **die religiöse Überwindung des Judentums durch das neu entstandene Christentum.**

Die zentrale Botschaft des Christentums ist: Der Mensch ist göttlich, er hat unmittelbar Teil an der Göttlichkeit des Gottes, aber die entscheidende Bedingung: Der Sohn ist nur so lange göttlich, wie er in der Einheit bleibt mit Gott, dem Vater. „Ich und der Vater sind eins", sagt der Menschensohn Christus, und das ist die Grundlage seiner Göttlichkeit.

Löst er sich heraus aus dieser Einheit, wird er abtrünnig vom Vater und macht sich selbst zum Gott, zum *Homo Deus*[6], dann verliert er nicht nur seine Göttlichkeit, dann wird er zum Teufel. Diese luziferische Loslösung („Emanzipation") des Menschensohnes vom Vater, die quasi putschistische Inthronisation des Sohnes zum *Homo Deus* – das ist die theologische Kernidee der Menschenrechtsideologie. Gott, der Vater, wird entsorgt und der Menschensohn zum Alleinherrscher als der von Gott abtrünnige, sich selbst verherrlichende Mensch!

Die Grundlage Europas ist also das Christentum, siehe Goethe. Die Grundlage der Vereinigten Staaten von Amerika ist die Menschenrechtsideologie, siehe G. Washington – ein fundamentaler Gegensatz, und ein Glaubenskrieg ist vorprogrammiert: ein Glaubenskrieg zwischen Europa und den USA. Er findet längst statt und ist weit fortgeschritten. Die Menschenrechtsideologie scheint auf der Siegerstraße, aber der Krieg ist noch nicht zu Ende.

Lange Zeit tat man so, als wären Menschenrechtsideologie und Christentum irgendwie dasselbe; die Menschenrechte sozusagen nur die Anwendung des Christentums in der politischen Praxis – eine teuflische Strategie, um das Christentums mit der Menschenrechtsideologie tödlich zu umarmen. Je mehr sich diese jedoch politisch durchsetzt, desto mehr lassen ihre Protagonisten die Katze aus dem Sack und gehen auf Konfrontationskurs zum Christentum. Ihre Politik und Propaganda werden immer offener antichristlich. Es ist kein Zufall, wenn bei G7-Treffen jetzt, wie jüngst im westfälischen Münster, christliche Kreuze aus den historischen Sitzungssälen entfernt werden!

Die echten Christen müssen endlich den antichristlichen Charakter der Menschenrechtsideologie erfassen und den Ukraine-Krieg in diesem Sinne theologisieren. Diese Idee müsste von den Kirchen kommen! Dass dem nicht so ist, ist das zweite Kuriosum dieser Diskussion: Die Protagonisten der Amtskirchen sind zu Protagonisten der Menschenrechtsideologie geworden. Das offenbart die religiöse Entartung des institutionalisierten Christentums im Westen, nicht nur an der Spitze, auch an der Basis. Diese setzt sich nicht für

---

[6] *Homo Deus* ist im Übrigen der Buchtitel eines Bestsellers des israelischen Autors Yuval Harari.

die christliche Erneuerung ihrer Kirche ein, sondern für deren vollständige Vergenderung!

Auch im Glaubenskrieg in der Ukraine stehen die europäischen Christen auf Seiten der amerikanischen Menschenrechtsideologen, die geistigen Fundamente des christlichen Europas aber werden von Russland verteidigt. Das ist das dritte Kuriosum dieser Diskussion: Die Russen die Verteidiger Europas und des Christentums, und der sog. Westen, allen voran Deutschland, Vorkämpfer für die amerikanischen Menschenrechte – Europa führt derzeit einen Krieg gegen sich selbst!

II-2 Deutschland und die Deutschen

Griechisch-römische Antike

Europa wurde in Griechenland geboren. Die Quintessenz Griechenlands ist seine Philosophie, allen voran die **platonische**: nicht das, was man sieht, ist das Eigentliche, sondern das, was dahinter oder darüber oder darunter oder darinnen ist: die Idee – nicht etwas Materielles, sondern etwas Geistiges. Und dieses Geistige erfasst man durch geistige Schau, durch Intuition und geistiges sich-Einfühlen, aber auch durch Kommunikation, durch Sprache, durch das Gespräch. Diese **Suche nach dem Eigentlichen**, der Idee, durchzieht die griechische Philosophie und Kultur und von da an die gesamte europäische Geschichte.

Einen Primat des Geistigen gegenüber dem Materiellen gibt es in mehreren Kulturen, vor allem in der indischen. Aber während im Indischen das materiell Stoffliche sich in Schall und Rauch, in „Maja“ verflüchtigt und sozusagen den Boden unter den Füßen verliert, bleibt das griechische Denken insgesamt dialektisch ausgewogen. Schon der Schüler Platons, **Aristoteles**, macht die Philosophie im Gegensatz zu Platon wieder bodenständiger, konkreter, empirischer, entwickelt eine wissenschaftliche Begrifflichkeit: Aristoteles ein wissenschaftlicher, Platon ein eher religiöser Philosoph. Als ein Zweigespann wirken die beiden in die europäische Geistesgeschichte hinein und prägen das europäische Denken.

Nach dem Primat des Geistigen ist die **Dialektik**, die Suche nach Maß und Mitte zwischen den Gegensätzen, das zweite wesentliche Prinzip abendländisch-europäischen Denkens, wobei wir hier einen dritten griechischen Philosophen, nämlich den Vorsokratiker **Heraklit**, wenigstens namentlich erwähnen sollten. Dialektik kommt von dialégesthai (griech.); das heißt: sich unterhalten, miteinander reden. Kommunikation durch Sprache ist hier also ein wichtiges Mittel bei der Suche nach dem Wahren und der Wahrheit.

Das gilt auch für die **griechische Politik**, wo viel gesprochen und diskutiert wird, wo viele partizipieren an Meinungs- und Entscheidungsprozessen; wo das entsteht, was wir heute *Demokratie* nennen, die Partizipation von vielen an der Macht.

Was die Dialektik zwischen Platon und Aristoteles im Kleinen, spiegelt sich im Großen in der Dialektik zwischen Griechenland und Rom: auf der griechischen Seite die hochentwickelte Kultur, die geistige Fruchtbarkeit und Lebendigkeit, die aber immer mit einer gewissen strukturellen Unverbindlichkeit, wenn nicht einem gewissen Chaos verbunden ist. Ein großes Reich, wo Ordnung dominiert, wie es die Perser und später die Römer hatten, haben die Griechen nie zustande gebracht; wollten sie auch gar nicht. Es entsprach nicht ihrer geistigen Grundverfassung. Selbst Alexander der Große, der Eroberer schlechthin, der die halbe Welt in kürzester Zeit vereinnahmte, schuf keine Machtstrukturen, dies überließ er seinen Nachfolgern. Ihm, dem Griechen, ging es erst einmal darum, das Prinzip, die Idee aufleuchten zu lassen, in eine neue Dimension durchzubrechen, hier auch ganz konkret geographisch gemeint: die Eroberung neuer Welten! Was dann damit geschieht, darüber können sich andere den Kopf zerbrechen. So gesehen kann man **Pionierhaftigkeit** als drittes Wesensmerkmal griechischen und damit europäischen Denkens und Handelns diagnostizieren. Eine gewisse Pionierhaftigkeit, vielfach exzessiver, haben auch andere, z. B. verschiedene Reitervölker aus Zentralasien wie die Hunnen und die Mongolen. Und eine hochentwickelte, teils exzessiv betriebene Dialektik (Yin-Yang) haben auch die Chinesen; und den Primat des Geistigen, ebenfalls exzessiver, haben wie gesagt die Inder. Aber die Verbindung von geistigem Primat, Dialektik und Pionierhaftigkeit kann man als wesenstypisch für das griechische und dann europäische Denken charakterisieren.

Die Römer sind also die dialektische Ergänzung zu den Griechen. Was die Griechen im Überfluss haben, nämlich Philosophie und Kultur, haben die Römer nur spärlich. Sie übernehmen es einfach von den Griechen. Dafür haben sie das, was den Griechen fehlt, im Überfluss: Erdung und Bodenständigkeit. Sie strukturieren alles maximal, von der Politik bis zur Sprache. Sie entwickeln ein Reich mit politischen und militärischen Strukturen, wie es sie zuvor nie gegeben hat und wie sie heute noch als Organisations- und Rechtsstrukturen Gültigkeit besitzen.

Das Christentum

Von Griechenland haben wir also den **Idealismus**, von Rom den **Pragmatismus**, aber der Wesenskern, das Alleinstellungsmerkmal Europas schlechthin, kommt aus dem Christentum. Schon die Gesetzestafeln auf dem Sinai waren eine geistige Revolution, wie es sie in der Menschheitsgeschichte bis dahin nicht gegeben hat. Der jüdische Monotheismus räumte mit der allzu menschlichen Menschlichkeit der heidnischen Götterwelt auf. Auf den ersten Blick ist eine Menschwerdung des von irdisch menschlichem Ballast gereinigten Gottes deshalb ein Rückfall in heidnische Zeiten. Genau dies werfen Moslems und Juden den Christen ja vor. Tatsächlich jedoch wird durch die Menschwerdung des Gottes nicht Gott erniedrigt, sondern der Mensch in unglaublicher Weise erhöht und ein neues vollkommenes Gottesbild geschöpft. Gott bleibt in seiner monotheistischen Absolutheit, aber das Menschliche ist jetzt ein Essential, ein Wesensmerkmal des Göttlichen: Gott ist nicht mehr nur der ewig Seiende, sondern auch der immer werdende Gott. Er ist auch nicht nur der allherrschende Gott, sondern auch der dienende Gott. „Ich bin nicht gekommen, „um zu herrschen, sagt Christus, sondern um zu dienen." (Lk 22,27); schließlich ist Gott nicht mehr nur der heile und heilende, sondern auch der leidende Gott am Kreuz.

Das Christentum betrachtet alle Menschen als *Kinder* Gottes und verwirft mit seinem Universalismus den jüdischen Elitarismus mit dessen Auserwähltheitsideologie. Auch hat es eine neue Ethik initiiert: Wenn dir einer auf die linke Backe schlägt, halte ihm die rechte hin. – Das ist nicht Masochismus und auch nicht Feigheit, sondern Moral, die weiter denkt. Denn nur durch Verzeihen kann man die endlose Kette sich aneinander reihender Rachetaten unterbrechen und beenden. Wenn keiner da ist, der verzeiht, wird sie endlos weitergeführt – und das ist für niemanden gut.

Die christliche Ethik setzt Maßstäbe, denen die Menschen nur annähernd und punktuell, nie vollständig gerecht werden können. Dennoch und gerade deswegen ist sie Herausforderung und Orientierung für die Menschen bis zum Jüngsten Gericht.

Mittelalter

Das Christentum ist im Südosten des Römischen Reichs entstanden und breitete sich schnell bis in den äußersten Nordwesten Britanniens aus. Aber letztlich war dieses Römische Reich zu alt und zu schwach und zu dekadent, als dass es die gigantische Idee der neuen Religion in sich hätte aufnehmen und entfalten können. Seine germanischen Eroberer dagegen, die es 476 vollständig haben zusammenbrechen lassen, sogen das Christentum trotz aller Widerstände leidenschaftlich in sich auf und entwickelten mit ihm ein neues Römisches Reich, diesmal ein heiliges, ein *Heiliges Römisches Reich*. An Weihnachten im Jahre 800 wurde es vom Frankenkönig Karl, genannt der Große, ausgerufen. Er erhielt von Papst Leo III. in Rom als neuer Kaiser die päpstliche Salbung. Zum Kaiser wurde man nicht geboren, sondern von der Kirche, vom Papst, gesalbt.

Das neue Frankenreich Karls wurde zurecht ein „heiliges" genannt, weil es religiös gegründet war. Immer und immer wieder ließ sich Karl aus einem Buch des Hl. Augustinus vorlesen. Hierin ging es um eine *civitas dei,* einen Gottesstaat, und eine *civitas terrena aut diaboli*, ein irdisches, auch als „Teufelsstaat" bezeichnetes Reich. Karl wollte eine *civitas dei* errichten, ein von der christlichen Religion geprägtes Reich. So ließ er zahlreiche Klöster gründen. Sie sollten das Fundament dieses Reichs sein, von der Ernährung über die Bildung bis zum religiösen Kult. In ihnen fand Landwirtschaft statt in jeder Form, wurde Bier gebraut, wurden Bücher kopiert und verbreitet und eifrigst Theologie und Wissenschaft betrieben.

Karls Reich umfasste das heutige Territorium von Deutschland, Frankreich, Italien und den Benelux-Ländern. Es hielt nicht lange.

Schon Mitte des 9. Jahrhunderts (843 Verdun) fiel es in drei Teile auseinander, ein Ostfranken-, ein Westfranken- und ein mittleres Reich, Lotharingen. Aber der Geist des karolingischen Reichs prägte das gesamte Mittelalter. Dieses Mittelalter war nicht „finster". Es hat das mystisch Dunkle nur nicht abgesondert, wie dies in unserer Neuzeit geschieht. Die Nacht gehörte genauso zum Leben wie der Tag.

Das Mittelalter war eine große Zeit, in der die geistigen Grundlagen für die materiellen Erfolge der Neuzeit gelegt wurden. Nur da, wo scholastische Theologie betrieben wurde, entstanden Universitäten, die Wissenschaft im westlichen Sinn betrieben haben bis hin zur Entwicklung der heutigen Hochtechnologie – diese, wenn man so will, ein Abfallprodukt der scholastischen Theologie![7]

962 gründete im ostfränkischen Reich der Sachsenkönig Otto I., genannt der Große, ein neues Reich, mit dem er die Tradition des karolingischen Reichs aufnahm und fortsetzte. Auch für dieses neue Reich war der *christliche Glaube das entscheidend einigende Band.* In der Stauferzeit im 12. Jahrhundert nahm es den Zusatz „deutscher Nation" an, jetzt also **Heiliges Römisches Reich Deutscher Nation!** Erst in dieser Zeit entwickelte sich allmählich so etwas wie ein nationales Bewusstsein, das es bislang insbesondere im christlichen Bereich überhaupt nicht gab. Im Konstanzer Konzil (1414 bis 1418) wurden die teilnehmenden Gruppierungen erstmals nach der Sprache eingeteilt. Der Hauptaspekt blieb aber der einigende religiöse. Der aufspaltende nationale Faktor blieb zweitrangig. Erst mit der lutherischen Reformation wurde das einigende Band des Glaubens zerrissen. Luther war es, der die Entwicklung der deutschen Sprache und damit die Bildung der deutschen Nation entscheidend vorantrieb – in dieser Hinsicht ein geschichtlicher Titan. Für die religiöse und auch politische Einheit des Reichs dagegen war Luther eine Katastrophe, wie schon einige Jahrzehnte nach seinem Tod im Dreißigjährigen Krieg augenscheinlich wurde.

---

7 Ich beziehe mich hier auf die religionssoziologischen Arbeiten von *A. Müller-Armack*, der im übrigen Staatssekretär im Ministerium von Ludwig Erhard war und als solcher einer der Gründer der *Sozialen Marktwirtschaft*.

Der Untergang des I. Deutschen Reichs

Karl V. hat 1555 das Reich aufgeteilt in einen südlichen Teil mit Spanien und Portugal und einen mitteleuropäischen Teil unter Österreichisch-Wiener Hoheit. Die im Mittelalter politisch weniger bedeutenden Länder der europäischen Peripherie, Frankreich, Schweden und später die Engländer, gewannen zunehmend an Macht und Bedeutung. Frankreich und Schweden mischten sich an vorderster Front in den Dreißigjährigen Krieg ein. Sie nutzten die Gunst der Stunde, um die eigene Macht zu vergrößern, und steigerten die Katastrophe des Deutschen Reichs und seiner Bevölkerung ins Unermessliche. Das Reich überlebte, aber das Zentrum in Wien war geschwächt und die regionalen Fürsten dominierten es zunehmend.

1789 setzen sich in Frankreich erstmals die Feinde des europäisch-christlichen Glaubens durch, die früher als Ketzer und Hexen verfolgt worden sind. Mit Hilfe eines Aufstands der Massen, oder besser gesagt: des Pariser Mobs, zerschlugen sie die Monarchie und schlachteten nicht nur sich selbst gegenseitig ab, sondern auch Zehntausende von gläubigen Katholiken; und dies einzig und allein, weil sie Christen und Anhänger des Königs waren. Mit ihren Massakern stellten sie, was in den Jahrhunderten zuvor an Ketzerverfolgung und Hexenverbrennung stattfand, in kürzester Zeit in den Schatten.

Das französische Königshaus hat mit seiner absolutistischen Willkürherrschaft seit **Ludwig XIV.** (gest. 1715) den fruchtbaren Nährboden für diese Revolution geschaffen. Fanatische Ideologen vom Schlage eines *Robbespierres* zerschlugen Karls abendländische *civitas dei* und begannen mit der Errichtung einer zutiefst antichristlichen *civitas diaboli*. Das war kein Fest der Befreiung, sondern ein anarchisch barbarischer Emanzipationsexzess. Es gibt zu denken, wenn in Frankreich an jedem 14. Juli dieses Ereignis immer noch als Nationalfeiertag begangen wird.

Von nun an sollten also die profanisierten und politisierten Säkularwerte der Revolution gelten und die alten christlichen Werte ersetzen und entsorgen. Doch die neu verkündete Freiheit war keine solche, sondern eine neue Diktatur: die der Revolutionäre und ihres Staats, der die Kirche ablöste! Die neue Gleichheit bedeutet im Wesentlichen, dass Katholiken und Anhänger des Königs in der neuen Gesellschaft als Menschen zweiter Klasse betrachtet wurden. Die sog. Brüderlichkeit schließlich, die man jetzt aus feministischen Gründen nicht mehr so nennt, ist in ihrer heutigen Inszenierung als *Solidarität* eine eher kalte und kalkulierte Einstellung – im Gegensatz zur christlichen Liebe, wie sie im Hohen Lied des Alten Testaments oder im Korintherbrief des Apostels Paulus besungen wird.

Was an Reformen und Reformation in dieser Zeit notwendig und eventuell sinnvoll war, lief in Österreich unter Josef II. und in Preußen unter Friedrich II. (dem Großen), anders als in Frankreich, zivilisiert und relativ unblutig ab. Zumindest in Österreich beließ man das Christentum und seine tradierten Werte als unstrittiges Fundament der Gesellschaft. In Preußen wurde das Christentum zumindest nicht direkt attackiert, wenn auch hier immer mehr der Staat zur neuen Religion der Gesellschaft wurde.

Aus dem Chaos der Revolution kam dann **Napoleon,** der kleine Korse und große Franzose, ein Antieuropäer und Autokrat im wahrsten Sinn des Wortes, der sich selbst ermächtigte und zum Kaiser krönte; ein Antichrist durch und durch, der die Klöster nicht nur enteignete, sondern auch ihre Bauten zerstörte: das Kloster in Cluny beispielsweise, eines der bedeutendsten Klöster der abendländischen Geschichte, wurde zu einem Steinhaufen gemacht, aus dem man sich für alle möglichen neuen Bauten bedienen konnte. Schließlich war er auch ein erbärmlicher Prolet, dieser Napoleon, der die großen Kathedralen in Frankreich und in Deutschland zu Pferdeställen für seine Offiziere machte!

Napoleon, ein Sympathisant der Revolution aus dem Umfeld der Jakobiner, war nicht nur Laizist, der das Christentum und die Kirche vernichten wollte. Er war auch französischer Nationalist und Imperialist, der in einem blutigen Kreuzzug bis nach Russland ganz Europa mit den Werten der Revolution und der *civilisation française* zu missionieren versuchte. In der *Drei-Kaiserschlacht von Austerlitz* besiegte er Russland und Österreich, woraufhin **1806** **Franz II.** als Kaiser des Deutschen Reiches abdankte – er war dann nur noch Kaiser von Österreich – und so das **963** von **Otto dem**

Großen gegründete *Heilige Römische Reich Deutscher Nation* sein Ende fand!

Kurz danach gelang es Napoleon, in der *Schlacht von Jena und Auerstädt* auch die Preußen zu bezwingen, die in Austerlitz nicht mitkämpften, weil sie neutral bleiben wollten. Aber es hat ihnen nichts geholfen. Erst 1812 scheiterte der französische Imperator bei seinem Versuch, Russland zu erobern. Wohl konnte er Moskau einnehmen, doch dieses war menschenleer, und die Russen selbst haben alles angezündet. Napoleon musste unverrichteter Dinge den Rückzug antreten, und dieser wurde für ihn und seine Soldaten zur Katastrophe: Hunger, Seuchen, der Winter und die Weite des Landes – Napoleon verlor den Großteil seines Heeres!

Deutlich geschwächt ging er **1813** in die Völkerschlacht bei Leipzig. Die Russen und Preußen hatten sich gegen ihn verbündet, Österreich, England und Schweden schlossen sich ihnen an. Während der Schlacht liefen auch noch die Württemberger und Sachsen über – eine herbe Niederlage für Napoleon! Er zog sich nach Frankreich zurück. Die Verbündeten folgten ihm. Nach mehreren Schlachten dann die entscheidende Niederlage Napoleons vor Paris und der Einzug der europäischen Verbündeten in der französischen Hauptstadt! Napoleon entsagt der Krone und erhält die Insel Elba als Fürstentum. Wie edel doch damals mit Verlierern umgegangen wurde! Da war nichts mit Internationalem Strafgerichtshof und anderen grotesken Inszenierungen.

Napoleon bäumte sich noch einmal auf, stellte sich ein Heer zusammen, verlor 1815 seine letzte Schlacht bei Waterloo gegen Preußen und England und endete auf einer kleinen Insel im Südatlantik, von Gott (?) und der Welt verlassen! Napoleons Ende begann in Russland, ähnlich erging es 130 Jahre später einem deutschen Eroberer, und wer weiß, wie es jetzt den USA und ihrem Westen in ihrem Ukraine-Krieg gegen Russland ergehen wird! Vielleicht ist es diesmal nicht die Weite des Landes, sondern sind es die Bodenschätze des Landes, die den Krieg entscheiden und den Untergang des US-amerikanischen Westens einläuten. Nix gwiss woass ma net.

Napoleons Krieg, ein Krieg der französischen Revolution gegen Europa, ist bis heute nicht beendet. In Russland beanspruchten die bolschewistischen Kommunisten mit ihrer noch blutigeren **Revolution von 1917**, die von 1789 fortzusetzen, und in Amerika machten die Freimaurer um George Washington die französischen Revolutionsideale zur Grundlage ihrer neuen säkularen Menschenrechtsreligion und ihres neuen Staates. Diesem Staat, den USA, gelang es, 1945 halb Europa zu erobern und damit ideale Bedingungen für die Verbreitung der amerikanischen Menschenrechtsreligion in Europa zu schaffen.

Bismarck und das II. Deutsche Reich

Der französische Nationalismus war ansteckend, und gerade im Widerstand gegen dessen imperialistische Politik nahmen die nationalen Bewegungen in Europa zu und führten zu entsprechenden Staatsbildungen: in Italien, in Deutschland und anderen Ländern. In Deutschland war dies insofern besonders problematisch, als hier aufgrund der geographischen Mittellage und der religiösen Spaltung ein erheblicher Gegensatz zwischen Nord und Süd bestand, der sich staatlich im Konflikt zwischen Preußen und der österreichischen K.u.k.-Monarchie festmachte. So scheiterte die **deutsche Revolution 1848** mit ihrer ersten deutschen Nationalversammlung in der Paulskirche zu Frankfurt nicht nur an der Rivalität der verschiedenen deutschen Kleinstaaten untereinander, sondern noch mehr am heftigen Widerstand Preußens gegen eine Miteinbeziehung Österreichs in die beabsichtigte deutsche Einheit.

Bismarck, der zunehmend die preußische Politik bestimmte, mochte die Donaumonarchie nicht. Sie war ihm durch ihre enge Anbindung an den Balkan zu multikulturell und auch zu traditionell katholisch. So brach er 1866 einen siegreichen Krieg gegen Österreich vom Zaun, mit dem er gewaltsam die neue deutsche Einheit im kleindeutschen Sinn, also ohne Österreich, vorbereitete. Nachdem er in einem weiteren Krieg 1870 den größten Widersacher der deutschen Einheit, nämlich Frankreich, ausgeschaltet hatte, wurde im Januar 1871 im Spiegelsaal zu Versailles das neue deutsche Reich ausgerufen. Der preußische König Wilhelm war jetzt deutscher Kaiser im II. Deutschen Reich, das das 1806 untergegangene I. Deutsche Reich beerben sollte.

Das neue Reich war freilich mehr preußisch als deutsch. Ökonomisch und wissenschaftlich äußerst erfolgreich, überholte es in nur 40 Jahren das bis dahin führende England in Wirtschaft und Handel. Aber mit dem Ausschluss Österreichs aus der Reichseinheit entzog Bismarck dem neuen Deutschland das traditionelle kulturelle Fundament. Das neue Reich war nicht die Fortsetzung des alten, sondern ein Gegenentwurf dazu. Es repräsentierte nicht das ganze Deutschland. Geschichtlich gesehen war es ein großer Baum mit dürftigen Wurzeln.

Es fehlte vor allem die kulturelle Balance im Staat. Das norddeutsch-protestantisch-preußische Element dominierte das süddeutsch-katholische. Das Militär spielte eine übergroße Rolle, und der preußische Staats- und Beamtenkult machte Kadaverloyalität zur wichtigsten Tugend, was gerade in den katholisch-liberalen Regionen des Landes nicht der Mentalität der Bevölkerung entsprach. Zu allem Überfluss führte Bismarck auch noch einen Kulturkampf gegen die Katholiken, die für ihn Vatikan-gesteuert waren und damit als Staat im Staate bekämpft werden mussten.[8] So wurde der Jesuitenorden verboten, Pfarrer wurden von der Kanzel heruntergeholt und verhaftet und sogar die Gründung einer staatliche Gegenkirche, die der sog. Altkatholiken, staatlich gefördert. Anstatt sie abzubauen, förderte Bismarck die innere Spaltung Deutschlands.

Außenpolitisch verstand sich Bismarck als neutraler Makler zwischen den europäischen Mächten und jonglierte genial mit deren Interessen. Höhepunkt war der Berliner Kongress 1878, auf dem sämtliche europäischen Großmächte sozusagen nach Bismarcks Pfeife tanzten. Aber die Außenpolitik Bismarcks war an die Genialität seiner Person gebunden. Es ist ihm nicht gelungen, Strukturen zu schaffen, die den Frieden in Europa längerfristig gesichert hätten. So konnten die Engländer schon kurz nach seinem Abgang als Kanzler Russland, mit dem Österreich und Deutschland noch 1872 ein Drei-Kaiserbündnis geschlossen hatten, für ihr Entente-Bündnis gewinnen. Dieser Verlust Russlands als Bündnispartner

---

8 Bismarck sprach von „Ultramontanismus"; *ultra montes* (lateinisch) bedeutet „jenseits der Berge"; gemeint ist der Vatikan, der jenseits der Alpen liegt.

Deutschlands und Österreichs dürfte Ausbruch und Verlauf des Ersten Weltkriegs erheblich beeinflusst haben. Dass es den Engländern gelungen ist, Deutschland und Russland in einen Krieg gegeneinander hineinzumanövrieren, sollte uns zu denken geben, zumal Ähnliches im Zweiten Weltkrieg wieder passiert ist.

Offensichtlich ist unsere Position zu Russland in jedem europäischen Krieg von großer Bedeutung. Mit Russland zusammen haben wir das napoleonische Frankreich bezwungen, und auch im siegreichen Frankreich-Krieg von 1870 standen die Russen hinter uns. Bismarcks Konsequenz: Wenn Deutschland und Russland sich vertragen, geht es beiden gut. Wir sollten also immer darauf achten, dass es den Angloamerikanern nicht gelingt, Deutsche und Russen gegeneinander aufzubringen, in welcher politischen Konstellation auch immer! Die Angloamerikaner wissen, was sie da tun. Die Russen haben auch, wie die Rede Putins 2001 im Deutschen Bundestag zeigte, verstanden, worum es geht – die Deutschen aber anscheinend immer noch nicht! Wieder sind wir, auf amerikanisches Geheiß, mitten in einem Krieg gegen Russland.

Die beiden Weltkriege

Der Erste Weltkrieg wurde nicht, wie manche immer noch meinen, vom Deutschen Reich verursacht. Es waren vor allem die Engländer, die diesen Krieg wollten und brauchten, um ihre Weltmacht zu sichern. Es waren die Franzosen, die Revanche und Elsass-Lothringen wollten. Und die Russen fürchteten einen österreichischen Thronfolger, der den Serben eine eigene Monarchie nach ungarischem Modell zugestehen wollte und sie, die Serben, dadurch aus der russisch-panslawistischen Bewegung herausgelöst hätte.

Die drei entscheidenden Ereignisse des Ersten Weltkriegs waren der Sturz der russischen Monarchie und ihr Ersatz durch ein linkstotalitäres kommunistisches System; dann der Sturz der Kaiserherrschaft in Deutschland und Österreich und (mit geringer zeitlicher Verzögerung der Weimarer Republik) ihr Ersatz durch ein rechtstotalitäres faschistisches System; schließlich der Aufstieg der USA zum größten Gläubigerstaat der Welt.

Man kann die damalige Situation der USA mit der heutigen Chinas vergleichen. 1918 waren bei den Verhandlungen in Versailles noch die alten Kolonialmächte England und Frankreich die globalen Führungsmächte. Aber schon 1945 wurden beide geopolitisch bedeutungslos, und die USA stiegen von einer globalen Wirtschaftsmacht zu einer politischen Weltmacht auf – das erste wichtige Ergebnis des Zweiten Weltkriegs!

Heute sind die USA noch politisch führend, aber mit dem Ukraine-Krieg könnten die Chinesen von der wirtschaftlichen Gläubiger-Großmacht zur führenden politischen Großmacht aufsteigen und die Amerikaner vom Thron stürzen.

Das zweite wichtige Ergebnis des Zweiten Weltkriegs war, dass die Kommunisten in Moskau zur zweiten politischen Weltmacht aufgestiegen sind und damit ein sog. **Kalter Krieg** die Nachkriegszeit bis 1989 politisch prägte.

Das dritte wichtige Ergebnis des Zweiten Weltkriegs war, dass die Deutschen 1945 in ein politisches, wirtschaftliches und moralisches Nichts abgestürzt sind. Doch politisch und wirtschaftlich erholten sie sich relativ schnell. Sie profitierten vom Kalten Krieg und der neuen Rolle, die sie für die USA spielten: Waren sie gestern noch deren Hauptfeind, wurden sie jetzt zum wichtigstem Verbündeten an vorderster Front gegen die kommunistische Sowjetunion. Wäre freilich der heiße Krieg ausgebrochen, wäre Deutschland zum auch atomaren Schlachtfeld geworden und als erstes vollständig untergegangen. Dieses Damoklesschwert hing 40 Jahre über den Deutschen. Es war der Preis für den fulminanten Aufstieg ihrer Bonner Bundesrepublik.

1945

Von der moralischen Katastrophe von 1945 haben sich die Deutschen bis heute nicht erholt. Woran liegt das? An Hitler und seinem nationalsozialistischen System, von dem sie sich verführt und betrogen fühlten? Oder an der sog. Umerziehungspolitik der Angloamerikaner? Denen klebte noch das Blut von Hiroshima an den Fingern, aber sie glaubten, den Deutschen eine Kollektivschuld an

Verbrechen des Hitlerschen Regimes anlasten zu können und brachen damit einen moralischen Vernichtungskrieg vom Zaun, wie er so in der Geschichte von Siegern gegen Besiegte noch nicht geführt worden ist.

Mit der Besetzung durch nicht- und antieuropäische Mächte verlor Europa 1945 seine politische, wirtschaftliche und militärische Selbstständigkeit: Im Westen nisteten sich die transatlantischen USA ein, im Osten Sowjet-Russland. Russland ist zwar ein eurasischer Staat und gehört als solcher auch zu Europa. In seiner Geschichte präsentierte es sich aber selten als Synthese, sondern fast immer als entweder dominant europäisch oder dominant asiatisch: unter Peter dem Großen und Katharina II. zum Beispiel als europäisches Land, unter Iwan dem Schrecklichen und Josef Stalin dem noch Schrecklicheren als ein asiatisch-kollektivistisches. Insofern schmolz Europa 1945 an der Elbe zu einer bloßen Grenze zwischen Amerika und Asien zusammen.

Auch wenn Hitler den Krieg gewonnen hätte, wäre Europa nicht europäisch geblieben; zumindest wenn wir davon ausgehen, dass das Christliche ein unabdingbares Wesensmerkmal Europas darstellt. War doch der Hitlersche Nationalsozialismus nicht weniger antichristlich als der Stalinsche Kommunismus. Zwar verhielt sich Hitler vor und während des Kriegs noch liberaler und toleranter gegenüber den Christen als Stalin. Wie wir aus zahlreichen seiner Gespräche aber wissen, wollte er nach für ihn, wie er dachte, siegreichem Krieg mit dem Christentum aufräumen und es vollständig durch seine heidnisch-biologistische Blut- und Rassereligion ersetzen. Insofern war sein Russlandkrieg kein Verteidigungskrieg Europas gegen die Gefahr des Bolschewismus, sondern von Anfang an ein Krieg zweier totalitärer Systeme miteinander, dem Nationalsozialismus auf der einen und dem Kommunismus auf der anderen Seite.

II-3 Die Bundesrepublik Deutschland

Adenauer

Konrad Adenauer, der erste Bundeskanzler der 1949 gegründeten Bundesrepublik Deutschland, war ein Glücksfall für die Deutschen in schwerer Zeit. Als Staatschef eines besiegten und militärisch besetzten Landes hatte er wenig politischen Gestaltungsraum, aber den, den er hatte, nutzte er optimal. Die oppositionelle SPD unter Kurt Schumacher warf ihm vor, ein „Kanzler der Alliierten" zu sein und die Einheit der Nation, die Stalin 1952 angeboten hatte, verspielt zu haben. Dem ist aber nicht so. Deutschland war politisch schwach und international isoliert. Stark waren nur die Kommunisten im Land, und im Nachbarland Frankreich waren sie noch stärker. Stalin spekulierte zu Recht darauf, dass es in einem neutralen Deutschland ohne amerikanisches Militär sehr schnell zu einer kommunistischen Machtübernahme à la Tschechoslowakei 1948 kommen würde. Adenauer sah sehr klar, dass gerade im Hinblick auf individuelle Freiheit eine amerikanische Besatzung gegenüber einer sowjetischen das deutlich kleinere Übel war. Außerdem hätten die Amerikaner – siehe Korea – eine kommunistische Machtübernahme auf keinen Fall toleriert. Die ohnehin latente Gefahr, dass aus dem kalten Krieg ein heißer würde, hätte sich dramatisch zugespitzt, und alles hätte Deutschland brauchen können, nur keinen neuen Krieg! Adenauers Entscheidung für die Freiheit und gegen die von Stalin angebotene Einheit fußte auf einer realistischen Sicht der Dinge und war verantwortungsvoll, die Politik der SPD dagegen nicht national, sondern blauäugig.

Auch das Argument, in Österreich hätte der sowjetische Rückzug nicht zu einer kommunistischen Machtübernahme geführt, ist nicht stichhaltig. Denn Österreich ist heute, im Gegensatz zu Deutschland, dem zentralen Land in der Mitte Europas, ein kleiner Staat, um den weder die USA noch die Sowjetunion einen neuen Krieg angefangen hätten. Außerdem war in Österreich die kommunistische Bewegung deutlich schwächer als in Deutschland.

Adenauer war mitnichten ein Kanzler der Alliierten. Er selbst schrieb 1953, sein „Leitbild ... (sei) eine christliche und soziale Gesellschaftsordnung, in deren Mittelpunkt der Mensch und die Familie stehen, und die Erhaltung des christlichen Abendlandes." Er zitierte dabei den französischen Schriftsteller Victor Hugo, der eine „europäische Brüderschaft" prophezeite, in der alle europäischen Völker und explizit auch die Russen vertreten seien. Von den transatlantischen Amerikanern war da nicht die Rede!

In diesem Sinn trieb Adenauer die Bildung einer Europäischen Verteidigungsgemeinschaft (EVG) voran. Er wollte damit nicht nur den US-amerikanischen Besatzungsstatus in Deutschland lockern, sondern die Amerikaner insgesamt mehr von der Regelung europäischer Angelegenheiten fernhalten. Die EVG scheiterte aber am Widerstand der französischen Nationalversammlung, die einer verstärkten politischen Kooperation mit Großbritannien und dem Commonwealth den Vorzug gab. Erst nach dieser Abfuhr aus Paris stimmte Adenauer einem deutschen Beitritt zur NATO zu, in dem die Amerikaner von Anfang an die erste Geige spielten. Für Adenauer war nach eigenem Bekunden das Scheitern der EVG der größte Rückschlag in seiner gesamten Regierungszeit.

Transatlantiker und *Europäer* resp. *Gaullisten*

Die Frage *Transatlantizismus oder Europäismus* bewegte schon in den 1950er Jahren die politischen Gemüter in Europa. Sie war damals eine eher taktische Frage. Was bedeutet das? Strategisch waren sich die meisten Politiker innerhalb Europas einig, dass Moskau für Europa die größte Bedrohung darstellte und ein Bündnis mit den USA unabdingbar in der Auseinandersetzung mit Moskau war. Taktisch ging es darum, wie eng dieses Bündnis mit den USA sein sollte. Für die einen, die *Transatlantiker,* konnte dieses Bündnis nicht eng genug sein. Die Beziehungen innerhalb der europäischen Staaten waren für sie dagegen sekundär. Sie hatten sich nach den Bedürfnissen des Bündnisses mit den USA zu richten. Die anderen, die *Europäer* oder *Gaullisten* wollten dagegen so viel europäische Selbständigkeit wie möglich und setzten dabei auf eine verstärkte innereuropäische Kooperation. Die Westbindung, also das Bündnis West- und Mitteleuropas mit den USA gegen die Sowjetunion, war damals auf beiden Seiten unstrittig.

Heute ist diese Westbindung nicht mehr unstrittig, sondern eine strategische Frage. Entscheidend ist der Untergang der kommunistischen Sowjetunion 1989/90. Dem US-NATO-Bündnis ist nicht nur der Feind für den Verteidigungsfall abhanden gekommen. Das Bündnis selbst ist zu einem Angriffspakt zur Durchsetzung geopolitischer Ziele der USA mutiert, siehe Serbien, siehe Afghanistan. Das waren keine Verteidigungskriege, sondern militärische Angriffskriege, die hier stattfanden.

Russland ist 1989 zu einem möglichen Freund, die USA sind zu einem möglichen Feind geworden. Die Frage einer geopolitischen Westbindung Deutschlands muss heute neu gestellt werden, und ein Bündnis Deutschlands mit Russland ist zu einer echten Alternative für Deutschland geworden, was im jetzigen Ukraine-Krieg von großer Bedeutung ist.

Auch wenn der Gegensatz zwischen Transatlantikern und Gaullisten in der Adenauer-Zeit nicht die strategische Dimension von heute hatte, wurde dennoch mit harten Bandagen gekämpft. Das wurde nicht zuletzt in der sog. *SPIEGEL-Affäre* von 1962 und im sog. *Elysee-Vertrag* von 1963 deutlich. In der SPIEGEL-Affäre, so erzählt man uns heute, sei es nicht um Landes- und Geheimnisverrat, sondern um die Pressefreiheit gegangen. Die sei durch Aktionen des CSU-Verteidigungsministers **Franz-Josef Strauß** ernsthaft gefährdet worden. Es ging jedoch tatsächlich um Landesverrat, wie nicht zuletzt eine sehr ehrliche Dokumentation des späteren SPIEGEL-Chefs Stefan Aust belegt. Wäre es SPIEGEL-Chef Augstein damals nicht gelungen, das entscheidende Dokument des Geheimnisverrats trotz intensiver polizeilicher Bewachung aus seinem Safe verschwinden zu lassen, wäre Augstein für Jahre ins Gefängnis gewandert und die Mär von der gefährdeten Pressefreiheit hätte keine Chance gehabt. So aber nutzten die Transatlantiker die Situation, um Franz-Josef Strauß einen Angriff auf die Pressefreiheit zu unterstellen und ihn aus dem Amt zu jagen und auch die politische Karriere des hinter Strauss stehenden Konrad Adenauer endgültig zu beenden. Beide waren die führenden Vertreter einer gaullistischen Politik in Deutschland.

Dass sich damit der Transatlantizismus in der deutschen Politik durchgesetzt hat, wurde auch in den gleichzeitig laufenden Verhandlungen zum sog. **Elysée-Vertrag** deutlich. In diesem Vertrag wurden eine enge Kooperation und ständige gegenseitige Beratung zwischen deutscher und französischer Regierung vereinbart, was den US-Amerikanern und ihren Lobbyisten in Deutschland natürlich gar nicht gefiel. Sie erstellten eine *Präambel* zu diesem Vertrag, die diesen vom Inhalt her praktisch konterkarierte: In der Präambel ging es vor allem um die Kooperation mit den USA, um einen baldigen EWG-Beitritt Großbritanniens sowie um supranationale Regulierungsstrukturen. De Gaulle war über diese Entkernung des Vertrags entsetzt und Adenauer verbittert. Im Jahr der Verabschiedung des Elysee-Vertrags wurde Adenauers Wirtschaftsminister, der Transatlantiker Ludwig Erhard, Bundeskanzler. Adenauer, der explizit gegen Ludwig Erhard als Kanzler war, wurde vom Koalitionspartner FDP zum Rücktritt gezwungen. In der FDP saßen mit Mende, Augstein und anderen führende Vertreter des Transatlantizismus. Dieser bestimmt seither die Politik der Bundesrepublik Deutschland. Lediglich Gerhard Schröder (SPD) scherte im zweiten Irakkrieg aus und peilte ein enges Bündnis Moskau-Berlin-Paris an. Das hat ihn die Kanzlerschaft gekostet. Die Transatlantiker in Berlin waren stark genug, ihn abzuservieren.

Schon zur Zeit der SPIEGEL-Affäre und des Elysee-Vertrags konnte man sehen, dass hinter dem Begriff *Transatlantizismus* mehr amerikanischer Zwang als deutsche Freiwilligkeit steckte. Dass der eher noch sanfte Zwang sich zu einem massiven US-Diktat ausgewachsen hat, machte der Ausbruch des Ukraine-Kriegs deutlich. Innerhalb weniger Tage packte die offizielle deutsche Politik ihre Prinzipien ein – *Nord Stream 2*, Waffenlieferungen in Kriegsgebiete, Ende der AKWs usw. – und machte auf amerikanisches Geheiß eine Kehrtwende um 180 Grad.

Zusammenbruch der Sowjetunion – die große geopolitische Zäsur

Der Zusammenbruch der Sowjetunion und ihres Satellitensystems, des Warschauer Pakts vollzog sich in mehreren Akten. Er begann mit dem Berliner Mauerfall am 9. November 1989 und endete im Dezember 1991 mit den *Belowescher Vereinbarungen* der Präsidenten von Russland, der Ukraine und Belarus, in denen das Ende der Sowjetunion als geopolitisches Subjekt festgestellt wird. Damit war der Kalte Krieg beendet. Die USA waren nunmehr die einzige Supermacht. Das Jahr 1989 stellt die größte geopolitische Zäsur seit 1945 dar.

Letzter Anstoß für das Scheitern der Sowjetunion war ihr erfolgloser Krieg in Afghanistan zwischen 1980 und 1989, durch den sie militärisch und wirtschaftlich völlig ausgezehrt wurde. Die USA hatten dazu einen wesentlichen Beitrag geleistet, indem sie die islamistischen Mudschahidin des Bin Laden militärisch und logistisch unterstützten. Des Weiteren wurde die außenpolitische Stellung der Sowjetunion durch den zunehmenden Gegensatz zu China geschwächt, den die USA systematisch und geschickt (Nixon, Kissinger) verstärkt hatten.

Innenpolitisch scheiterte die Sowjetunion am diktatorischen System in ihren Satellitenstaaten. 1989 fuhr sie die Ernte ein von Berlin 1953, von Budapest 1956 und von Prag 1968. Hinzu kam die Solidarnosc-Bewegung in Polen 1980.

Schließlich sorgte die staatliche Planwirtschaft dafür, dass privatwirtschaftliches Agieren unterdrückt und verunmöglicht wurde und so die Sowjetunion den Anschluss an die Entwicklung der Weltwirtschaft verpasste und nicht mehr konkurrenzfähig war. An diese staatlich planwirtschaftliche „Erfolgstradition" scheint die Brüsseler EU nahtlos anknüpfen zu wollen.

Aus der Vogelperspektive gesehen war der Materialismus des kommunistischen Systems die entscheidende Ursache des Zusammenbruchs. Denn Russland ist ein zutiefst christliches Land, und es ist ein Wunder, dass die gottlosen Kommunisten 70 Jahre lang hier ihr Unwesen treiben konnten. Das war nur möglich durch blutig brutale Unterdrückung jeglicher Opposition. Zunächst waren es Gulags und finstere Folterkerker, ab 1956 zunehmend psychiatrische Kliniken, die die politische Opposition „medizinisch" ausschalteten. Es ist deshalb *kein* Wunder, dass sich trotz 70-jähriger kommunistischer Diktatur heute wieder über 70 % der Menschen in Russland zur christlichen Religion bekennen. Damit findet das christliche Europa nicht mehr im geographischen Europa, sondern im Wesentlichen in Russland statt!

Deutschland nach 1989

Die friedliche Revolution 1989 in der DDR wäre ohne die geopolitischen Rahmenbedingungen, sprich den Zusammenbruch der Sowjetunion, nicht möglich gewesen. Dennoch war es entscheidend, dass Millionen Menschen in der DDR mutig auf die Straße gegangen sind und so den Sturz des kommunistischen Regimes und die Wiedervereinigung Deutschlands erzwungen haben. Im Gegensatz zur offiziellen Politik waren die Bürger im Westen eher zurückhaltend. Sie ahnten, dass es ihrer Kohl-Regierung nur sehr vordergründig um die nationale Einheit ging und das Ganze für diese im Wesentlichen eine geopolitische Aktion des Westens zum siegreichen Abschluss des Kalten Kriegs war. **Helmut Kohl** sprach es 1989 ganz offen aus: **„Einen Austritt aus der NATO wäre mir die Wiedervereinigung nicht wert."**

Kohl machte also aus der Wiedervereinigung Deutschlands eine Osterweiterung der NATO. Und es entsprach seiner antideutschen globalistischen Politik, dass er das, was Deutschland in der Wiedervereinigung an Souveränität von den alliierten Siegermächten zugewonnen hatte, sofort wieder in Brüssel abgegeben hat. Mit dem Maastricht-Vertrag hat er das Fundament für die Auflösung des deutschen Nationalstaats in der EU geschaffen. Inzwischen werden 90% unserer Gesetze in Brüssel gemacht. Im Deutschen Bundestag bzw. in den bundesdeutschen Landtagen werden sie nur noch nachvollzogen und durchgewunken.

Auch wirtschaftlich hat Kohl den Deutschen einen entscheidenden Schlag verpasst, indem er ihnen die D-Mark weggenommen und eine Gemeinschaftswährung, den Euro, verpasst hat. Damit wurde dem deutschen Staat die wichtigste Kontrolle seiner Wirtschaft, nämlich die Geldkontrolle, entzogen. Nach anfänglichem Strohfeuer offenbart der Euro immer mehr seine Natur als Weich- und Inflationswährung. Inzwischen bekommt man für einen Euro nicht einmal mehr einen US-Dollar! Um den Konkurs der wirtschaftlich maroden Südländer zu verschleppen, wird die deutsche Wirtschaft ruiniert.

Die Franzosen betrachteten die D-Mark als „deutsche Atombombe", wie deren Präsident Mitterand es ausdrückte. Sie freilich haben weiterhin ihre Atombombe und ihren Sitz im UN-Sicherheitsrat – und die Deutschen? Sie haben keine D-Mark mehr, und auch sonst nichts, es sei denn, man ist ein nationaler Eunuche und betrachtet die Wiedervereinigung als „Geschenk" der vormaligen Siegermächte.

Und das Verhältnis zu den USA? Nach wie vor kein Friedensvertrag, denn der sog. *2 + 4 Vertrag* ist völkerrechtlich keiner! Weiterhin werden die Deutschen in der UNO als Feindstaat geführt, und unser Gold halten die Amis nach wie vor beschlagnahmt!

Was also hat dieser Helmut Kohl erreicht? Sicherlich eine Stärkung der NATO, sicherlich einen Ausbau der EU! Aber was für Deutschland? Er hat alle Weichen falsch gestellt und das NATO-EU-System in Deutschland gestärkt und zu einem Zwangskorsett entwickelt, das uns jetzt im westlichen System gefangen hält und unterdrückt: vom Migrationsterror bis zum Ukraine-Krieg.

Zur Frage der deutschen Souveränität

Im Zusammenhang mit der Wiedervereinigung ist auch die Frage der formalrechtlichen Souveränität Deutschlands wieder in den Vordergrund gerückt. Am bekanntesten ist das Konzept der sog. Reichsbürger. Sie betrachten die Bundesrepublik Deutschland nicht als Staat, sondern als private Wirtschaftsvereinigung, eine GmbH, deren Organe keinerlei staatliche Befugnis hätten. Dies ist durchaus eine mögliche Rechtsauffassung und sie ist mitnichten so absurd, wie diverse Verschwörungsleugner das hinstellen. Aber Reichsbürger und Co. haben etwas Wesentliches nicht verstanden: **Das Recht bestimmt nicht die Politik, sondern die Politik das Recht,** und das Recht wirkt nur innerhalb der Grenzen, die ihm die Politik zugesteht. Gerade in Deutschland ist die Tendenz groß, aus der Politik einen Gerichtssaal zu machen, in dem dann alle politischen Probleme juristisch geklärt werden können. Das ist weltfremde Rechtsgläubigkeit und noch mehr politische Dummheit.

Das besondere Problem dieser Frage ist, dass die Machthaber im Westen ihre Macht- und Interessenpolitik mit Rechtsförmigkeit maskieren. Wenn sie z. B. einen Krieg gegen das kommunistische Vietnam führen und dessen Expansion verhindern wollen, sagen sie nicht: „Wir erklären Hanoi den Krieg, weil wir dessen Expansion stoppen wollen“. Nein, sie sagen: „Wir erklären Hanoi den Krieg, weil es unsere Flotte im Golf von Tonkin angegriffen hat“. Jetzt greift aber dummerweise Hanoi die amerikanische Flotte im Golf von Tonkin überhaupt nicht an. Was macht man also, um die Rechtsförmigkeit, sprich rechtliche Begründung eines militärischen Angriffs zu gewährleisten: Man inszeniert selbst so einen Angriff auf die eigene Flotte! Ähnliches Muster dann bei Saddams Massenvernichtungswaffen, bei Assads Chemiegasangriffen usw. Diese Pseudorechtsförmigkeit führt international nicht zu mehr Recht und Gerechtigkeit, sondern zu mehr Betrugsmanövern und noch mehr Verlogenheit. Und die absoluten Weltmeister dieser verlogenen Politik, sozusagen die Supermacht der Lügen und der moralischen Verwahrlosung, das sind die Vereinigten Staaten von Amerika, die sog. USA.

Was nun die deutsche Souveränität anlangt, so sagt das Bundesverfassungsgericht in einem Urteil von 1972, dass das II. Deutsche Reich nach wie vor existiert, die Bundesrepublik Deutschland also kein Ersatz- oder Nachfolgestaat des Deutschen Reiches, sondern identisch mit selbigem ist. Die Reichsbürger aber sagen, die BRD sei eine Ersatzorganisation ohne staatlichen Charakter und das, was sie da inszenieren inklusive eigener Reichsregierung, sei das wirkliche Deutsche Reich. Dass eine Regierung, die von niemandem gewählt worden ist und die überhaupt niemand kennt, die legitime in Deutschland sein soll, ist absurd und politisches Kabarett. Wenn diese Fanatiker des Rechts etwas für die deutsche Souveränität tun wollen, sollten sie auf die Straße und sich für einen Austritt Deutschlands aus dem NATO-EU-System einsetzen – ein Erfolg hierbei wäre tausendmal mehr wert als tausend phantastische Verträge, die Deutschlands Souveränität bestätigen würden.

Die Grünen

Die ersten 20 Jahre der Bundesrepublik, ihre Aufbauphase, wurde von den C- Parteien und den Kirchen geprägt; die zweiten 20 Jahre von SPD und Gewerkschaften, die dann sozial das nachholten, was in der Aufbauphase zu kurz kam. Die Politik seit 1989 bestimmen die Grünen. Ihre Ideen und Narrative wurden zum Leitbild der anderen Parteien, deren ursprünglicher Widerstand gegen die Grünen immer schwächer und inhaltsleerer wurde. Alle parlamentarischen Parteien in Deutschland wurden mehr oder weniger grün.

Damit begann nach einer positiven Nachkriegszeit die Dekadenzphase der deutschen Politik. Neben der Durchsetzung einer grünkommunistischen Ideologie ist für diese Phase charakteristisch, dass ein organisch gewachsener, ethnokulturell relativ homogener deutscher Nationalstaat zum bloßen Teilgebiet eines global verwalteten Systems mit afroasiatischer Bevölkerungsmehrheit umgewandelt werden soll. Der innere Zusammenhalt der Bevölkerung wird aufgelöst, aus einem Volk wird eine multikulturelle Multi-Communities-Gesellschaft gemacht. Eine eher demokratische Machtausübung wird durch eine totalitäre ersetzt, wobei die im Vordergrund agierenden Politiker immer unbedeutender, quasi marionettisiert werden und eher unbekannte Personen und Gruppen aus dem Hintergrund die Politik bestimmen.

Die Grünen prägen also nach 1989 die politische Entwicklung in Europa. Für jeden, der Europa nicht, wie die EU, als politische Formel missbraucht, gehört das Christentum wesenhaft zu Europa. Die **Grünen** aber wollen ein achristliches, wenn nicht antichristliches Europa. Ihre Ideologie ist im Kern **ein Frontalangriff gegen ein christliches Europa und gegen das Christentum überhaupt.**

Die Grünen sind aus der 1968 in westlichen Staaten stattgefundenen Kulturrevolution hervorgegangen. Politisch zunächst als Randbewegung unterschätzt, steht diese 68er Revolution in der Tradition der Französischen Revolution von 1789 und der sowjetkommunistischen von 1917, die beide eine entschieden antichristliche Ausrichtung hatten. So verkündeten die agierenden Freimaurer in Paris ihre diffus antichristlichen Ideale und versuchten sie mit Terror und Massakern an Christen und ihren Kirchenvertretern durchzusetzen. In Europa gelang ihnen das nur begrenzt, wohingegen sie sich in den USA mit ihrer Staatsneugründung fast ungebremst entfalten konnten.

In der kommunistischen Revolution von 1917 wurde der antichristliche Charakter noch deutlicher. Der Terror richtete sich hier nicht nur gegen die Kirchen und ihre Vertreter, sondern noch mehr gegen den Kern der christlichen Weltanschauung. Der von den Kommunisten verbreitete und abverlangte dialektische und historische Materialismus war ein konkreter alternativer Gegenentwurf zur christlichen Weltanschauung: Die primitivste Urmaterie wird hier zum neuen Gott, aus dem sich alles andere entwickeln soll.

Die 68er-Revolte war als Bewegung erst einmal antiautoritär, gerichtet gegen eine Gesellschaft, die von wirtschaftlich erfolgreichen patriarchalen Vätern dominiert war. Die Bewegung war diffus, mit viel emotionalem Idealismus, der sich gegen „verkrustete Strukturen“ und den „Mief von 1000 Jahren" auflehnte; auch mit viel berechtigter Kritik an der amerikanischen Vietnam-Politik und der jüdischen Besatzungspolitik in Palästina. Die Fassade der 68er war chaotisch, mitunter auch originell: „Macht aus Apotheken APO-Theken“ oder in Bayern: „Kambodscha, Laos, Vietnam – hauts den Imperialismus z'amm!“ Aber von Anfang an grassierten vor allem in der sog. Sexpol-Bewegung wahnhafte Ideen bezüglich Sexualität und Geschlechtlichkeit – der Ausgangspunkt für den später aufkommenden Genderwahn. Hinter der Chaos-Fassade wurde ein zutiefst destruktiv kommunistischer Charakter der Bewegung offenbar: erst in den Aktivitäten der politkriminellen RAF, danach in der Gründung der Grünen Partei, in der sich der Kern oder besser gesagt Bodensatz der übrig gebliebenen 68er Bewegung organisierte.

Der Grüne Kommunismus

Der Kommunismus der Grünen-Partei ist ein neuer Kommunismus, kein roter, sondern ein grüner! Er knüpft nicht an Stalins *Nationalkommunismus* an, sondern an Trotzkis Internationalismus, der subversiv allüberall revolutionäre Aufstände inszeniert (z. B. „Farbrevolutionen“). Aus dem so angerichteten Chaos heraus will er in einem Staat nach dem anderen eine sozialistische Weltrepublik etablieren. Im Ziel sind Trotzkismus und Stalinismus wieder vereint.

Die Grünen sind also trotzkistisch-internationalistisch und nicht stalinistisch-nationalistisch. In der Methode sind sie nicht bolschewistisch, sie wollen also keine gewaltsame Revolution, mit der sie die staatliche Macht erobern und dann ihre politischen Ziele gewaltsam umsetzen. Sie sind menschewistisch, wollen über kleine Schritte, vor allem über die Kulturszene, Schulen etc. die Gesellschaft verändern. Sie sprechen vom „langen Marsch durch die Institutionen", an dessen Ende auch hier ein grünkommunistischer Weltstaat stehen soll.

Im Grünen Kommunismus übernimmt ein internationales Migrationsproletariat die Rolle des nationalen Industrieproletariats. Enteignet werden nicht mehr nationale und internationale Kapitalisten, sondern die indigenen Nationalvölker der Kultur- und Industriestaaten insgesamt; enteignet ihres Rechts auf Heimat, ihres erworbenen Besitzes usw. – enteignet durch ein dem internationalen Migrationsproletariat zugestandenes universales Niederlassungsrecht, mit dem es, wie schon ausgeführt, keine illegale Immigration mehr geben soll, sondern nur noch eine legale, und diese verpflichtend für die Aufnahmestaaten! Aus dem Proletkult der roten wird bei den grünen Kommunisten ein universaler Migrantenkult.

„Ausbeuter" sind jetzt die Urdeutschen bzw. Ureuropäer. Die alte kommunistische Partei wird durch eine neue Grünen-Partei ersetzt, die nicht monolithisch einheitlich, sondern eher chaotisch und bunt daherkommt. Eine genauso große Bedeutung wie die Partei haben in der grünkommunistischen Bewegung diverse NGOs und „Aktivisten", vor allem „Menschenrechtsaktivisten", die von niemandem gewählt, von niemandem kontrolliert und durch nichts legitimiert sind: selbsternannt und selbstlegitimiert strotzen sie nur so vor moralischer Anmaßung und tragen ihre Hypermoral wie eine Monstranz vor sich her. Bei genauerem Hinsehen wird jedoch schnell deutlich, dass diese ihre Moral im Wesentlichen darin besteht, anderen Unmoral vorzuwerfen.

Der *Rassismusvorwurf* ist das Minimum! Jeder, der nicht denkt wie sie, die grünen Kommunisten, ist praktisch ein Rassist, und so wird ungewollt und unbewusst aus dem *Klassenkampf*, dem Markenzeichen der roten, ein verkappter Rassenkampf zum Markenzeichen der grünen Kommunisten: Nach dem **Hass auf das Christentum** und seine Tradition ist der **Rassismus gegen Weiße** das zweite Wesensmerkmal des grünen Kommunismus, und nachdem Europa traditionell christlich und traditionell weiß ist, ist das dritte Wesensmerkmal des grünen Kommunismus der **Hass auf Europa.** Die Grünen sind also antichristlich, antiweiß- resp. antideutsch-rassistisch und antieuropäisch, wobei sie das alles nicht offen aussprechen, vielmehr viel Energie in die Camouflage ihrer Ziele investieren. Ihren Vernichtungskampf gegen das Christentum verstecken sie in scheinbar rational juristischen Missbrauchsverfahren gegen die Katholische Kirche. Dabei finden wir gerade im Hinblick auf Pädophilie die größten Ferkel nicht in den Kirchen, sondern bei den Grünen, und man muss bei ihnen auch nicht 70 Jahre zurückgehen, da genügen schon 35!

Ihr Anti-Weißen-Rassismus versteckt sich zum Beispiel hinter der Unterstützung des schwarzen BLM-Rassismus, und ihr Antieuropäismus wird scheinbar perfekt durch den Missbrauch des Begriffs *Europa* camoufliert. Ihre antichristlich antieuropäische Institution in Brüssel nennen sie rotzfrech *„Europäische Union“*. Aber durch ihre Handlungen und ihre Politik offenbaren sie ihre wahren Ziele. Nicht zuletzt sind die meisten ihrer Anhänger auch persönlich nicht authentisch. Materiell gut abgesichert, zumeist im öffentlichen Dienst oder bei den (öffentlich-rechtlichen) Schlesinger-Medien, sind sie das, was man früher als **Salon-** oder **Wohlstandskommunisten** bezeichnet hat!

Fazit: Der grüne Kommunismus wird mit der 68er Kulturrevolution ein ideologischer Machtfaktor , der nach 1989 vor allem über die EU die entscheidende strukturelle Basis zur Durchsetzung seiner Ziele bekommt.

Schröder und Fischer – die erste rot-grüne Bundesregierung

1998 kommen die Grünen unter dem SPD-Kanzler Gerd Schröder erstmals in eine Bundesregierung. Die erste Aktion der rot-grünen Regierung war die Beteiligung am amerikanischen Angriffskrieg gegen Serbien und die Bombardierung Belgrads. Dann der nächste Hammer: Neue Einbürgerungsgesetze sorgten dafür, dass hunderttausende Ausländer von heute auf morgen zu „Deutschen“ wurden. Mit deutscher Geschichte, deutscher Tradition und deutscher Kultur haben die zumeist nichts am Hut, stehen all dem oft sogar feindlich gegenüber.

Als Nächstes dann neue Steuergesetze, die es Kapitalgesellschaften (im Gegensatz zu Privatpersonen) ermöglichten, Aktien unversteuert zu verkaufen. Ein Großteil der Aktien von deutschen Unternehmen war bei der *Deutschen Bank* in Frankfurt deponiert. Als die Steuer beim Aktienverkauf wegfiel, wurden diese Aktien innerhalb kurzer Zeit verkauft und kamen in internationalen Streubesitz. Die Aktien der großen deutschen Firmen waren nun nicht mehr in Deutschland, nicht mehr bei deutschen Familien, die in Deutschland steuerpflichtig waren, sondern irgendwo in Katar oder bei irgendwelchen Plutokraten in den USA, die damit noch mehr Einfluss auf die Entwicklung der deutschen Wirtschaft nehmen konnten. Heute sind weit über die Hälfte der DAX-Aktien nicht in deutschem Besitz. Die deutsche Industrie ist also genauer gesehen keine deutsche mehr, sondern eine international globale, und einer der entscheidenden Schritte dieser globalistischen Transformation, dieser *Entdeutschung* der deutschen Wirtschaft, geht also auf die rot-grüne Regierung Schröder/Fischer zurück!

Natürlich wurden auch ansonsten alle möglichen rot-grünen Projekte im Hinblick auf Schwulenkult, Genderwahn etc. gefördert und forciert, aber dennoch war das sich neu ordnende EU-deutsche Politsystem mit Schröder nicht zufrieden, versagte er doch – aus der Sicht des Systems – an einer entscheidenden Stelle: 2003 verweigerte er die Teilnahme Deutschlands am neuen Krieg der USA gegen den Irak!

So ist Deutschland die Niederlage des Westens im Irak erspart geblieben. Dort haben allein die westlichen Truppen mindestens 5.000 Soldaten verloren, und mindestens 500.000 Iraker sind in diesem amerikanischen Krieg umgekommen! Immerhin tragen die Deutschen nicht wie die Amerikaner und ihre „Koalition der Willigen" die Verantwortung für diesen Massenmord an der irakischen Bevölkerung – wirklich eine Großtat des Gerd Schröders, zumal er dabei auch noch die deutsch-französischen und noch mehr die deutsch-russischen Beziehungen gefördert hat! Seine besonderen Beziehungen zu Wladimir Putin könnten uns schon bald sehr hilfreich sein, wenn es darum geht, mit Russland zu verhandeln und den selbstmörderischen Sanktionenwahn der Deutschen durch Reparatur und Öffnung von Nord Stream 2 und andere Aktionen zu beenden.

Merkel

Für die Strippenzieher im Hintergrund war Schröders Russlandpolitik Grund genug, ihn und seine Mannschaft zu chassen und durch die wesentlich gefügigere Angela Merkel zu ersetzen. Das war auch für Rot-Grün kein Verlust, denn Merkel führte, unter schwarzem Firmenschild, die Politik der Rot-Grünen fort und etablierte damit entscheidend das von Kohl initiierte NATO-EU-System, das jetzt sichtlich Gestalt annahm.

„System" bedeutet, dass jetzt nicht mehr die Gesetze des Staates, sondern die Vorgaben des Systems Vorrang haben und Gesetze gegebenenfalls reihenweise gebrochen werden können. Der Begriff *systemrelevant,* der im Zusammenhang mit der Bankenrettung durch den Steuerzahler-Staat aufgekommen ist, drückt das präzise aus: Wenn etwas systemrelevant ist, spielen Gesetze eines Staates keine Rolle mehr.

Merkel kann in diesem Sinn als erste deutsche Systempolitikerin angesehen werden. Es begann mit der sog. **Euro-Griechenland-Rettung,** bei der sie etliche europäische Verträge verletzte, insbesondere die sog. *No-Bail-Out-Klausel*: Eine finanzielle Haftung einzelner Euro-Staaten für andere Euro-Staaten war gemäß europäischen Verträgen (Artikel 125 AEU Vertrag) ausdrücklich ausgeschlossen. Mit dem Corona-Wiederaufbau-Fonds der EU von 2021 übernahm Merkel-Deutschland die Not- und Haupthaftung für 750 Milliarden Euro Schulden zugunsten von Frankreich, Italien und anderen. Das war die *Einführung der Eurobonds durch die Hintertür* („Corona-Bonds"), die das Bundesverfassungsgericht unter anderem in seinem Lissabon-Urteil von 2009 (Haushaltsrecht der nationalen Parlamente!) untersagt hat.

Die Politik des systematischen Gesetzesbruches setzte Merkel dann in der **Migrationskrise von 2015/16** fort. Sie lud die Notleidenden der ganzen Welt ein, nach Deutschland zu kommen und garantierte insbesondere jedem Syrer, in Deutschland Aufenthaltsrecht zu bekommen. Ohne Grenzkontrollen, ohne irgendwelche Personenkontrollen kamen Millionen Menschen nach Deutschland, von denen wir immer noch nicht wissen, wer sie im Einzelnen waren: Kriminelle, Abenteurer, religiöse Fanatiker, Terroristen? usw.

Mit dieser Politik brach Merkel nicht nur zahlreiche Gesetze und die Verfassung insgesamt, was auch kompetente Rechtsgutachter so sehen. Sie machte aus der bisherigen Massenzuwanderung in Deutschland einen *Bevölkerungsaustausch*. Ein solcher ist von der Logik des Systems her erforderlich, denn gegen eine organisch entstandene und mit gewissem demokratischen Bewusstsein ausgestattete Bevölkerung kann ein *System* auf Dauer nicht durchregieren. Es braucht eine buntgemischte durcheinandergewürfelte *Masse* als Voraussetzung für optimale Massenmanipulation.

Der dritte entscheidende Schritt, um Deutschland in ein NATO-EU-Korsett hineinzuzwingen, war die von Merkel betriebene **Corona-Politik** – auch hier der systematische Gesetzesbruch, für einen demokratischen Staat unakzeptabel, für ein „System" die Norm:

- Polizeirazzien auf Kindergeburtstagen; die Kinder, die sich versteckt haben, werden von der Polizei aus den Schränken geholt!
- Ordnungsämter bei Eltern; sie drohen staatlichen Kindesentzug an, wenn diese ihre positiv getesteten Kleinkinder nicht den ganzen Tag mit Maske in einem Einzelraum isolieren!
- Hausdurchsuchungen bei Richtern, die unerwünschte Urteile zur Maskenpflicht bei Kindern fällen. Nicht nur beim betreffenden Weimarer Richter wird durchsucht, sondern auch bei acht Gutachtern, die von diesem Richter im entsprechenden Prozess hinzugezogen worden sind usw.

Solche Exzesse sind auch in Rechtsstaaten im Einzelfall denkbar, aber entscheidend ist die Frage: Wie werden sie aufgearbeitet? Werden die Verantwortlichen zur Rechenschaft gezogen, werden sie bestraft, werden sie entlassen? Nichts von alledem fand statt, im Gegenteil: bis hinauf zum Bundesverfassungsgericht hat der Staat dieses Verhalten seiner Behörden verteidigt und gerechtfertigt und Polizei- und Justizterror damit „legalisiert".

Hier zeigt sich am deutlichsten die Transformation vom demokratischen Staat zum System: Auch wenn der Terror in Zwischenzeiten auf Standby-Modus zurückgeschaltet wird, ist ein „System" *potentiell immer* totalitär.

Merkels Corona-Politik war eine Einübung und Vorbereitung totalitärer Strukturen. Ihre gesamte Politik bedeutete vollständige Integration des deutschen Rechts- und Nationalstaats in ein NATO-EU-System. Damit hat sich Merkel um dieses System unsäglich verdient gemacht. Dennoch wurde sie letztlich vom System gechasst, was so elegant geschah, dass es die meisten gar nicht so empfunden haben. Merkel hätte gerne weiter gemacht, und sie wartete lange auf Rufe und Aufforderungen, die aber nicht kamen. Warum nicht, warum wollte man die Merkel trotz ihrer Verdienste um das westliche System loswerden?

Merkel hatte sich durch ihre jahrelang für das System erfolgreiche Politik ein gewisses Standing und auch Selbstbewusstsein erworben, was sie für die Strippenzieher des Systems nicht mehr so gut führbar machte wie zu Beginn ihrer Karriere. Insbesondere in der Russlandfrage war sie nicht System genug. Schon 2008 boykottierte sie mit dem französischen Präsidenten Sarkozy den von den Amerikanern gewünschten Beitritt der Ukraine zur NATO; und noch schlimmer: Sie ließ sich trotz von den USA angeordneter Sanktionen nicht davon abbringen, *Nord Stream 2* fertigzubauen. Für die Amerikaner ein Affront: In kritischen Zeiten – sie bereiteten bereits durch intensive Aufrüstung der Ukraine den Krieg gegen Russland vor – brauchen sie 100-prozenige Loyalität ihrer Vasallen, Merkel lieferte aber nur 80 %, und das genügte nicht mehr.

Außerdem will das System den Pferdewechsel offiziell machen: nicht mehr unter falscher schwarzer Flagge, sondern unter original grüner soll die Regierung agieren. Die Grünen sind die zuverlässigsten Repräsentanten des NATO-EU-Systems. Sie sind die am meisten US-hörige Partei im deutschen Parlament, und das will bei all diesen US-Lakaien schon etwas heißen.

Die Ampelregierung – die Trostlosen!

Annalena Baerbock sollte es werden, die neue Kanzlerin. Noch einigermaßen jung und frisch und nicht so verbraucht, wie die meisten anderen rot-grünen Tussen. Keinerlei Merkmale einer Persönlichkeit und eine Vita, die an Dürftigkeit nicht zu überbieten war, weshalb sie sie auch gefälscht hat. Wir wissen also nicht einmal genau, ob sie irgendeinen Abschluss hat. Im Wesentlichen war sie parlamentarische Mitarbeiterin bei grünen Abgeordneten. Auch sonst war sie nicht gerade die hellste Kerze auf der Torte – alles in allem ideale Voraussetzungen, um diese Frau zu einer 100-prozentigen Marionette des Systems zu machen.

Das Ganze ging schief, weil Annalena im Wahlkampf völlig versagte. In drei Sätzen machte sie vier Fehler, verhaspelte sich ständig, hatte erhebliche Probleme mit Fremdwörtern und redete teilweise völlig verworrenen Stuss. Um ein größeres Debakel zu vermeiden, musste man sie aus der vordersten Frontlinie nehmen, und da man unbedingt Rot-Grün wollte, blieb als Notlösung nur Olaf Scholz. Obwohl er nicht mehr Stimmen als CDU-Laschet bekam, erklärte man ihn zum großen Gewinner der Wahl.

Über welche dieser Gestalten das US-amerikanische System Deutschland in den Untergang treiben will, ist die eine Frage. Die wichtigere aber ist: Wie lange noch gelingt es dem westlichen Propaganda-Apparat, die Mär von der „guten Ukraine" und den „bösen Russen" aufrecht zu erhalten? Dies wiederum hängt davon ab, wie gut die Opposition in Deutschland arbeitet und wie schnell die Bevölkerung die Folgen des Sanktionskriegs hautnah spüren wird: kalte Wohnungen, Inflation, Firmenzusammenbrüche usw.

II-4 DER KRIEG IN DER UKRAINE

Der korrupteste Staat Europas – warum wir die Ukraine nicht unterstützen sollten

Der heutige Staat Ukraine ist für die USA nach Deutschland der wichtigste geopolitische Ort in Europa. Zahlreiche Deutsche schwenken auf sog. Friedensdemonstrationen die blau-gelben Fahnen dieses Staats. Wissen die eigentlich, für wen sie da demonstrieren?

Die Ukraine ist der verkommenste und korrupteste Staat in Europa. Sie steht zunächst einmal für US-amerikanische Energiekonzerne, die sich ukrainische Energieressourcen unter den Nagel reißen. In deren hochdotierten Vorständen sitzen (siehe oben) die Söhne und Freunde der US-Politprominenz, allen voran Hunter Biden, der Präsidenten-Sohn!

Beim Pro-Kopf-BIP findet sich die Ukraine unter den 193 Staaten dieser Welt auf Platz 124! Was aber den Menschenhandel in verschiedensten Formen angeht, da steht sie ganz oben. Zum Beispiel liefert sie massenhaft Frauen, die oft nicht einmal wissen, wo sie hinkommen, an die Bordelle der großen westlichen Städte! Ebenfalls führend ist die Ukraine im Menschenhandel mit Leihmüttern, deren Armut reiche Frauen des Westens ausnutzen, um sich von ihnen die Kinder austragen zu lassen. Auch im internationalen Organhandel spielt dieser Staat eine Rolle, und bei all dem verdienen seine korrupten Politiker kräftig mit. Dementsprechend sorgen sie dafür, dass die kriminellen Quellen dieser Einnahmen nicht versiegen.

Nicht zuletzt betreibt die Ukraine zahlreiche von den USA eingerichtete Biowaffen-Labors. Die Russen können das nach ihrem Einmarsch umfangreich belegen. Darüber hinaus hat die inzwischen allseits bekannte amerikanische Außenpolitikerin Victoria Nuland dies in einem Ausschuss des Kongresses indirekt eingestanden. Die USA verstoßen damit massiv gegen das von ihnen mitunterzeichnete Biowaffen-Verbot von 1971.

Erwähnenswert auch, dass in der Ukraine 50.000 Programmierer für Israel arbeiten. Was die da so programmieren, wissen wir nicht. Auf jeden Fall waren israelische Politiker sehr nervös und wollten diese Leute möglichst schnell nach Israel oder zumindest nach Deutschland „retten". Im Internet gibt es Berichte, dass zahlreiche jüdisch-ukrainische Flüchtlinge sofortiges Aufenthaltsrecht in Deutschland inklusive einer Vergütung von 5000 € bekämen. Dem sollte umgehend nachgegangen werden!

Ein Großteil der ukrainischen Bevölkerung flieht nicht vor dem Krieg, sondern vor dem eigenen Regime!

Das ukrainische Staatssystem hat die eigene Bevölkerung vollständig verraten. Deshalb verlassen gerade junge Leute massenhaft die Ukraine in Richtung Deutschland. In der Tat ist das Leid vieler Menschen in den ukrainischen Kriegsgebieten schrecklich. Es kann uns nicht kalt lassen. Aber Politik bedeutet, sich nicht von Emotionen hinreißen zu lassen, sondern diese in einen größeren Zusammenhang zu stellen und sie so zu steuern.

Die Bevölkerung in Kiew und der West-Ukraine hat mitbekommen, was an Terror und Menschenrechtsverletzung durch ihre Regierung zwischen 2014 und 2022 im Donbas geschehen ist: Bomben und Explosionen in Schulen und Kindergärten, in Krankenhäusern usw. Aber viele hat das nicht interessiert, und nicht wenige haben sich mit dem Terror von Poroschenko und Co. identifiziert. Jetzt hat der Krieg in der Ukraine auch die erfasst, die bislang glaubten, einfach wegschauen zu können. Dabei ist, wie schon gesagt, der vorwiegend mit Bodentruppen geführte Krieg der Russen „humaner" als das, was die USA in Irak oder Afghanistan und die israelischen Zionisten 2009 und 2014 im Gaza veranstaltet haben. Wenn die Ukraine freilich ständig neue Anschläge in Russland auf russische Personen und russische Infrastruktur verübt, ist davon auszugehen, dass die Russen ihre Kriegsführung der amerikanisch-israelischen angleichen und immer mehr Zivilopfer in Kauf zu nehmen bereit sind!

Von den ca. sieben Millionen geflüchteten Ukrainern sind über die Hälfte nach Russland geflohen! In Deutschland halten sich derzeit an die zwei Millionen Ukrainer auf. Ein Großteil von ihnen bekommt sofort soziale Leistungen, von der Wohnung bis zum Kinderwagen – wieder ein Mega-GAU für den deutschen Steuerzahler: Millionen Menschen beziehen Leistungen aus einem System, das auf der Zahlung von Beiträgen basiert, ohne je selbst irgendeinen Beitrag in dieses System eingezahlt zu haben! Viele von diesen Leuten sind keine Kriegsflüchtlinge, sondern wollten schon immer nach Deutschland. Viele sind auch Trittbrettfahrer: Afrikaner, vermeintliche oder tatsächliche Studenten, die jetzt nicht, wie es anstünde, in ihre Heimatländer zurückkehren, sondern die Gunst der Stunde nutzen und sich in Deutschland einnisten.

Wir sollten sie alle zurück in die Ukraine schicken, denn für sie ist ausschließlich das Kiewer Regime zuständig. Es hat diesen Krieg mit seinen amerikanischen Befehlshabern intensiv vorbereitet und exzessiv provoziert und ist deshalb für dessen Folgen verantwortlich. Die Ukraine ist ein riesiges Land, in dem es genügend Platz gibt und viele Regionen, die vom Krieg praktisch nicht betroffen sind. Man könnte in Absprache mit den Russen **von der UNO betreute Schutzzonen** errichten. Die UNO müsste den Russen garantieren, das diese Zonen nicht vom ukrainischen Militär genutzt und die Flüchtlinge als Schutzgeiseln missbraucht werden. Zum Schutz der eigenen Bevölkerung würde es gehören, in solchen Regionen großflächig Container-Dörfer für Binnenflüchtlinge zu errichten und vorzuhalten. Das geschieht nicht und ist nicht vorgesehen.

Es ist für Kiew natürlich einfacher, dieses Problem einfach nach Deutschland auszulagern. Wir sollen nicht nur den bankrotten ukrainischen Staatsapparat finanziell vor dem Kollaps bewahren; nicht nur die medizinische Betreuung Schwerverletzter und Schwerkranker übernehmen; nicht nur all die mit dem Kiewer Regime Unzufriedenen und Oppositionellen aufnehmen; nein – wir sollen auch noch alle anderen aufnehmen, die sich in irgendeiner Weise bedroht fühlen. So lässt sich natürlich leicht Krieg führen, Herr Selenskyj: wenn die USA sich um Waffen und Logistik kümmern und all die großen sozialen, wirtschaftlichen, politischen und medizinischen Rahmenprobleme des Kriegs einfach nach Deutschland ausgelagert werden. Aber, Herr Selenskyj, wir müssen Ihnen sagen: „Wir können das nicht mehr, und wir wollen das auch nicht mehr! Und wenn wir unsere Hilfe einstellen und Ihre Kriegsfront dann sehr schnell zusammenbricht, ist das nicht unser Bier! Statt

Ihr Maul weiter zu dreisten Attacken gegen uns Deutsche aufzureißen, sollten Sie sich um ihre Landsleute kümmern, gerade auch um diejenigen, die flüchten wollen oder flüchten müssen. Lassen Sie sich von ihren Sponsoren in den USA statt Raketen lieber Container und Lebensmittelpakete für Flüchtende schicken!"

Der ukrainisch-westliche Propagandakrieg gegen Russland

Es ist unbestreitbar: Die Angloamerikaner sind in der Propagandakriegsführung generell sehr erfolgreich und in der Ukraine in ganz besonderer Weise. Das liegt an ihrer beispiellosen Skrupellosigkeit. Sie scheuen nicht die dreckigsten Methoden und schrecken vor nichts zurück – ihre Devise: Everything goes! Dabei ist die systematische Kriminalisierung des militärischen Gegners die beliebteste und gleichzeitig widerlichste Methode dieser angloamerikanischen Schmutzküche. Ich möchte das an drei Beispielen aus dem Ukraine-Krieg ausführen: an Butscha, Jelenovka und Saporoschje.

Butscha

Die Russen haben, nach Gesprächen mit Vertretern der Kiewer Regierung in der Türkei, den Kiewer Vorort Butscha am 30. März verlassen. Das bestätigte der Bürgermeister der Stadt am 31. März öffentlich. Dabei fiel kein Wort über irgendwelche Leichenfunde auf den Straßen der Stadt. Erst einige Tage später präsentiert die Kiewer Regierung Bilder von Leichen mit frischem (!) Blut und spricht von „russischen Kriegsverbrechen". Mehrere der Leichen trugen weiße Bändchen am Arm, und einige hielten grüne Päckchen in den Händen. Weiße Bändchen trugen prorussische Ukrainer als Erkennungszeichen für die russischen Truppen, und grüne Päckchen mit Lebensmitteln verteilten die russischen Truppen an die ukrainische Zivilbevölkerung!

Offensichtlich waren es die Leichen prorussischer Ukrainer, die nicht von russischen Truppen, sondern von irgendwelchen Kiewer Nationalisten getötet worden sind. Im Nachhinein hat man das Ganze als Kriegsverbrechen russischer Soldaten hingestellt, das die westlichen Regierungen und ihre Lügenmedien zum Anlass genommen haben, weitere Lieferungen von schweren Waffen an die Ukraine zu rechtfertigen. Im Übrigen basiert alles, was in den deutschen Staatsmedien über Butscha berichtet wird, auf „Angaben der ukrainischen Behörden“. Was die Russen dazu sagen, die Butscha als eine *false flag*-Attacke ukrainischer Truppen darstellen, hat den GEZ-Zwangsgebühren-Zahler nicht zu interessieren!

Raketenangriff auf das Gefängnis in Jelenovka

Auch bei den Ereignissen in *Jelenovka* geht es um eine dreiste Propaganda-Lüge des Westens, um ukrainische Kriegsverbrechen zu vertuschen. Am 29. Juli 2022 wurde in Jelenovka (im russisch eroberten Gebiet der Ostukraine) ein Untersuchungsgefängnis von drei amerikanischen Himars-Raketen getroffen. In dem Gefängnis waren fast ausschließlich Kriegsgefangene des sog. Azov-Regiments der Ukraine untergebracht. Insgesamt wurden 51 Gefangene getötet, 72 weitere schwer und 70 leicht verletzt.

Die Kiewer Regierung tönte wieder mal lauthals von einem „russischen Kriegsverbrechen“, das russische Behörden durch eine Sprengung der Baracke verursacht hätten. Damit hätte man Spuren von Folterungen beseitigen wollen. Tatsächlich hat die russische Seite sofort nach dem Anschlag die UNO und das Internationale Rote Kreuz informiert und um entsprechende Inspektionsreisen ersucht, was von den Angesprochenen aber abgelehnt wurde! Es gibt von mehreren am Leben gebliebenen Azov-Soldaten dokumentierte Aussagen, dass das tödliche Ereignis nicht durch eine interne Sprengung, sondern durch Einschläge von außen verursacht worden sei, was auch verschiedene internationale Beobachter nach Besichtigung des Gefängnisses bestätigt haben.

Der Hintergrund dieses Anschlags der ukrainischen Behörden auf ihre eigenen Leute ist folgender: In den Tagen zuvor wurden mehrere Zeugenaussagen von inhaftierten Azov-Soldaten veröffentlicht, in denen diese detailliert ukrainische Kriegsverbrechen mit den entsprechenden Befehlsketten angegeben haben. Nachdem die ukrainischen Behörden zu Recht befürchten mussten, dass weitere solcher Aussagen folgen und sie international in Bedrängnis bringen könnten, starteten sie einen Raketenangriff auf dieses Gefängnis, dessen Lage ihnen von Verhandlungen über Gefangenenaustausch bekannt war. Es gehört zur Basismethode dieser westlichen Lügner, nicht nur die Urheberschaft dieses Verbrechens zu leugnen, sondern daraus einen Propagandaangriff gegen Russland wegen eines „weiteren schweren Kriegsverbrechens“ zu machen.

Das amerikanisch-ukrainische Verbrechersyndikat plante (oder plant noch) über Saporoschje einen indirekten Atomkrieg gegen Russland

Das Atomkraftwerk in Saporoschje wird von der Regierung in Kiew nicht direkt mit Raketen beschossen. Da wäre die Urheberschaft der Täter offensichtlich. Man versucht vielmehr, durch anhaltenden Artillerie-Beschuss der Umgebung die verschiedenen Ab- und Zuleitungen des Atomkraftwerks zu zerstören. Dadurch würde sich schließlich das Atomkraftwerk selbst abschalten, wobei die dann notwendige Notkühlung nur für etwa 10 Tage gewährleistet wäre, und dann hätten die Russen ein nicht lösbares Problem: Es käme sehr wahrscheinlich zu einer Kernschmelze mit den entsprechenden Folgen! Man hat schon eruiert, dass die Hauptwolke der radioaktiven Strahlung Richtung Russland ziehen und dieses mit Abstand am meisten schädigen würde.

Die westlichen Medien auch in Deutschland verbreiten Nebel und verkünden stereotyp, Russland und die Ukraine würden sich gegenseitig der Angriffe auf das AKW beschuldigen – als würden die Russen ein auf ihrem Territorium liegendes AKW beschießen! Letztlich decken unsere Medien damit die Pläne für ein gigantisches Kriegsverbrechen.[9]

---

[9] Im Hinblick auf einen GAU des Atomkraftwerks Saporoschje gibt es einen weiteren Plan der Kiewer Regierung. Er sieht eine Zerstörung des Staudammes bei Cherson vor, die teilweise schon vorbereitet ist. Deswegen haben die Russen die Stadt evakuiert und ihre Truppen zurückgezogen. Durch einen Dammbruch würde nicht nur die Stadt Cherson völlig überflutet, sondern auch das Kühlwassersystem des Atomkraftwerks zusammenbrechen, so dass es zum GAU des AKWs käme. Darüber hinaus würde auch die Wasserversorgung der Halbinsel Krim auf nicht absehbare Zeit ausfallen. Man kann davon ausgehen, dass Selenskyj und Konsorten diesen Plan nicht umsetzen, solange sie hoffen, Cherson und eventuell weitere Gebiete zurückerobern zu können. Sollte sich allerdings die militärische Situation grundsätzlich zugunsten der Russen ändern und womöglich eine russische Eroberung von Odessa anstehen, dürfte die Umsetzung dieses Plans für das angloamerikanisch-ukrainische Verbrechersyndikat in

Wahn, Selbstverleugnung und Hörigkeit

Die Deutschen sind anfällig für Emotionen, ja, sie suchen sie regelrecht. Politik betreiben sie nicht aus dem Kopf, sondern aus dem Bauch. Statt ihre Interessen zu verteidigen, psychologisieren sie wild herum und moralisieren, was das Zeug hält: der böse Putin, der böse, böse Putin ... Da werden Emotionen zum Wahn, immer und immer wieder! Nach dem *Teddybären-Wahn* und der Umarmung der Migranten kamen die *Zeugen Coronas*, die auch allein auf dem Fahrrad noch eine Maske trugen und die Impfung wie die Heilige Kommunion empfingen – und jetzt die Ukraine! Sie lassen sich hineinfallen, die Deutschen, in den neuen Wahn. Selbstvergessen wollen sie sich opfern, ihre Wirtschaft, ihre Existenz! Wofür? Für die Ukraine? Oder gar die „Freiheit"? Nein, für US-amerikanische Geopolitik, nichts anderes – die Deutschen im **Selbstvernichtungswahn!**

Deutsch sein ist böse, hat man ihnen in jahrzehntelanger „Umerziehung" beigebracht. Offensichtlich wollen sie jetzt alles sein, nur nicht mehr deutsch, und so werden sie Amerikaner, amerikanischer als die Amerikaner! Juden, jüdischer als die Juden! Und jetzt Ukrainer, bereit, für die Ukraine zu frieren und für sie die eigene Wirtschaft zu vernichten – überall nur noch gelb-blau, bis hinein in die Kirchen!

Zum Wahn gesellt sich ein fundamentaler Hang zur Unterwürfigkeit gegenüber Staat und Obrigkeit. Die Vermengung von Wahn und Unterwürfigkeit vollzieht sich politisch in der Grünen-Partei. Die Grünen glauben, sie seien eine Friedenspartei, eine moderne Partei, eine ökologische Partei, eine antiautoritäre Partei, eine Partei der Emanzipation – nichts von alldem sind sie! Sie sind US- und Israelhöriger als jede andere Partei in Berlin, und keine andere Par-

---

Kiew durchaus auf der Tagesordnung stehen. Dies entspräche faktisch einem atomaren Erstschlag und sollte völkerrechtlich so behandelt werden.

Kiew beschuldigt auch in diesem Fall die Russen und unterstellt ihnen, eine Sprengung des Staudamms zu planen. Das ist genauso grotesk wie der Vorwurf, Putin habe selbst die Nord Stream-Pipelines gesprengt. Dass die Russen Cherson fluten, das eigene AKW hochgehen und die Wasserversorgung der Krim zusammenbrechen lassen, ist nicht nur völlig unglaubhaft, sondern lächerlich und zeigt, dass die angloamerikanisch-ukrainische Propagandaküche intellektuell auf dem Zahnfleisch daherkommt.

tei will mehr Krieg gegen Russland als die Grünen, nicht einmal die trostlosen Gestalten der Merz-Kiesewetter-CDU! In der Grünen-Partei verdichtet und symbolisiert sich politisch die dunkelste Seite unserer deutschen Identität!

Geopolitisches Resümee

1. Es sieht aus, als führte Russland einen Angriffskrieg gegen die Ukraine. Der Westen stellt es so dar. Aber es ist nicht so. Es ist ein Angriffskrieg der USA und ihrer NATO, der schon 1998 begonnen hat: mit dem Überfall auf Serbien. Damit begann der NATO-Osterweiterungskrieg der USA! Was heute in der Ukraine geschieht, ist eine Gegenoffensive in einer Abwehrschlacht der Russen in diesem NATO-Angriffskrieg!

Die USA und ihr Westen haben die Ukraine mehr aufgerüstet als jeden anderen NATO-Staat. US-Offiziere, CIA-Agenten, NATO-Ausbildungslager in und außerhalb der Ukraine – die Ukraine stellt nur die Bodentruppen und das Schlachtfeld und ein paar korrupte Politiker, die das Ganze als „Freiheitskampf" verkaufen. Russland steht im Krieg nicht gegen die Ukraine, sondern gegen die USA, und Deutschland ist nicht neutral: Es kämpft in diesem Krieg auf Seiten der USA gegen Russland!

2. Es sieht aus, als würden die Deutschen ihre selbstzerstörerische Sanktionierungspolitik aus sich heraus betreiben. Das ist nur die halbe Wahrheit. Es sind die USA, die nicht nur gegen Russland einen Vernichtungskrieg führen, sondern auch gegen Deutschland. Seit 20 Jahren, beginnend mit den Attacken auf Siemens, ist es ein Wirtschaftskrieg, der mit der westlichen Sanktionierungspolitik gegen Russland für Deutschland immer mehr zum wirtschaftlichen Vernichtungskrieg gegen sich selbst wird. Es geht nicht nur um Frieren im Winter und um Wärmestuben, was schon schlimm genug ist. Es geht um Vernichtung der deutschen Wirtschaft insgesamt und damit der existenziellen Grundlage unseres Volkes. Das ökologisch hochwertige und ökonomisch günstige russische Gas war ein Fundament unseres Wohlstands. Wenn die Berliner Polit-Desperados jetzt dieses Fundament einreißen, geht es schon wirtschaftlich für uns um Sein oder Nichtsein!

Die Zerstörung der deutsch-russischen Ostsee-Pipelines durch angloamerikanische Geheimdienste kann man nicht mehr unter der Rubrik „Wirtschaftskrieg“ laufen lassen. Das war ein staatsterroristischer militärischer Anschlag auf eine für Deutschland essentielle Infrastruktur und damit faktisch eine Kriegserklärung der USA und Großbritanniens[10] an Deutschland! Als solche sollte sie bedacht, aber adäquat beantwortet werden.

3. Gemäß westlicher Propaganda sieht es so aus, als wären die Ukrainer die Guten, das Rotkäppchen, und die Russen die Bösen, der Wolf. Selbst der Papst hält das inzwischen für eine Märchennummer. Die sog. wertebasierte Außenpolitik des Westens und der deutschen Bundesregierung hat nichts mit Werten zu tun. Sie ist nicht einmal eine idealistische Gesinnungsethik![11] Die sog. Wertebasierte Außenpolitik des Westens ist lediglich eine gesinnungsethisch verbrämte, auf geostrategischen Interessen des Westens fußende utilitaristische Pseudoethik![12] Die Moralkeule wird nur gegen die Feinde des Westens geschwungen, bei den eigenen Leuten bleibt das Schwert im Schaft.

Welche Alternative haben die Deutschen?

Die Amerikaner sind nicht unsere Freunde: *to keep the Germans down* – darum geht es ihnen! Im Übrigen sind sie auch längst nicht mehr die Sieger, als die sie immer noch auftreten: Sie haben im *Nahen Osten* verloren, sie mussten *Zentralasien* (Kabul) fluchtartig verlassen, und sie befinden sich in einem Zwei-Fronten-Krieg gegen

---

10 Laut Mitteilung der russischen Regierung ist für die Sprengung der Pipelines eine in der Ukraine stationierte Einheit des britischen Geheimdienstes unmittelbar verantwortlich. Amerikanische und britische Geheimdienste arbeiten in der Kooperationsstruktur *Five Eyes* zusammen.

11 *Gesinnungsethik* ist ein Begriff des deutschen Soziologen *Max Weber.* Er bedeutet eine kompromisslose Ethik aus dem Bauchgefühl heraus, die die oft sehr unmoralischen Konsequenzen, die sich aus solcherart gefällten Entscheidungen ergeben, nicht berücksichtigt oder bewusst in Kauf nimmt. Der Gegenbegriff Max Webers ist *Verantwortungsethik*, bei der solche Konsequenzen bedacht und berücksichtigt werden und dann häufig zu einem moralischen *Kompromiss f*ühren.

12 *Utilitarismus* = reines Zweckdenken, wobei dann der Zweck auch noch die Mittel heiligt;

Russland und China! Wenn sie jetzt noch in der Ukraine verlören, wäre ihre Vormacht in Europa passé und damit ihre Weltmacht insgesamt!

Noch kommt der Westen bei seinen G7-Gipfeln auf hohem Ross daher. Sie nennen sich „die sieben führenden Industrienationen", was fast schon ein Witz ist, repräsentieren sie doch gerade mal 10 % der Weltbevölkerung (ca. 700 Millionen Menschen), die große Konkurrenz, die *Shanghaier Organisation für Zusammenarbeit* [SOZ, siehe oben] dagegen 40 %, nämlich über drei Milliarden Menschen!

Auch im Hinblick auf den Ukraine-Krieg ist global nicht Russland, sondern zunehmend der Westen isoliert. In der UNO-Vollversammlung ist es den USA zwar gelungen, durch erheblichen Druck auf zahlreiche Kleinstaaten (Androhung von Sanktionen etc.) eine deutliche Mehrheit für ihre Resolution zu bekommen. Dennoch, die Staaten, die die antirussische Sanktionierungspolitik der USA nicht mittragen, vertreten insgesamt die Mehrheit der Weltbevölkerung!

Schließlich versuchen die USA seit Kriegsbeginn, aller Welt weiszumachen, dass an der globalen Nahrungsmittel-Krise inklusive drohender Hungerkatastrophen nicht ihre wirtschaftliche Sanktionierungspolitik, sondern die russische Militärintervention schuld sei. Aber auch hierbei sind sie, wie sie selbst eingestehen müssen, nicht sehr erfolgreich.

Die USA sind ein Verlierer- und Auslaufmodell. Schon vor 100 Jahren sagte ein französischer Politiker, die USA stünden für **„eine Entwicklung von der Barbarei zur Dekadenz ohne Umweg über die Kultur"**. Ihr westliches Reich wurde 1945 in Jalta und Potsdam aus der Taufe gehoben, dazwischen lag Hiroshima. Man versucht, dieses Menschheitsverbrechen zu relativieren und hinter anderen Verbrechen zu verstecken. Tatsache bleibt: Schon bei seiner Geburt ist der amerikanische Westen in Hiroshima moralisch gestorben. Geistig gesehen ist er eine Totgeburt. Wenn die Deutschen in diesem Westen bleiben, entscheiden sie sich für Dekadenz und Untergang! Sie verlängern das Ende des Westens und verschleppen seinen Konkurs, gehen dabei aber selbst als erste zugrunde.

Wir sind ein Land der Mitte, ja, wir sind das Land der Mitte in Europa! Als solches sind wir immer hin und her gerissen zwischen Ost und West. Über 70 Jahre haben wir auf die westliche Karte gesetzt, auf Wildwest-Romantik und individuelle Freiheitsideale. Wenn wir unsere innere Balance bewahren wollen, müssen wir jetzt den Blick nach Osten richten, hinein in die Urgewalten Sibiriens, in die Tiefen der russischen Seele!

Viele in Europa wollen einen Mittelweg, eine Äquidistanz d. h. gleiche politische Distanz von den USA wie auch von Russland. Das Problem dabei ist, dass die Amerikaner da nicht mitmachen. Schon 2002 schreibt Henry Kissinger:

> „Eine institutionelle Beziehung zwischen Russland und Europa, die enger wäre als die zwischen Europa und den Vereinigten Staaten, oder auch nur vergleichbar damit (!), würde eine Revolution in den atlantischen Beziehungen auslösen …[13]

Was er damit konkret meint, lässt er offen, aber es klingt nicht gut, es klingt nach einer Kriegsdrohung an die Adresse der Europäer und vor allem der Deutschen! Wir, die Amerikaner, schauen nicht tatenlos zu, wenn sich ein Mitglied aus unserem Bündnissystem verabschieden will, schon gar nicht, wenn es sich um ein so wichtiges Mitglied wie Deutschland handelt!

Die USA sind eine Art Schutzgeld-Mafia. Wenn man seinen Laden nicht mehr von ihnen schützen lassen will, zünden sie ihn an. Viele sagen zu Recht: Wenn wir aus der NATO rausgehen, wer schützt uns dann? Das ist in der Tat ein Problem. Denn die USA stellen dann wirklich die größte Bedrohung für uns dar. Daraus wird gleichzeitig deutlich, dass es sich hier nicht um ein Bündnis auf Augenhöhe und zu gegenseitigem Nutzen handelt, sondern um ein erpresserisches Bündnis, das uns zu Knechten der USA und ihrer Interessen macht.

---

[13] Henry Kissinger: *Die Herausforderung Amerikas* (2002) Seite 106

Raus aus der NATO – aber wie?

Wir müssen raus aus der NATO; oder besser: **Die NATO muss raus aus Europa!** Unter Führung der USA ist sie das aggressivste Militärbündnis weltweit. Wenn wir in der NATO blieben, würden wir von den USA von einem Krieg in den nächsten getrieben. Wir hatten Serbien, dann Afghanistan, jetzt die Ukraine! Früher oder später dann der Einsatz gegen China! Die Bundesmarine übt im Südpazifik mit ihren Schiffen schon fleißig dafür.

Wenn wir aus der NATO raus wollen, können wir also nicht einfach sagen: „Wir treten jetzt aus. Punkt." Das wäre unklug und gefährlich. Erst einmal brauchen wir ausreichend starke Partner. Da reicht ein innereuropäisches Bündnis nicht aus. Warum nicht? Selbst wenn alle europäischen Staaten zusammenstünden, bekämen sie nicht das militärische und technologische Potential, um den USA auf Augenhöhe entgegentreten zu können. Davon abgesehen, eine solche europäische Einheit gegen die USA würde nie zustande kommen, weil Europa in sich viel zu sehr gespalten ist; einmal *wirtschaftlich* im Hinblick auf die Euro-Problemländer Griechenland, Italien, Frankreich u. a.; dann *kulturell* im Hinblick auf Zuwanderung und die sog. Visegrad-Staaten; vor allem aber geopolitisch – eine Spaltung, die historisch bedingt und gewachsen ist. Balten, Polen und auch Skandinavier werden nie ein *pro-Russland-contra-USA*-Bündnis mittragen. Auf so etwas zu warten, wäre vergeudete Zeit. Wir sollten erkennen, dass wir mehr gemeinsame Interessen und weniger Widersprüche zu Russland haben als zu den Polen, den Balten und den Ukrainern. Die würden uns am liebsten so schnell wie möglich in einen neuen Weltkrieg gegen Russland hineinziehen.

Wir sollten also auf ein Bündnis mit Russland hinarbeiten. Ein solches brauchen wir, wenn wir aus dem NATO-EU-System raus wollen; wenn wir statt multikulturell-amerikanisch wieder christlich-europäisch werden und nicht in einer sog. *Europäischen Union* (EU), sondern weiterhin in einem deutschen Nationalstaat leben wollen. Je mehr europäische Staaten mitmachen, desto besser. Es werden nicht alle, aber es könnten viele sein.

Solche Bündnisse müssen wir erst einmal innerhalb der NATO schließen und diese politisch spalten und so blockieren. Die EU ist das wirtschaftliche und die NATO das militärische Schwert der USA in Europa. Diese Schwerter gilt es, stumpf zu machen. Wenn eine gegen die USA gerichtete Blockbildung ausreichend stark ist, kann man auch den formalen Bruch vollziehen. Gleichzeitig mit der Entwicklung eines inneren Bündnisses muss nach außen die Allianz mit Russland geschmiedet werden. Entscheidend für den Erfolg des Prozesses ist es, in der **Bevölkerung ein NATO-Austrittsbewusstsein zu schaffen.** Wir müssen den Menschen klar machen, dass die NATO vor allem ein militärisches Instrument der USA ist, um ihre Weltmachtpolitik wirksam umzusetzen. In zweiter Linie dient sie dazu, potentielle Rivalen oder aufmüpfige Staaten wie Deutschland durch Zwangsintegration ins eigene System zu domestizieren. Darüber hinaus muss man natürlich auch auf die diversen verbrecherischen Aktivitäten der NATO in Serbien, Afghanistan etc. eingehen!

Russland vertritt im Ukraine-Krieg die traditionellen Interessen Europas, das „geographische" Europa dagegen ist amerikanisch und repräsentiert die Interessen der USA! Putin ist – für manche klingt es paradox und für einige sogar unerträglich – die letzte europäische Hoffnung! Wir sollten ihn unterstützen! Die EU stellt nicht Europa dar, sie ist eine „Filiale" des US-amerikanischen Systems!

Der staatsterroristische Anschlag der USA auf Nord Stream 1 und 2

Der Ausstieg aus dem Westen und seinem NATO-EU-System beginnt mit der Eröffnung von Nord Stream 2. **Nord Stream 2 ist mehr als eine Pipeline.** Die Pipeline ist ein geopolitisches Symbol für unsere Befreiung aus der westlichen Zwangsjacke, hinein in eine verstärkte Kooperation mit Eurasien. Die US-Amerikaner haben das von Anfang an in aller Schärfe erkannt und am 28. September gehandelt. Mit vier Explosionen haben sie die Ostsee-Pipelines zerstört – ein dreister militärischer Akt, ein direkter Angriff von einem NATO-Verbündeten – unserer Schutzmacht, die viele Deutsche immer noch für einen Freund halten! Nord Stream 2 werde nicht eröffnet, dafür werde man sorgen – so Präsident Biden schon am 7. Februar 2022 in einem Interview an die Adresse des verdutzten anwesenden Olaf Scholz.

Insbesondere *Nord Stream 2* war unser letzter Notausgang aus dem drohenden Untergang unserer Wirtschaft. Diesen Notausgang hat uns die Politmafia jenseits des Atlantiks gezielt und bewusst kaputt gemacht. Das nennt man wahre transatlantische Freundschaft! Die US-Amerikaner sind nicht unsere Freunde, sondern unsere schlimmsten Feinde.

Die Reaktion von Politik und Medien in Deutschland war bezeichnend. Jedem war klar, wer es war. Niemand, der ein Motiv für die Zerstörung dieser Pipeline hat, hat die Fähigkeit zu solch einer militärischen Aktion – außer den USA! Das ist selbst den dümmsten deutschen Politikern klar. Aber keiner wagte auch nur, einen solchen Verdacht auszusprechen oder gar das Kind beim Namen zu nennen. Welch bedauernswerte Gestalten, die da in Berlin herumkreuchen! Mit denen an der Spitze sind wir verloren!

Wenn Deutschland im Westen bleibt und sich weiter der amerikanischen NATO-Politik unterwirft, droht global nicht nur ein neuer kalter, sondern ein heißer, ein apokalyptischer Krieg. Die US-Amerikaner brauchen ihn, zumindest mittelfristig! Er ist für sie die letzte Chance, ihrem Untergang als Weltmacht noch zu entgehen!

Mit einem deutsch-russischen Bündnis würden wir die USA schwächen und uns aus ihren Fängen befreien. Zusätzlich würden wir die europäische Positionierung Russlands in Eurasien stärken und damit ein starkes Gegengewicht zur Dominanz der chinesischen Supermacht fördern. **Je amerikanischer Deutschland, desto chinesischer Russland; je europäischer Deutschland, desto europäischer Russland.**[14] Wir haben ein großes Interesse an einem europäischen Russland – im Hinblick auf Russland selbst und noch mehr im Hinblick auf Europa, das seine wahre und christliche Identität in einem ostorientierten Russland-Bündnis besser leben kann als in einem westlich-amerikanisierten EU-Europa.

---

14 Siehe meine Trilogie *Christlich-europäische Leitkultur* (2009/2020), Band 3, Seite 605.

III. Corona-Pandemie und Totalitarismus

Die medizinische Seite des Problems

Die heutige Corona-Situation ist verwirrend. Wir haben ständig neue Mutanten. Zum Teil sind sie höchst ansteckend und führen zu einem Krankenstand, wie wir ihn in der Bundesrepublik Deutschland noch nicht erlebt haben. Auf den ersten Blick ist der Krankheitsverlauf in den meisten Fällen harmlos, andererseits häufen sich die Fälle von *Long Covid* mit zum Teil schwerwiegender Symptomatik. Insgesamt sollen nach offiziellen Angaben 12 % der Erkrankten davon betroffen sein.

Offensichtlich helfen die **Massenimpfungen** nicht. Das wird immer deutlicher. Man hat sich auf die Formel geeinigt, sie würden den Krankheitsverlauf milder gestalten, aber auch das ist nirgendwo stichhaltig bewiesen. Stattdessen können dramatische Nebenwirkungen wie Herzmuskelentzündung, Schlaganfälle und anderes immer weniger unter den Teppich gekehrt werden. Mindestens zwei von 10.000 Geimpften erleiden schwerste Impfschäden bis hin zum Tod.

Besonders erwähnenswert bei schweren Impfschäden ist ein offiziell als *Post-Vac-Syndrom* bezeichnetes Krankheitsbild: Konzentrationsstörungen verschiedenen Ausmaßes, Muskelschwäche, Brustschmerzen, Atemnot. Aktivität und Leistungsvermögen der Patienten sind stark reduziert, lange Arbeitsunfähigkeitszeiten sind notwendig. Ob hier ein von Anfang an chronisches Geschehen vorliegt, kann noch nicht beurteilt werden.

Impfpräparate und Impfpflicht

Es ist mehr als auffällig, dass die massenhaft verwendeten Corona-Impfstoffe, insbesondere die auf mRNA-Basis, immer noch keine offizielle Zulassung haben, sondern nur eine Notzulassung. Liegt es daran, dass bei ordnungsgemäß zugelassenen Präparaten die Herstellerfirma für Entschädigung bei Nebenwirkungen zuständig ist, bei notzugelassenen dagegen der Staat, also der Steuerzahler? Für eine ordnungsgemäße Zulassung – dieses Argument wiegt noch schwerer – können auch die Ergebnisse von Tierversuchen nicht ohne Weiteres unter den Teppich gekehrt werden. Sollen doch bei der Testung verschiedener Corona-Impfstoffe ungewöhnlich viele Tiere zu Tode gekommen sein. Wir brauchen hier eidesstattliche Erklärungen von involvierten Wissenschaftlern.

Angesichts dieser Sachlage ist eine Impfpflicht in keiner Form zu vertreten, und es ist ein politischer Skandal, dass gerade diejenigen, die ihren Kopf in der Corona-Pandemie am meisten hinhalten mussten, nämlich die Beschäftigten im Gesundheitswesen, im Gegensatz zu allen anderen Bürgern einer Impfpflicht unterliegen und nicht selbst entscheiden dürfen, ob sie sich impfen lassen oder nicht!

Die sonstigen „Maßnahmen“ der Regierung

Auch die sog. sonstigen *Maßnahmen* wie Maskenpflicht und Kontaktreduzierung, vom Lockdown bis hin zu Ausgangssperren, haben medizinisch mutmaßlich mehr geschadet als genutzt. Das Immunsystem des Menschen braucht ständige Kommunikation mit anderen Mikroorganismen, um Abwehrmechanismen, z. B. die Bildung von Antikörpern, an jeweils neue Situationen anzupassen.

Wird diese Kommunikation durch kontaktreduzierende Maßnahmen zu stark heruntergefahren, nimmt nicht nur die aktuelle Antikörperbildung ab, sondern auch die *generelle Fähigkeit* zur Antikörperbildung. Das Immunsystem wird also insgesamt zunehmend geschwächt. Man erklärt sich damit auch das verstärkte Auftreten neuer Krankheiten, zum Beispiel einer vor kurzem in England bei Neugeborenen aufgetretenen schweren Form von Leberentzündung.

Durch extrem gehandhabte Kontaktsperren sind also zahlreiche Menschen anfälliger geworden und haben Krankheiten bekommen, die sie sonst nicht bekommen hätten. Darüber hinaus ist die spezielle Antikörperbildung gegen Coronaviren geschwächt worden. Wenn ich auf der Straße einen Corona-Patienten treffe, ihm die Hand schüttle und kurz mit ihm spreche, werde ich im Normalfall davon nicht krank, im Gegenteil: Der kurze Kontakt stimuliert meine Antikörperbildung gegen Corona-Viren und trainiert mein Immunsystem. Ich bin jetzt vor Ansteckungen besser geschützt als zuvor und werde z. B. nicht krank, wenn ich das nächste Mal einen schwerer an Corona-Erkrankten treffe und längere Zeit mit ihm beisammen bin.

Es ist also nicht so, wie diverse Pseudomediziner und Nichtärzte meinen, dass immer weniger Kontakte immer mehr Schutz vor ansteckenden Krankheiten brächten. Vielmehr kommt es darauf an, dass man nicht zu viel, aber auch nicht zu wenig Kontakt mit anderen infizierten Menschen hat. Das diesbezüglich richtige Maß haben die deutsche Regierung und ihre Experten mit ihren überzogenen und unverhältnismäßigen Kontaktreduzierungsmaßnahmen weit verfehlt und dadurch medizinisch einen gewaltigen Schaden verursacht.

Was die Masken anlangt, ist der Schaden, den sie anrichten, umso größer, je länger man sie trägt und je mehr Vorerkrankungen (vor allem Herz-Gefäß- und Lungenkrankheiten) man hat. Bei Kindern und bei psychoneurotisch Erkrankten ist auch der seelische Schaden, den sie anrichten, erheblich. Kinder und Jugendliche, deren Hirn sich noch entwickelt, brauchen besonders viel Sauerstoff. Eine Maskenpflicht für Schulkinder während des Schulunterrichts sollte für die politisch Verantwortlichen strafrechtliche Konsequenzen haben.

Woher kommt Corona: aus der Natur oder aus dem Labor?

Für die Gesamteinschätzung des Corona-Problems ist die Frage entscheidend: Ist das Virus in freier Wildbahn entstanden und die Seuche ein Naturereignis – oder stammt es aus einem Labor und ist mehr oder weniger beabsichtigt verbreitet worden? Es gibt genügend Hinweise für Letzteres.

„Gain of function“, so der Titel, unter dem solche Forschungen durchgeführt werden. Das bedeutet: Zugewinn von Funktionen.

Konkret versucht man, Viren aus dem Tierreich, die nur Tiere, aber nicht Menschen krank machen, so zu verändern, dass sie auch Menschen krank machen können. Man fragt sich, was so eine Forschung soll. Aber das System, in dem wir leben, hat für alles irgendeine rational klingende Erklärung. In diesem Fall lautet sie, man müsse ja wissen, welche Gefahren auf uns zukommen könnten und darüber hinaus: man könne so auch prophylaktisch Impfstoffe entwickeln. Man entwickelt also Impfstoffe für Krankheiten, die noch nicht da sind und die man deshalb selbst erzeugt.

Ehrlicherweise sollte man von *Biowaffenforschun*g sprechen. Das tut man aber nicht, weil man damit zugäbe, dass man permanent gegen das vereinbarte Biowaffen-Verbot von 1971 verstoßen hat. Auch die hier besonders involvierten Staaten USA und China haben dieses Abkommen unterzeichnet.

Das neue Coronavirus (SARS-CoV-2) enthält Sequenzen, die sich spezifisch im HI-(AIDS)-Virus finden. Indische Forscher haben dies schon im Januar 2020 veröffentlicht. Es gab heftigen Widerstand gegen diese Studie, aber schon bald wurde sie von weltbekannten Virologen verteidigt, allen voran dem Nobelpreisträger *Luc Montagnier,* der das AIDS-Virus dekodiert hat.

Anstatt diesem Verdacht weiter nachzugehen, hat man eine widerliche Pressekampagne gegen den berühmten Franzosen gestartet. Er ließ sich aber nicht einschüchtern, sondern machte sich zum Kronzeugen gegen Irrtümer und Lügen der politisch anerkannten Virologie.

Kurz vor einem geplanten Auftritt bei einem internationalen Tribunal zu diesem Thema ist er verstorben. Nun kann man mit 89 Jahren schon einmal plötzlich versterben. Auffallend ist jedoch der Zeitpunkt: ausgerechnet kurz vor diesem Tribunal! Wenn man weiß, wozu gewisse politische Kräfte, wenn sie etwas unbedingt durchsetzen wollen, in der Lage sind, bleibt ein übler Nachgeschmack.

Man könnte der Wahrheit auf die Sprünge helfen, wenn man z. B. Herrn Drosten, unseren allseits bekannten Berliner Virologen, vor einen Bundestagsausschuss zitierte und ihn unter Eid aussagen ließe, was er zu dem Thema wirklich wisse. Nach verschiedenen Internet-Informationen soll Drosten unter anderem schon Anfang 2020 an einer internationalen Virologen-Konferenz mit dem amerikanischen Präsidentenberater Fauci teilgenommen haben. Dort sei vereinbart worden, dass man die tatsächliche Entstehung des Virus in einem Labor vertuschen und stattdessen überall vertreten müsse, das Virus sei in Beuteltieren entstanden. Es sei zwar noch nicht klar, in welchen, aber dies herauszubekommen, sei nur eine Frage der Zeit.

Mutation der Viren

Viren sind biologische Elementarteilchen und als solche ambivalent: vermehrungsfähig (Replikation) , aber nicht selbstständig lebensfähig (kein Stoffwechsel). Sie sorgen für die Kommunikation der Zellen höherer Organismen mit den Bakterien, die sozusagen den Mutterboden des biologischen Kosmos insgesamt darstellen.

Entsprechend ihrer kommunikativen Aufgabe sind Viren extrem mutationsfreudig und mutationsfähig. Wenn wir den mikrobiellen Kosmos, in den der Mensch eingebettet ist, als ein Ganzes betrachten, verstehen wir, dass alle Veränderungen an einzelnen Elementen sich auf das Ganze auswirken. Jede Impfung bewirkt in diesem Sinn nicht nur Veränderungen im Organismus des Geimpften, sondern auch Veränderungen im mikrobiellen Kosmos insgesamt; je mehr Impfungen, desto mehr Veränderungen, desto mehr Mutationen. *mutatio* ist lateinisch und bedeutet nichts anderes als „Veränderung".

Exkurs für medizinische Fachleute

Die moderne Medizin und insbesondere die moderne Impfmedizin hat nicht verstanden, dass man Viren und auch Bakterien nicht vernichten, sondern nur mutieren kann. Das, was Medizin macht, ist nicht Eliminierung, sondern Transformation. Wenn es gut läuft, sind durch den Eingriff in den mikrobiologischen Kosmos durch Impfung, Antibiotika oder anderes die transformierten Mikroben (Mutanten) aktuell weniger schädigend als vor dem Eingriff.

Je größer der Eingriff in den mikrobiellen Kosmos (Umfang der Impfungen, Massenimpfungen), desto unüberschaubarer wird die Situation. Insbesondere kann immer weniger über mittelfristige oder gar langfristige Folgen des Eingriffs ausgesagt werden. Das heißt, durch Massenimpfungen entsteht im mikrobiellen Kosmos eine Situation, in der sich Mikroben, gegen die geimpft wird, verändern und dadurch dann ihrerseits Mutationen bei allen möglichen anderen Mikroben auslösen.

Durch Eingriffe wie Massenimpfungen können völlig neue Mikroben entstehen. Sie haben mit den ursprünglichen Mikroben, gegen die geimpft worden ist, scheinbar nichts zu tun, haben aber tatsächlich ihren Ursprung im ursprünglichen medizinischen Eingriff! Wir bekommen durch Massenimpfungen so neue Viren und Bakterien, deren Folgen und Wirkungen wir nicht annähernd voraussagen können. Dabei geht es nicht nur um Resistenzen altbekannter Mikroben, sondern um die Auslösung völlig neuer Krankheitsbilder.

Bei Bakterien wird in der modernen Medizin im Zusammenhang mit Antibiotika-Therapie und Sterilisationsmaßnahmen solches als *Hospitalismus* ansatzweise reflektiert. Insgesamt aber hat die moderne Medizin dieses Problem nicht annähernd verstanden. Sie arbeitet, insbesondere wenn sie Massenimpfungen durchführt, nicht mit der Vorstellung einer Transformation der Viren und Bakterien, sondern mit einer Vorstellung von deren Eliminierung („Eradikation"). Mit solch wissenschaftlich falscher Grundvorstellung bedrohen ihre Massenimpfungen und anderen antimikrobiellen Maßnahmen immer mehr die Volksgesundheit.

Medizinische Zauberlehrlinge unterwegs!

Mit der milliardenfachen Anwendung vor allem der mRNA-Corona-Impfpräparate haben wir artifiziell die Mikroökologie des biologischen Kosmos in einem Ausmaß verändert, wie dies in der Menschheitsgeschichte noch nicht vorgekommen sein dürfte; von der Auswirkung her allenfalls vergleichbar mit kosmischen Katastrophen (sintflutartigen Überschwemmungen, Kometeneinschlägen etc.).

Impfungen sind der stärkste Auslöser von Mutationen. Das, was wir bislang an Corona-Mutationen offiziell registriert haben, ist nur die Spitze eines Eisbergs von Mutationen, mit denen wir es in den nächsten Jahrzehnten, wenn nicht Jahrhunderten zu tun haben. Unsere sog. Wissenschaftler sind wie der Zauberlehrling in Goethes Gedicht, der den ersten Teil der Zauberformel aufgeschnappt hat, die gesamte Formel aber nicht kennt; was heißt, er kann wohl Veränderungen im Immunsystem anrichten und für eine kolossale Unordnung sorgen, aber er weiß nicht, was zu tun ist, um die Ordnung wieder herzustellen. Er wartet auf den Meister, aber der ist nicht in Sicht.

Dieses verantwortungslose Zauberlehrlingsverhalten der modernen Medizin wird am stärksten in der Anwendung des mRNA-Prinzips bei Impfstoffen offenbar. Schon immer haben Ärzte Gifte resp. Antigene in adäquat geringer Dosis eingesetzt, um die Abwehrkräfte resp. *Antikörperbildung* anzuregen. In unserem Kulturkreis hat der englische Landarzt *Edward Jenner* dieses Vorgehen methodisch systematisiert und als „*Vakzination*" in die Medizin eingeführt.[15] Das neue mRNA-Prinzip steht aber nicht in dieser Tradition, es stellt diese vielmehr völlig auf den Kopf. Denn hier wird nicht ein Gift/Antigen eingespritzt und die Bildung von Anti**körpern** angeregt, sondern die Bildung von Spike-Proteinen etc., also Anti**genen** ausgelöst. Der Körper soll also aus den zugeführten Partikeln das Gift erst entwickeln, und dadurch soll er dann sekundär zur Antikörperentwicklung angeregt werden. **Ein diabolisches Prinzip!** Warum? Weil es den Körper zum Giftproduzenten macht. Weil es aus seinem Immunsystem eine Giftmischerküche macht. Weil es die Aggression auf das Immunsystem nach innen verlagert und so im Patienten eine genuin autoaggressive Situation schafft.

Das ist so, wie wenn ich in einer belagerten Burg einen Aufstand anzettele und sage, damit rüttle ich die eigenen Soldaten wach und fördere so die Abwehrfähigkeit der Burg. Sicherlich löst man so eine Abwehrreaktion in der Burg aus. Dass das aber die Verteidigungsfähigkeit der Burg nach außen steigert, ist eher unwahrscheinlich.

---

[15] *Jenner* spritzte 1796 einigen seiner Patienten Lymphe von an *Kuh*pocken Erkrankten in die Haut und stellte fest, dass die so „Geimpften" nicht mehr an (*Menschen*)-Pocken erkrankten. Der Begriff *Vakzination* leitet sich von *vacca* ab, was lateinisch die *Kuh* bedeutet.

Durch mRNA-Impfstoffe wird also der „Burgfrieden“ im Immunsystem gestört und hier ein autoaggressives Verhaltensmuster engrammiert. Für jeden, der ein bisschen medizinisch denken kann, ist klar, dass bei so „Geimpften“ *Autoimmunkrankheiten* in großem Ausmaß zu erwarten sind!

Die moderne Medizin auf dem Weg zum Gesundheitsmonster

Die mRNA-Impfung ist noch nie bei irgendeiner Krankheit am Menschen erprobt worden; nicht einmal ausreichend Tierversuche liegen vor. Anstatt mit kleinen Gruppen anzufangen und die dann sorgfältig zu beobachten, geht man unter der Führung des Bill Gates auf die gesamte Menschheit los. Nicht einmal eine ordentliche Zulassung gibt es für diese Präparate, nur eine Notzulassung, und dennoch milliardenfache Anwendung und sogar eine gesetzliche Impfpflicht! Die hierfür Verantwortlichen müssen entweder von einem Wahn befallen oder vom Bösen besessen sein.

Wann traten die ersten auffälligen Mutationen in Erscheinung? Ende 2020 in England, als dort mit Massenimpfungen begonnen wurde! Und wo fingen die zuletzt registrierten Mutanten (BA.4 und BA.5) an? Richtig, in Portugal, dem Land mit der höchsten Impfquote in Europa! (ca. 90 %).

Natürlich gilt auch hier die Bibel: Wer Ohren hat, der höre! Aber vielen kann man erzählen, was man will. Sie wollen es nicht hören. Man nennt sie inzwischen die *„Zeugen Coronas“*. Ihr Glauben an die Impfung ist unerschütterlich: von Boosterung zu Boosterung – und am Ende nicht mehr die letzte Ölung, sondern die letzte Boosterung!

Wenn man die Dinge vom Kopf auf die Füße stellt und wieder richtig betrachtet, gefährden nicht die Ungeimpften die Geimpften, sondern die Geimpften die Ungeimpften. Denn an und in den Geimpften entwickeln sich die Mutanten, und die Geimpften sind es, die diese an die Ungeimpften weitergeben. Die Ungeimpften haben dann, zumindest zunächst, größere Probleme mit den neuen Mutanten als die Geimpften. Dieser Vorteil der Geimpften verliert sich aber schnell, von Boosterung zu Bousterung, da diese das Immunsystem zunehmend belastet und die mehrfach Geimpften dann häufiger und schwerer erkranken als die Ungeimpften.

Das hier Gesagte gilt *mit Einschränkungen* für andere Zwangsimpfungen, z. B. in Deutschland für die Masern-Impfung (seit 1. August 2022 Impfpflicht). Nachdem es den Masern-Impfstoff zumindest in Deutschland einzeln nicht gibt, sondern nur in einer Dreierkombination, hat man für Mumps und Röteln eine Zwangsimpfung gleich miteingeführt! Wenn man bedenkt, dass bei uns über Jahre hinweg weniger als 500 Menschen im Jahr an Masern erkrankt sind, ist das zumindest eine gewaltige Überreaktion. Schlimmer aber sind die 12-fach-Impfungen, mit denen die „moderne" Medizin auf das noch völlig unentwickelte Immunsystem von Säuglingen losgeht. Je mehr Massenimpfungen mit Impfpflicht, desto mehr mutiert sie zu einem globalen Gesundheitsmonster, und ihr einstiges Flaggschiff, die Impfung, wird zur tödlichen Waffe.

Von der *Corona-Grippe zu Corona-Impf-AIDS*

Vom klinischen Verlauf her kann man zwei Gruppen von Viren unterscheiden: Viren mit primär akuter Wirkung, zum Beispiel die üblichen Grippeviren – und solche mit primär chronischer Wirkung, bei denen man die Erstinfektion kaum oder gar nicht bemerkt, die aber mittel- und langfristig zu schweren Krankheiten führen können, zum Beispiel Hepatitis C- oder HI-(AIDS)-Viren. Auch wenn von Anfang an eine gewisse Neurotropie[16] vor allem in Hinblick auf den Riechnerv auffiel und es in Einzelfällen auch zu schweren spezifischen Organveränderungen an der Lunge kam, schienen sich die Coronaviren vom Grundverhalten her eher wie übliche Grippeviren zu verhalten.

Mit Beginn der Massenimpfungen im Dezember 2020 ist auch hier ein gewisser Wandel zu registrieren. Die Erstinfektion, siehe z. B. die Omicron-Variante, verläuft in der Regel harmlos. Danach aber treten – oft sogar mit deutlichem Abstand – vermehrt Symptome

---

16 *Neurotropie* = von einer Infektion ist vor allem das Nervensystem betroffen;

auf wie starke Müdigkeit, Konzentrations- und Gedächtnisprobleme, Brustschmerzen und anderes. Man spricht bekanntlich vom Long Covid-Syndrom und, wenn es nach Impfungen (ohne positiven PCR-Test) auftritt, von einem Post-Vac-Syndrom. Dieser Wandel im Verhalten des Virus von einem mehr Grippe-typischen zu einem mehr HIV-typischen Verhalten kann durch Mutation der Viren wie auch durch Schwächung des Immunsystems bedingt sein oder auch durch beides. Dies ist nicht ausreichend geklärt, aber in beiden Fällen sind die durchgeführten Massenimpfungen in erheblichen Maße zumindest mitursächlich.

AIDS-Viren führen zu schwerer Immunschädigung mit schweren Folgeerkrankungen. Auch im Hinblick auf Long Covid wäre es wichtig zu wissen, wie HI-Sequenzen in das Coronavirus gekommen sind und wie weit dies eine spezifisch klinische Auswirkung hat. Noch wichtiger: Steckt hinter diesen labormäßigen Veränderungen an Viren nur ein planloses Herumexperimentieren von Laboridioten oder verbirgt sich dahinter womöglich ein genozidales Verbrechen von ungeheurer Tragweite?

Wissenschaftliche Nachweisprobleme

Auch das Coronavirus greift das gesamte Immunsystem an und schwächt es. Es kann so aktuell vorhandene Krankheiten verstärken. Es kann auch bislang nur latent vorhandene Krankheiten zum Ausbruch bringen und schließlich kann es, wenn es virulent genug ist, auch vorher weitgehend gesunde Menschen sehr krank machen. Schon im Einzelfall ist schwer zu entscheiden, ob Disposition und Vorerkrankung oder der Virus-Effekt selbst der entscheidende Krankheitsfaktor ist. Noch schwerer ist das zu beurteilen, wenn es um den Effekt eines Virus auf ein größeres Kollektiv insgesamt geht. Hierzu benötigt man Statistiken. Bei denen sollte man sich auf unstrittige Parameter konzentrieren.

Man kann darüber streiten, ob jemand, der nach einem Schlaganfall gestorben und vorher positiv auf Corona getestet worden ist, an Corona verstorben ist oder nicht. Man kann aber nicht darüber streiten, ob er noch lebt oder tot ist.

Man kann auch jemandem, der wegen einer Corona-Erkrankung im Krankenhaus liegt, erzählen, ohne Impfung wäre er jetzt auf der Intensivstation; und wenn er auf der Intensivstation liegt, dass er ohne Impfung schon tot wäre.

Man kann auch darüber streiten, ob jemand, der eine Woche nach einer Impfung einen Schlaganfall erleidet und daran stirbt, an der Impfung gestorben ist oder auch ohne Impfung gestorben wäre. „Beweisen“ kann man weder das eine noch das andere! Aber ob jemand geimpft ist oder nicht, das kann man in der Regel beweisen!

Sterblichkeit bzw. Übersterblichkeit sowie Impfstatus sind unstrittige Parameter und machen eine Statistik, die auf ihnen fußt, brauchbar. Leider haben wir nur wenige solcher Statistiken, die meisten basieren auf vagen Hypothesen.

Besonders deutlich wurde das, als Kretschmann, Söder und andere Skandalpolitiker eine Hetzkampagne gegen Ungeimpfte starteten: Diese seien schuld an der anhaltenden Ausbreitung der Seuche, und Corona sei nur noch eine „Pandemie der Ungeimpften“. Dabei hatten diese Politiker keinerlei statistische Belege, und der Chef der intensivmedizinischen Ärztegesellschaft musste ihnen schließlich erklären, dass selbst auf Intensivstationen der Impfstatus bei der Mehrheit der Patienten nicht erfasst worden sei.

Zur Erfassung des Schadens und der Gefährlichkeit der Corona-Erkrankung ist deshalb der Vergleich der Gesamtsterblichkeit, die sog. Übersterblichkeit, entscheidend. Um das Ausmaß der Impfschäden zu beurteilen, brauchen wir bei allen Verstorbenen den Impfstatus. Wenn wir dann Impfquote und Gesamtsterblichkeit verschiedener Kollektive über eine bestimmte Zeit vergleichen, bekommen wir brauchbare Ergebnisse.

Die Corona-Pandemie hat die Schwächen und Mängel unserer Wissenschaft und Medizin in erschreckender Weise offengelegt, sowohl im Hinblick auf Mikrobiologie (Virologie) und medizinische Statistik als auch auf Klinik und Therapie – eine Medizin, die nicht mehr von Ärzten und ärztlichem Denken, sondern von Theoretikern und Datensammlern ohne eigene therapeutische Erfahrung – Prototyp Karl Lauterbach – geprägt und bestimmt ist. Mehr oder weniger konfus werden alle möglichen Daten produziert und so ein Wirrwarr von vermeintlichen Fakten geschaffen, in dem jeder einen scheinbar wissenschaftlichen Beleg für seine eigene Meinung finden kann. Die Politik hat dann genügend Spielraum zu entscheiden, welche Daten und Daten-Produzenten sie als „wissenschaftlich" akzeptiert und welche sie als „unwissenschaftlich" oder gar „verschwörungstheoretisch" ausmustert.

Das Ergebnis dieser Politik

Für das erste Pandemie-Jahr 2020 haben wir altersbereinigt gegenüber den Vorjahren keine Übersterblichkeit, das heißt, die Covid-Krankheit war allem Anschein nach zunächst nicht gefährlicher als frühere Grippeepidemien.

Im Jahr 2021 haben wir aber eine deutliche Übersterblichkeit, und im Jahr 2022 (bis September) fällt sie noch deutlicher aus. Deutschland liegt zusammen mit Spanien, Portugal, Griechenland und Italien mit über 15 % Übersterblichkeit an der Spitze der europäischen Statistik! Der entscheidende Unterschied zwischen 2020 (noch ohne Übersterblichkeit) und den beiden Folgejahren (mit deutlicher Übersterblichkeit) besteht offensichtlich darin, dass wir im ersten Fall eine völlig ungeimpfte, im zweiten Fall eine zu 75 % mehrfach geimpfte Bevölkerung hatten! Es ist jetzt an den Impfbefürwortern, zu beweisen, dass die Verschlechterung der Gesamtsituation nicht an ihren Impfungen lag.[17]

Schauen wir uns jetzt die Corona-Inzidenzen einmal an! Im Juli 2022 war sie doppelt so hoch wie im Juli 2021! Im Sommer finden solche Epidemien im Allgemeinen überhaupt nicht statt, jetzt füh-

---

[17] Einige meinen, der Unterschied der Sterblichkeit könnte auch durch Maskenpflicht und sonstige Corona-Maßnahmen bedingt sein. Diese haben aber nicht nur eine negative Wirkung, sondern auch eine gewisse positive Schutzwirkung, gerade bei immunschwachen Patienten, auch wenn diese Wirkung deutlich geringer sein dürfte, als offiziell angenommen. Vor allem aber wirken diese Maßnahmen unspezifisch, also nicht annähend so einschneidend wie Impfungen, so dass sich dadurch vielleicht die Krankheitshäufigkeit, aber nicht die Sterberate nennenswert erhöht haben dürfte.

ren sie, im Juni und Juli 2022, zu massenhafter Arbeitsunfähigkeit und zur Lahmlegung ganzer Betriebe – auch das offensichtlich eine Folge des Immun-Chaos, das unsere staatlichen Impfterroristen angerichtet haben!

Schauen wir uns unter diesem Gesichtspunkt die 3G- oder, noch schlimmer, die 2G-Regelung der Regierung an! Hier wird unterstellt, dass Genesene und Geimpfte nicht ansteckend seien. Für Genesene stimmt das bedingt, für Geimpfte überhaupt nicht. Durch diese Maßnahmen wird zum einen das Virus durch Geimpfte zusätzlich verbreitet, zum anderen werden Nichtgeimpfte in strafrechtlich relevanter Weise diskriminiert.

Nach jetzt fast drei Jahren Pandemie können und müssen wir von einem Totalversagen von Politik und Wissenschaft sprechen. Hinzu kommen ständig neue Einschätzungen, bezüglich der Maske, bezüglich der Impfwirkung, bezüglich der Impfpflicht, bezüglich der Boosterung, bezüglich der Quarantänezeit, bezüglich der Dauer des Genesenenstatus usw. Anstatt zuzugeben, dass man letztlich keine Ahnung hat und im Heuhaufen herumstochert und eine Nadel sucht, verkauft man das Ganze auch noch als „lernende Wissenschaft"!

Auch wirtschaftlich, psychologisch und moralisch haben die sog. Maßnahmen der deutschen Regierung negativ gewirkt, und politisch bedeuten sie mehr als nur ein Totalversagen. In erschreckender Weise wurde deutlich, wie viel staatlicher Polizei- und Justiz-Terror in diesem System steckt und möglich ist! Dass dennoch eine allgemeine Impfpflicht verhindert werden konnte, ist ein großartiger Erfolg der Protestdemonstrationen, an denen sich Hunderttausende Bürger beteiligt haben. Dies lässt für die Zukunft hoffen!

Die politische Seite des Corona-Problems

Zum Corona Problem gibt es wie immer und überall zwei grundsätzliche politische Positionen. Die erste, die Mainstream-Position, geht davon aus, dass alles so ist, wie es offiziell dargestellt wurde: Corona ein Naturereignis bzw. eine Naturkatastrophe, die über die Menschheit hereingebrochen ist. Die Politik wurde überrascht, war zunächst hilflos, reagierte dann zum Teil überzogen und unverhältnismäßig, zum Teil auch unsinnig. Aber insgesamt hat man das Ganze einigermaßen über die Bühne gekriegt, und jetzt müssen wir sehen, wie es weitergeht.

Die zweite Einstellung, vom Mainstream als Querdenkerszene verfemt, geht davon aus, dass Corona medizinisch ein Fake ist und künstlich hochgespielt wird, um politische Unterdrückung mit scheinbar medizinischen Gründen durch- und umsetzen zu können. Gesteuert würde das Ganze durch globalistische Eliten, insbesondere verschiedene Milliardäre wie Bill Gates, George Soros und andere, denen es um den globalen Erhalt ihrer Privilegien und ihres Megareichtums gehe. Mit abstrusen Ideen und gigantischer Technokratie würden sie weltweit Experimente inszenieren, die das Wohlergehen und die Existenz von Milliarden Menschen aufs Spiel setzten. Neben Bevölkerungsaustausch, Farbrevolutionen, Wirtschaftssanktionen etc. gehöre zu ihrer Strategie auch die Inszenierung von Pandemien, und mit Corona sei ihnen hier ein erster großer Coup gelungen.

Diese Position ist grundsätzlich richtig, vernachlässigt aber einige wichtige Aspekte, weshalb sie die Mainstream-Position bislang noch nicht überwinden konnte. Es geht um die tatsächliche medizinische Gefahr bei Corona. Die Querdenkerszene kritisiert vor allem den Alarmismus der offiziellen Propaganda, die falschen Zahlen, die Panikmache durch Darstellung dramatischer Einzelfälle usw. Diese Kritik, im Wesentlichen auf Beschwichtigung der medizinischen Gefahr ausgerichtet, versucht, Corona als Virus hinzustellen, das sich nicht wesentlich von anderen Grippeviren unterscheiden würde. Auch in der AfD gab es Politiker, die bar jeder Ahnung ankündigten, der Pandemiezauber sei in wenigen Monaten vergessen. Solche Beschwichtigungstiraden sind falsch. Sie stoßen bei Tausenden von Menschen, die selbst oder in ihrem Umfeld schwerste Verläufe der Pandemie mitbekommen haben, auf totales Unverständnis, und das zu Recht! Corona ist keines der üblichen Grippeviren. Corona ist ein Designer-Virus, entstanden in US-amerikanischen und chinesischen Biowaffenlaboren und letztlich ein Produkt der Biowaffenforschung! Deshalb ist Covid keine normale Grippewelle, sondern ein **Biowaffenangriff globalistischer Elemente** gegen die Weltbevölkerung.

Wir können diese Elemente nicht präzise benennen, denn sie haben genügend finanzielle Mittel, um ihr Vorgehen zu camouflieren – und natürlich sind sie nicht so dumm, sich selbst zu outen. Wir können aber das Umfeld, aus dem dieser Biowaffenangriff kommt, beschreiben und den Täterkreis eingrenzen, und dies ist ausreichend und vielfach glaubwürdig im Netz geschehen. Der große Skandal ist nicht, diesen Verdacht zu formulieren. Der große Skandal ist, diesem Verdacht nicht nachzugehen, ihn zu unterdrücken und die, die ihn vortragen, als Verschwörungsidioten zu diffamieren.

Wir wissen, dass gewisse globale Think Tanks wie der *Club of Rome* oder das World Economic Forum (WEF) seit den 1970er Jahren vor einer dramatischen Übervölkerung der Erde warnen und Gegenmaßnahmen anmahnen. Wir haben auch von Manipulationen an Tetanusimpfstoffen in Kenia erfahren: Mit beigefügten Hormonstoffen (HCG) wurden die geimpften Frauen zumindest zeitweise unfruchtbar gemacht. Die *Gates Foundation* soll verantwortlich gewesen sein.

Wer Menschen über Impfstoffe sterilisiert, um die Überbevölkerung zu reduzieren, dem kann man in dieser Hinsicht auch noch mehr zutrauen; und wenn die *Tagesschau* dann mitteilt, dass die durchschnittliche Lebenserwartung durch Corona global von 73 auf 71 Jahre gefallen sei, dann entspricht dies ja genau dem Ziel der globalistischen Dezimierungsstrategen.

Auf jeden Fall werden durch Corona-Infektionen viele Menschen dauerhaft krank gemacht, und dieser Effekt wird durch die Impfungen nicht reduziert, sondern potenziert. Wer dem widerspricht, muss erst einmal große Statistiken offerieren, in denen die Gesamtsterblichkeit in Corona-geimpften Kollektiven über einen größeren Zeitraum deutlich geringer ist als in ungeimpften.

Solche Statistiken gibt es bislang nicht, und es wird sie auch nicht geben. Vielmehr wird sich herausstellen: Je mehr geboostert wird, desto mehr wird die Gesamtsterblichkeit in geimpften Kollektiven gegenüber der in ungeimpften anwachsen.

Aus der Sicht von Leuten, die eine globale Herrschaft errichten wollen, kommt es natürlich nicht nur auf eine Dezimierung bzw. Reduzierung der Weltbevölkerung an. Es geht auch darum, dass kranke und sieche Menschen nicht mehr in der Lage sind, sich gegen die Enteignung ihrer Persönlichkeit und die Errichtung einer globalen Diktatur zur Wehr zu setzen.

Über die konkreten Auswirkungen von Corona-Impfungen hinaus versetzt die Einführung einer Impfpflicht globale Herrscher in die Lage, unbegrenzt und direkt in den Organismus ihrer Untertanen einzugreifen und diese nach Belieben genetisch und anderweitig zu manipulieren. In diesem Sinn ist schon die Einführung der Masern-Impfpflicht und noch mehr die einrichtungsbezogene Corona-Impfpflicht im Gesundheitswesen eine Dammbruch, der mit allen politischen Mitteln rückgängig gemacht werden muss!

Nicht nur die Einführung einer Impfpflicht – die gesamte Corona-Politik war im Hinblick auf demokratische Gepflogenheiten ein Tabubruch und, politisch analysiert, ein Katalysator, einen vorwiegend demokratischen Rechtsstaat in ein politisch totalitäres System im Standby-Modus zu transformieren. Standby-Modus bedeutet eine Diktatur, die sozusagen chirurgisch präzis arbeitet und nur in wenigen Einzelsituationen, sozusagen notwendigen Ausnahmen, in Erscheinung tritt.

Schon Anfang 2020 war nach wenigen Wochen klar, dass Corona mehr ein politisches als ein medizinisches Problem ist. Systematisch gingen politische Klasse und ihre Medien daran, die Gesellschaft zu polarisieren und zu spalten: „Leugner, Ketzer, Covidioten – die Bösen!“ Auf der anderen Seite „die Guten: vernünftig, kooperativ, solidarisch“ – die neue Volksgemeinschaft der *Zeugen Coronas*!

Gleichschaltung und Terror

Etwa die Hälfte der Bevölkerung in Deutschland fügte sich bereitwillig den von der Regierung angeordneten Maßnahmen, vom Lockdown bis zu den Ausgangssperren – ganz im Sinne von RKI-Chef Wieler, der sagte: „Die Maßnahmen dürfen nicht hinterfragt werden“. Eine Hinterfragung hätten die meisten von ihnen auch nicht ausgehalten!

Es gab auch genügend Bürger, denen die Maßnahmen noch zu lasch waren, die förmlich lechzten nach noch mehr Regulierung und noch mehr Einschränkungen – mitleiderregende Gestalten, die sich auch nicht daran stören, wenn bei System-missliebigen Richtern und sogar bei von diesen beauftragten Gutachtern Hausdurchsuchungen durchgeführt wurden! So konnte das System in die Vollen gehen, und Kretschmann, Söder und Co. konnten ungeniert die totalitäre Sau rauslassen: Razzien bei Kindergeburtstagen, Androhung von Kindesentzug, wenn die positiv getesteten Kleinen nicht mit Maske ganztags im Kinderzimmer isoliert wurden usw. Die DDR lässt grüßen!

Experten, die nur leise Zweifel an der von der Regierung verordneten Sichtweise hegten, wurden kaltgestellt; so der Virologe **Alexander Kekulé** an der Universität Halle. Man begründete das natürlich nicht mit seinen geäußerten Zweifeln. Wir haben in unserer Demokratie ja schließlich Meinungs- und Wissenschaftsfreiheit! Nein, die Universitätsleitung hatte festgestellt, dass er zu wenige Vorlesungen hielt und deswegen entlassen werden sollte.

Noch schlimmer der Fall des **Julian Reiche**lt, vormals Chefredakteur der Bild-Zeitung. Er erdreistete sich, sich für die im Zusammenhang mit Corona gelieferten Fake News zu entschuldigen; und dies nicht nur für die eigene Zeitung, sondern für die übrigen Kollegen seiner Medienzunft gleich mit. So etwas geht natürlich gar nicht. Er wurde gefeuert, und auch hier wieder eine Scheinbegründung: Er habe sexuelle Beziehungen zu Verlagsangestellten gehabt?! Der ganz normale Alltag in deutschen Betrieben reicht plötzlich für die Kündigung eines Chefredakteurs!

Die Opposition gegen die Corona-Politik wurde zunehmend kriminalisiert, der krasseste Fall der des **Michael Ballweg**, des Hauptorganisators der großen Querdenker-Demonstrationen! Schon der Vorwurf, er habe von den eingesammelten Spenden privat Geld für sich abgezweigt, ist bislang nicht belegt. Seine Festnahme in unbegrenzte Untersuchungshaft aber ist ein Justizskandal, der noch nach einer strafrechtlichen Verarbeitung gegenüber den verantwortlichen Polizeibehörden und Richtern verlangt.

Das Gleiche gilt, wenn Demonstranten, die in einem Abstand von mehr als 100 m am Haus des Stuttgarter Ministerpräsidenten

Kretschmann demonstrierten, zu Geldstrafen bis zu 30.000 € verurteilt wurden! Und noch mehr gilt dies für Maßnahmen und Urteile gegen Demonstranten, die bei ihren „Spaziergängen" von der Polizei eingekesselt und dann festgenommen wurden.

Die meisten von der Regierung durchgeführten Corona-Maßnahmen waren nicht sinnvoll und deshalb auch nicht notwendig. Dies betrifft aber nicht die Maskenpflicht in bestimmten Innenräumen, z. B. im öffentlichen Nahverkehr. Die Corona-Opposition tut sich keinen Gefallen, wenn sie ihrerseits das Thema ideologisiert und Masken generell verteufelt. Jeder Arzt ist von Beginn seiner Tätigkeit an mit Masken vertraut und weiß, wann und wo sie sinnvoll sind. Aber man muss nicht Arzt sein, um das zu verstehen.

Was nicht geht, ist eine Impfpflicht. Was nicht geht, sind G2- und G3-Regeln. Was nicht geht, sind Verbote von politischen Kundgebungen und Demonstrationen. Darauf müssen wir uns konzentrieren! Schauen wir auf die Bundestagswahl 2021 zurück: Allein die Einschränkungen der Versammlungs- und Demonstrationsfreiheit im Wahlkampf sollten für eine Annullierung dieser Wahlen ausreichen. Auf noch schwerwiegendere Gründe, die eine Neuwahl notwendig machen, kommen wir noch zu sprechen.

Zu Recht fürchtet die Regierung den Aufruhr der Bürger, wenn diese demnächst in kalten Wohnungen sitzen und nicht mehr genügend Geld haben, um sich Lebensmittel zu kaufen. Als wichtigste Maßnahme gegen kalte Wohnungen und Lebensmittelknappheit wird sie dann die Polizei gegen demonstrierende Bürger einsetzen und versuchen, die „Aufstände" niederzuschlagen, wie Frau Baerbock schon angekündigt hat. Sogar Bundeswehreinsätze sind geplant, ein Inlandskommando unter dem Afghanistan-Brigadegeneral Carsten Breuer ist schon eingerichtet.

Mutmaßlich werden diese Einsätze dann nicht politisch begründet, weil wir ja in einer Demokratie leben. Man wird sie „medizinisch-wissenschaftlich" begründen und als Maßnahme gegen Corona verkaufen.

Politisch ging es den Hintergrund-Regisseuren des Systems vor allem darum, mit den Corona-Maßnahmen die Bürger an totalitäres Staatsverhalten zu gewöhnen und so Diktatur „einzuüben". Darüber hinaus bot sich dem System die Chance, auch das zivilreligiöse Verhalten seiner Bürger zu fördern.

> „Jede Religion braucht kultische Rituale. Bislang erschöpften sich die Rituale rot-grüner Staatsreligion im Erinnerungskult, bei dem jeden Monat der Befreiung irgendeines Konzentrationslagers gedacht wurde. Im Hinblick auf kultische Rituale bedeutet Corona nun einen echten Quantensprung. Wenn man heute z. B. in eine katholische Kirche geht, sieht man erst einmal statt des Weihwasserkessels einen Behälter mit einem Antiseptikum. Die Sitzordnung in der Kirche entspricht streng den Corona-Abstandsregeln, Maskenpflicht der Gläubigen ist selbstverständlich. Diese preisen nicht mehr singend ihren Gott, sondern verstummen zu Ehren des neuen Corona-Gottes. Die Priester predigen allenfalls nebenbei das Wort Gottes. Vor allem predigen sie die Notwendigkeit der Impfung – und der Höhepunkt: Die Gläubigen können sich jetzt direkt in der Kirche impfen lassen: Kirchen als Impftempel, die Impfung als neue Kommunion, und die Gemeinschaft der Gläubigen wird zur Gemeinschaft der Geimpften – wow!"[18]

[18] Zitat aus meiner sog. *Corona-Weihnachtsbotschaft* vom 19.12. 2021, die insgesamt als Text oder Videofilm oder Audio-Datei von meinem Telegram-Kanal oder meiner Website heruntergeladen werden kann: *www.wolfgang-gedeon.de* Siehe hierzu auch mein Buch *Corona, Crash und Bürgerkrieg – auf dem Weg in eine globale Diktatur* (November 2020)

IV. Inflation, Wirtschaftskrise und EU

Mit ihrer antirussischen Sanktionierungspolitik treibt uns die Ampelregierung auf Geheiß ihrer amerikanischen Auftraggeber in eine Wirtschaftskrise, wie wir sie zuletzt allenfalls nach dem Ersten und nach dem Zweiten Weltkrieg erlebt haben dürften.

Die Wirtschaft sollte für die Menschen da sein. Im sog. Westen ist das umgekehrt, da sind die Menschen für die Wirtschaft da, und noch schlimmer: Hier gründet politische von Anfang an auf wirtschaftlicher Macht. Politische Macht ist sozusagen transformierte Wirtschaftsmacht. Das gilt nicht nur national für die USA, sondern für deren gesamtes westliches Imperium.

Deutschland spiegelt diese Situation vollständig wider. Seine geopolitische Bedeutung bezieht es zu 90 % aus seiner enormen und dominierenden Wirtschaftskraft. Bricht diese zusammen, hat Deutschland geopolitisch keine größere Bedeutung als Italien oder Polen.

Auf den ersten Blick sieht die Vernichtung der eigenen Wirtschaft wie ein Selbstmord der Deutschen aus. Tatsächlich aber ist es ein wirtschaftlicher Vernichtungskrieg, den die USA gegen uns führen. Denn spätestens mit Installierung der sog. Ampel ist die deutsche Regierung zu einer **Marionettenregierung der USA** verkommen. Im imperialistisch-globalistisch entfesselten US-System gelten die früheren Regierungschefs Schröder und sogar Frau Merkel als Dissidenten! Der Hauptvorwurf an die beiden: Sie hätten Deutschland über vereinbarte Gaslieferungen in eine geopolitische Abhängigkeit von Russland hineinmanövriert, und abhängig darf und soll man im westlichen Bündnis eben nur von den USA sein.

Jedes Geschäft bedingt eine gewisse gegenseitige Abhängigkeit der Geschäftspartner. Die einen brauchen die Ware, die anderen das Geld. Im Vergleich zur Abhängigkeit von den USA ist die gegenseitige Abhängigkeit Deutschlands und Russlands gering, zumal Russland auch dringend das Geld benötigt, womit wir bezahlen.

Der Wirtschaftskrieg der USA gegen Deutschland

Die USA haben seit der Wiedervereinigung die (berechtigte) Angst, wir könnten uns aus dem Vasallenstatus von ihnen lösen und zunehmend zum wirtschaftlichen und sogar geopolitischen Rivalen für sie werden. So gingen sie daran, nach und nach erst einmal einen Wirtschaftskrieg gegen uns zu führen, der Anfang des Jahrtausends mit Attacken aus dem Hintergrund gegen **Siemens** begann. Es ging um Schmiergeldzahlungen bei Auslandsinvestitionen, wie sie im internationalen Geschäft notwendig und üblich sind, wenn man einen Auftrag erhalten will. Wenn die Deutschen dann aber erfolgreicher schmieren als sie selbst, werden unsere Yankees sauer. *Quod licet Iovi, non licet bovi.*[19] Siemens-Manager kamen sogar ins Gefängnis.

Es ging dann 2008 weiter gegen die **Deutsche Bank**, und hier um die sog. *Subprime-Finanzkrise*, die durch massenhaft geplatzte Immobilienkredite in den USA ausgelöst wurde. Hauptakteure waren amerikanische Banken, die allerdings nach der Krise noch dicker und fetter waren als vorher. Die Tochter der Deutschen Bank dagegen, die eher als Mitläufer in diesem üblen Bankentreiben agierte, wurde zum großen Sündenbock gemacht. In den USA zu gigantischen „Strafzahlungen" verurteilt, demontierte man sie von einer Weltbank zu einer Provinzbank!

Danach richtete sich der Angriff der USA im Wirtschaftskrieg gegen das dritte Flaggschiff unserer Industrie, die **Autohersteller.** Auch jetzt sagt man nicht: „Wir müssen da eine hässliche deutsche Konkurrenz ausschalten und dafür sorgen, dass Deutschland wirtschaftlich nicht immer mächtiger wird" – nein. Scheinheilig fair und korrekt, wie man nun mal ist, findet man immer wieder etwas, was man skandalisieren kann, um deutsche Firmen zu kriminalisie-

[19] „Was dem Jupiter erlaubt ist, ist dem Ochsen noch lange nicht erlaubt"; soll heißen: Die Mächtigen (USA) brauchen sich nicht an Gesetze zu halten, die für die weniger Mächtigen (Deutschland, Siemens) gelten!

ren und durch Strafzahlungen zu ruinieren. Bei den Autobauern sind es jetzt nicht Bestechungsgelder im Ausland oder geplatzte Kreditgeschäfte, sondern vergleichsweise lächerliche Software-Manipulationen, derentwegen niemand ernsthaften Schaden erlitten hat. Im Vergleich dazu sind etwa zeitgleich durch voraussehbare Abstürze der Boeing 737 MAX über 300 Menschen zu Tode gekommen, was von den westlichen Medien nicht annähernd im gleichen Maß angeprangert und von den amerikanischen Behörden und Gerichten nicht annähernd im gleichen Maß straf- und zivilrechtlich geahndet wurde wie der sog. Software-Skandal von VW. Auch hier wanderten deutsche Automanager in den USA ins Gefängnis! Das ist tatsächlich ein Skandal!

Sanktionen gegen Russland – das Berliner Selbstmord-Kommando in Aktion!

Mit den von ihnen angeordneten Sanktionen gegen Russland eröffneten die USA nun den totalen Wirtschaftskrieg gegen Deutschland. Zwar sagte Scholz, es werde keine Sanktionen geben, die uns mehr träfen als die Russen – wobei es schon grotesk ist, bei durchzuführenden Sanktionen überhaupt einen erheblichen Schaden für sich selbst einzuplanen! Er sollte nur nicht größer sein als der der Russen. Aber es kommt wohl noch schlimmer. Schon jetzt ist absehbar, dass die deutsche Wirtschaft durch deutsche Sanktionen mehr geschädigt wird als die russische und dass sogar, wie führende Manager sagen, eine „Kernschmelze“ der deutschen Wirtschaft möglich sei. Da muss man doch wahnsinnig sein, wenn man bei solchen Gefahren Sanktionen durchführt!

Der Rubel ist derzeit stabiler denn je, der Euro dagegen massiv abgefallen und liegt derzeit unter dem US-Dollar und deutlich unter dem Schweizer Franken – ein Allzeit-Tief! Auch der DAX ist erheblich gefallen: von 16.000 (November 21) auf 12.000 (September 22). Während die Russen sicher sein können, dass sie im Winter nicht in kalten Wohnungen sitzen, plant unsere Regierung **öffentliche Wärmestuben**!

Frieren im Winter ist nicht das einzige und wahrscheinlich nicht einmal das schlimmste Problem, das uns diese erbärmlichen Regierungsgestalten in Berlin zumuten: Durch das fehlende Gas wird die Inflation in Höhen getrieben, die nicht nur zahllose Privatexistenzen, sondern auch zahlreiche Wirtschaftsbetriebe ruinieren werden. Zur Inflation kommen also Firmenzusammenbrüche und in deren Folge der massenhafte Verlust von Arbeitsplätzen.

Dies alles wäre einfach zu lösen gewesen. Man hätte nur *Nord Stream 2* öffnen müssen. Stattdessen erzählte man uns täglich, Putin würde mit fadenscheinigen technischen Begründungen die Gaslieferungen herunterfahren und über *Nord Stream 1* jetzt nur noch 20 % des bestellten Gases liefern. Putin bot aber gleichzeitig an, das über *Nord Stream 1* nicht lieferbare Gas über die betriebsbereite Pipeline Nord Stream 2 zu liefern. Das aber lehnte die deutsche Regierung ab, weil es die amerikanische Regierung nicht erlaubte.

Inzwischen haben anglo-amerikanische Geheimdienste beide Pipelines gesprengt, woraus ersichtlich wird, dass nicht Putin, der bis zuletzt zu liefern bereit war, sondern die USA **Gas und Energie als Waffe** einsetzen – bis hin zu Terroranschlägen auf Infrastrukturen der eigenen Verbündeten!

Schauen wir uns einmal die Staaten an, die jetzt nach den Vorstellungen unserer Ampel das russische Gas ersetzen sollen: Katar und Aserbaidschan sind die Favoriten, beide ausgesprochene Hochburgen der sog. Menschenrechte; und dann natürlich die USA selbst, die sich nicht schämen, die bei uns von ihnen verordnete Erdgaslücke mit ihrem dreckigen Fracking-Gas zu ersetzen, das mindestens fünfmal so teuer ist wie das russische Gas – ein glänzendes Geschäft für die Amis! Wenn das nicht Freundschaft ist, wahre amerikanische Freundschaft, für die wir doch jederzeit bereit sind, unseren dummen deutschen Kopf hinzuhalten.

Über Globalisierung und EU

Was heißt hier überhaupt „Abhängigkeit“? Die wie wahnsinnig vorangetriebene Globalisierung der letzten 30 Jahre ist ein System totaler gegenseitiger Abhängigkeit. Ein Produkt hat beispielsweise vier Komponenten: Komponente A kommt aus Norwegen, Komponente B aus Rumänien, Komponente C aus Chile, und Komponente D aus Hongkong. Wenn nur eine Komponente fehlt, kann das ganze Produkt nicht gefertigt werden. In diesem System kann ein querstehendes Schiff im Suezkanal die Weltwirtschaft ins Wanken bringen. Wie bei einem Kartenhaus fällt dann, wenn man eine Karte herausnimmt, alles zusammen. Was für ein System! Nur damit man für ein T-Shirt dann nicht 10 €, sondern nur 1 € zahlt? Von der Ausbeutung der Dritten Welt reden wir gar nicht.

Eine EU-Kommissarin hat vor kurzem gesagt, der Wohlstand Europas basiere zu einem Drittel auf billigem russischen Erdgas, zu einem weiteren Drittel auf billiger chinesischer Arbeit und zu einem letzten Drittel auf hochsubventionierter taiwanesischer Halbleitertechnik – eine für eine EU-Kommissarin erstaunlich gute Analyse!

Es ist an der Zeit, die **Grundlagen der wirtschaftlichen Globalisierung** zu hinterfragen, und es scheint der Zeitpunkt gekommen, wo dies möglich ist. Vor 30 Jahren fing alles an. Zum größten Feind wurde, zunächst wirtschaftlich, dann universal, der *Nationalismus* gemacht. Inzwischen dämmert es immer mehr Menschen, dass eine ganze Menge an Nationalismus notwendig ist, zumindest in der Energieversorgung, damit das Ganze funktioniert. Eine gewisse **Autarkie** – für moderne Ökonomen ein ganz hässliches Wort – ist hier unabdingbar.

Was die EU anlangt, so kann man nicht mehr von „Abhängigkeit", sondern nur noch von einem *Diktat* sprechen. Fast 90 % unserer Gesetze werden jetzt nicht mehr in Berlin, sondern in Brüssel beschlossen. Nationale Parlamente werden entsouveränisiert und verkommen zu bloßen Ausführungsorganen Brüssels.

Der Euro und die EZB

Das wichtigste Einigungsinstrument – wir könnten auch Zwangsjacke sagen – ist für die EU die gemeinsame Währung, der Euro. Wirtschaftlich ist dabei das Problem, dass er von Anfang an für die Südländer zu hart und für die Nordländer, vor allem für Deutschland zu weich war. Nachdem Deutschland kein Vetorecht im EZB-Rat hat, bestimmen die Weichwährungsländer die Währungspolitik der *Europäischen Zentralbank* (EZB).

2022 hatten von den 27 EU-Staaten 19 den Euro als Währung. Bei wesentlichen geldpolitischen Abstimmungen in der EZB stand der Vertreter der Deutschen Bundesbank immer wieder allein da. Abstimmungen endeten häufig mit 1 zu 18, günstigstenfalls mit 4 zu 15, wenn Holland, Österreich und Finnland mitstimmten. Die Netto-Empfänger von EU-Geldern bestimmen also die Geldpolitik der EU, die Netto-Geber dagegen, allen voran Deutschland, haben geldpolitisch in der EU nichts mehr zu melden!

Bundesbank-Präsident Jens Weidmann, der sich für eine strenge Geldpolitik einsetzte, wie sie bei Gründung der EZB von der Regierung Kohl / Waigel versprochen wurde, hat jahrelang einen aussichtslosen Kampf geführt, bis er 2021 das Handtuch geschmissen hat. Zuvor hatten deutsche Politiker versucht, ihn ins frei werdende Amt des EZB-Präsidenten zu hieven, was seinen geldpolitischen Einfluss gestärkt hätte. Der französische Präsident Macron hat dies mit einem genialen Coup verhindert. Er sorgte dafür, dass Ursula von der Leyen, obwohl sie für dieses Amt gar nicht kandidiert hatte, zur EU-Kommissionspräsidentin gemacht wurde.

Nachdem nun in der EU das ungeschriebene Gesetz gilt, dass die vier wichtigsten EU-Ämter (Kommissionspräsident, Ratspräsident, Parlamentspräsident, EZB-Präsident) mit Vertretern aus vier verschiedenen Staaten besetzt sein müssen und die Deutsche von der Leyen jetzt Kommissionspräsidentin war, kam Jens Weidmann als Deutscher für die aus deutscher Sicht wichtigere Position des EZB-Präsidenten nicht mehr in Frage. EZB-Präsidentin wurde die Französin Christine Lagarde, die mit ihrer Leitzinspolitik die Inflation in Europa maßlos angefeuert hat!

Statt den Geldwert des Euro stabil zu halten, was ihre Aufgabe als EZB-Chefin gewesen wäre, betrieb sie wirtschaftliche Interessenspolitik für Frankreich und Italien, um deren drohenden Staatsbankrott zu verschleppen. Jahrelang hat die EZB wertlose italienische, griechische und andere Staatspapiere aufgekauft und dadurch diesen Ländern Geldgeschenke gemacht, die inzwischen die Billionengrenze überschritten haben. Dieses von der EZB in Umlauf gebrachte Geld heizt natürlich die Inflation in Europa an. Insgesamt hat die EU allein in den letzten zwei Jahren die Euro-Geldmenge um 20 %, das sind 2,5 Billionen Euro, vermehrt.[20]

Die EZB liefert die *strukturelle* Grundlage für die Inflation in Europa. Durch Corona und die durch westliche Sanktionierungspolitik verursachte Energiekrise bekommen wir jetzt auf dem von der EZB bereiteten Nährboden eine Megainflation, einen wirtschaftlichen Flächenbrand, der Europa und Deutschland nicht nur wirtschaftlich, sondern in ihrer Gesamtexistenz bedroht.

EU versucht Putsch gegen deutsche Verfassung

Das deutsche Bundesverfassungsgericht hat nun 2019 durch ein Urteil der deutschen Bundesregierung verboten, sich fürderhin am Ankauf solcher Staatspapiere durch die EZB zu beteiligen. Für Italien, Griechenland, auch Frankreich würde das freilich bedeuten, dass sie durch den Wegfall dieser de facto-Subventionierung ihres Staatshaushalts durch die EZB in kürzester Zeit den Staatsbankrott erklären müssten.

Deshalb haben die Eurokraten in Brüssel schwere Geschütze aufgefahren. Die *Brüsseler* Kommission hat beim sog. *Europäischen Gerichtshof* in Luxemburg ein Vertragsverletzungsverfahren in Gang gebracht, durch das die deutsche Bundesregierung gezwungen werden soll, sich nicht mehr den Vorgaben des eigenen Bundesverfassungsgerichts unterzuordnen, sondern den Vorgaben der EU-Kommission und der EZB.

Das muss man sich auf der Zunge zergehen lassen: Die EU-Kommission verklagt Deutschland, weil es sich an die Vorgaben seines Verfassungsgerichts hält. Das ist eine Kriegserklärung der EU an Deutschland! Dabei beruft sich Brüssel auf die Formel: *EU-Recht bricht nationales Recht.*

Das Problem ist freilich: Diese Formel steht so in keinem europäischen Vertrag! Das deutsche Bundesverfassungsgericht hat zu dieser Frage zuletzt in seinem *Lissabon-Urteil* im Juni 2009 sehr aus-

---

[20] In den USA hat die amerikanische Zentralbank im selben Zeitraum die Geldmenge sogar um 38 %, das sind fünf Billionen Dollar, vermehrt. Die beiden großen westlichen Zentralbanken drucken also Geld ohne Ende, ohne dass irgendwelche konkreten Werte dafür geschaffen würden. Mehr Inflationspolitik geht nicht!

führlich Stellung bezogen: **Der einzige Souverän in Europa sind nach wie vor die Nationalvölker mit ihren nationalen Parlamenten.** Nur der gewählte Bundestag und die gewählten Landtage haben in Deutschland eine *primäre* bzw. *originäre* Souveränität. Sie können diese in Teilbereichen weitergeben z. B. an die EU. Die EU hat dann in diesen Bereichen eine *sekundäre*, d. h. abgeleitete (= *derivative*) Souveränität. Diese Souveränitätsübertragung vom nationalen Parlament auf die EU und ihre Institutionen kann und darf nicht endgültig sein, sie muss viel mehr *reversibel* sein, das heißt, **jederzeit rückgängig** gemacht werden können.

Das Bundesverfassungsgericht begründet inhaltlich ausführlich diese Position: Zum einen gebe es kein europäisches Volk, sondern nur verschiedene nationale Völker; zum anderen behandle das europäische Wahlrecht nicht alle EU-Bürger gleich, sondern gewichte beispielsweise bei Wahlen die Stimmen der Malteser um ein Vielfaches stärker als die der deutschen Bürger. In der EU gilt also nicht: EU-Recht bricht nationales Recht, sondern umgekehrt: Nationales Recht ist grundsätzlich primär und kann im Streitfall durch Annullierung der Souveränitätsübertragung an die EU jederzeit gegen EU-Recht durchgesetzt werden. Mit anderen Worten: **Die EU ist völkerrechtlich kein Bundesstaat, sondern ein Staatenbund.**

Was die EU mit ihrem sog. Vertragsverletzungsverfahren gegen Deutschland betreibt, ist nichts anderes als ein kalter Putsch gegen die deutsche Verfassung. Sollte der EuGH, der de facto kein unabhängiges Gericht, sondern eine politische Hilfstruppe der EU-Kommission ist, dem Antrag der Kommission stattgeben und diese dann versuchen, ihr Recht gegen die deutsche Verfassung durchzusetzen, wäre das für Deutschland ein Grund, sofort die EU zu verlassen. Das ist keine Ermessenssache der jeweiligen Regierung, sondern verfassungsmäßig vorgegeben und einzuhalten. Jede Regierung, die dies nicht tut, bricht die Verfassung und ist wegen Hochverrats vor Gericht zu stellen.

Nun ist es so, dass die deutschen Parlamente in einer Selbstverstümmelungsorgie ohnegleichen inzwischen 90% ihrer Gesetzgebungssouveränität an Brüssel abgegeben haben. Praktisch sind nur noch die Außen- und Sicherheitspolitik sowie das Haushaltsrecht der Parlamente in nationaler Hand. Dies wurde 2009 auch vom damaligen Bundesverfassungsgericht als rechtmäßig eingestuft. Auf die Frage, wie weit die Souveränitätsübertragung an Brüssel gehen kann oder ob hier keinerlei Grenzen der Übertragung gegeben sind, stellte der damalige Sprecher des Verfassungsgerichts, der Verfassungsrichter di Fabio, fest, dass z. B. eine Einschränkung des Haushaltsrechts der Parlamente durch die EU nicht mehr mit der Verfassung vereinbar wäre. Die Bundesrepublik Deutschland müsste dann eine neue Verfassung beschließen und diese durch eine Volksabstimmung bestätigen lassen.

Durch den massenhaften EZB-Ankauf von Staatspapieren haftet nun die Bundesrepublik Deutschland in hohem Maß für von anderen Staaten gemachte Schulden. Dies wirkt sich erheblich auch auf die Haushaltsgestaltung und das Haushaltsrecht des deutschen Parlaments aus. Sowohl im Hinblick auf die konkrete Situation der Souveränitätsübertragung als auch im Hinblick auf die allgemein gültige primäre Souveränität des nationalen Parlaments verhält sich die EU-Kommission rechtswidrig und aus Sicht des für uns gültigen deutschen Rechts verfassungsfeindlich. Sie macht deshalb einen EU-Austritt Deutschlands nicht nur politisch, sondern auch juristisch notwendig.

Der entscheidende Ansatz politischer Veränderung sind für uns jedoch nicht die Politiker in Brüssel, sondern die Politiker in Berlin, und hier hat die Ampelkoalition explizit in ihren Koalitionsvertrag hineingeschrieben, dass sie die EU zu einem Bundesstaat und Deutschland zu einem Teil dieses Bundesstaats machen wolle. Dass dafür eine neue Verfassung und eine entsprechende Volksabstimmung erforderlich sind, wurde im Wahlkampf nie thematisiert!

Die Einführung von Eurobonds durch die Hintertür

Auch konkret bricht die deutsche Bundesregierung beim Thema *EU und Haushaltsrecht* die deutsche Verfassung und auch das EU-Vertragsrecht, die sog. No-Bail-Out-Klausel: Von Merkel begonnen und von Scholz fortgeführt, wird ein sog. *Wiederaufbaufonds* von 750 Milliarden € durch die EU aufgelegt. Aus diesem Fonds kann die EU nach eigener Beschlusslage Gelder an die verschiedenen Mitgliedsstaaten verteilen. So sind für Italien beispielsweise 200, für Frankreich 100 Milliarden € vorgesehen. Für die Schulden aus diesem Fonds haften die Mitglieder gemeinsam und damit vor allem Deutschland.

Dieses Vorgehen bedeutet die Einführung von Eurobonds durch die Hintertür: Die Italiener und Franzosen machen die Schulden und die Deutschen haften dafür – und dies, obwohl die deutsche Politik seit Jahren verkündet, dass es Eurobonds nicht geben würde. Darüber hinaus beschneidet dieser Schuldenfonds die Haushaltsmöglichkeiten der deutschen Parlamente erheblich und verletzt damit auch deren Haushaltshoheitsrecht!

Von all dem hört man z. B. in der *Tagesschau* nichts. Kurz wird von einem eingeleiteten Vertragsverletzungsverfahren der EU-Kommission gegen Deutschland berichtet, aber dann wieder völlige Funkstille, und das, obwohl hier ein Verfassungsbruch großer Tragweite im Raum steht.

Noch schlimmer als dieses mediale Problem ist heute die personelle Situation im Bundesverfassungsgericht. Stand 2009 da noch ein Richter wie di Fabio, der den Namen Verfassungsrichter verdient, haben wir heute mit Herrn Stefan Harbarth einen aktiven Politiker und vormaligen CDU-Fraktionskollegen von Frau Merkel, von dieser offensichtlich auserwählt für das Amt des ranghöchsten deutschen Richters – und der Mann liefert politisch, was man von ihm erwartet!

Die EU ist die europäische und insgesamt die wichtigste Filiale des globalen *Wall Street*-UNO-Systems. Nicht zuletzt ist sie dessen entscheidende Waffe, Deutschland abzuschaffen. Der Maastricht-Vertrag von 1992 war für die System-Regisseure der politische Nachvollzug der militärischen und wirtschaftlichen Amerikanisierung von 1945 und der ideologischen Amerikanisierung von 1968. Aus der EG wurde die EU – im Hinblick auf politische Institutionalisierung ein Quantensprung des Westens!

EU-Kommunismus und Migration

Schon 1990 kursierte der Witz, das Zentralkomitee sei von Moskau nach Brüssel umgezogen. Politisch ist das EU-System in der Tat ein kommunistisches, kein rot-kommunistisches wie die Sowjetunion, sondern ein neues, ein grün-kommunistisches System, das ideologisch eben von den Grünen dominiert wird.

Im Kommunismus geht es immer um Umverteilung und Enteignung. Enteignet wird der Mittelstand in den Zuwanderungsländern zugunsten eines Internationalen Migrationsproletariats. Die Steuern werden erhöht, immer höhere Vermögensabgaben und konfiskatorische Erbschaftssteuern werden erhoben. Die EU arbeitet an einem „Vermögensregister" und plant damit eine Massenenteignung, mutmaßlich in der Form eines neuen Lastenausgleichs: Jedes Vermögen wird mit einer staatlichen Hypothek belastet, die die (teilenteigneten) Eigentümer dann abzuzahlen haben! Die Kuh wird gemolken, bis sie tot ist.

Die Zugewanderten werden dagegen großzügig, fast schon luxuriös alimentiert: Kleider, Fernsehapparate, Fahrräder, alles gratis und natürlich keine Altkleider oder gebrauchte Artikel – alles muss neu sein, das ist fast schon ein Menschenrecht!

Die EU wacht peinlich darüber, dass sich Deutschland minutiös an diese Vorgaben hält. Bei den anderen Staaten wird das immer deutlich lockerer gehandhabt. Erst vor kurzem hat z.B. der EuGH Deutschland dazu verurteilt, allen Ausländern *unabhängig von ihrem Status* vom ersten Tag ihres Aufenthalts an Kindergeld zu zahlen!

Wer sich angesichts solcher Verlockungen nicht umgehend dafür entscheidet, nach Deutschland einzuwandern, dem ist nicht mehr zu helfen. Auch in der hausgemachten Energiekrise sind Sozialhilfeempfänger die Privilegierten. Über Sparappelle von Herrn Habeck und Co. können sie nur lachen, denn ihre Strom- und Gasrechnung (Stand Oktober 22) übernimmt unabhängig von deren Höhe das Sozialamt; keinerlei Kontingentierung und bis jetzt nicht einmal ein Anreiz zum Sparen!

Ziel und schon teilweise umgesetzt ist ein leistungsunabhängiges sog. *Bürgergeld*. Irgendwelche Sanktionen, wenn z.B. jemand nicht arbeitet, obwohl er könnte, sind dann nicht mehr möglich. Im EU-kommunistischen System wird also umverteilt auf Teufel komm raus, freilich nicht von oben nach unten, sondern von der *Mitte* nach unten, wodurch diese Mitte wirtschaftlich zerrieben und die Milliardäre oben noch reicher werden. In der Corona-Krise und zunächst auch während des Ukraine-Kriegs schrauben Amazon, Google, Microsoft und Co. ihre Gewinne in schwindelnde Höhen und vervielfachen ihren Börsenwert. Kein Wunder, dass nicht nur Sozialhilfeempfänger, sondern auch Plutokraten für den Kommunismus sind,

Was hat es mit dem „Fachkräftemangel" auf sich?

Wirtschaft und Politik in der EU zeichnen ein düsteres Bild, wie schon in Bälde unsere Wirtschaft in Folge von Fachkräftemangel zusammenbrechen würde. Wir brauchen Zuwanderung, Zuwanderung, Zuwanderung, sagen sie. Tatsächlich aber werden durch die Automatisierung und Digitalisierung von Produktionsprozessen und Dienstleistungen in den nächsten Jahren viele Arbeitsplätze wegfallen und so viele bislang Beschäftigte freigesetzt.

Von den Zuwanderern dagegen, die bislang gekommen sind, kann kurzfristig nur ein sehr kleiner Teil in den Wirtschaftsprozess integriert werden und mittelfristig auch nur höchstens die Hälfte von ihnen. So sind z. B. von den ca. drei Millionen seit 2015 in Deutschland Zugewanderten heute (2022) immer noch 70 % Hartz IV- bzw. „Bürgergeld"-Empfänger! Hinzu kommt: Arbeitslosen- und Krankenversicherung sind *beitragsfinanzierte* Systeme, die nicht mehr funktionieren, wenn millionenfach Leute aufgenommen werden, die enorme Leistungen beziehen, ohne je Beiträge gezahlt zu haben und auch auf absehbare Zeit keine Beiträge einzahlen werden.

Die bisherige Massenzuwanderung wird uns also die nächsten 10 Jahre wesentlich mehr kosten, als sie uns bringt. In Krisenzeiten (Corona, Ukraine, Inflation etc.) ist eine solche Mehrbelastung tödlich – auch noch aus einem weiteren Grund: Mit den hohen Sozialtransfers, die wir leisten, erkaufen wir uns sozusagen auch den sozialen Frieden. Wenn wir aber irgendwann – wahrscheinlich schon bald – nicht mehr in der Lage sind, diese Transfers zu leisten, gibt es ein böses Erwachen: Randalieren, Plünderungen, Raubüberfälle – auf den griechischen Inseln haben die Einwohner schon einen Vorgeschmack bekommen, wozu unsere diversen ungeladenen Gäste in der Lage sind!

Des Weiteren ist zu bedenken: Unsere Wirtschaft ist künstlich aufgebläht, vor allem die Baubranche. Man jammert über Wohnungsmangel, über Ärztemangel, über Lehrermangel usw. Aber wodurch ist all dies bedingt? Wenn ich ein paar Millionen Menschen ins Land reinhole, brauche ich natürlich Wohnungen für die; und wenn die Kinder haben, brauche ich Schulen und Lehrer, und wenn sie krank werden, Ärzte und Krankenhäuser. Der diesbezügliche Mehrbedarf ist also im Wesentlichen durch die Zuwanderung bedingt. **Ohne Zuwanderung hätten wir diesen Mangel nicht!**

Darüber hinaus sind viele Investitionen gerade in der Bauwirtschaft nicht am tatsächlichen Bedarf orientiert. sondern angesichts zunehmender Inflation primär als wertbeständige Geldanlage gedacht. Wenn also Investitionsbedarf und nicht Wohnbedarf das entscheidende Motiv ist, kann auch das zu Problemen führen: Irgendwann stehen mehr Investoren mit ihrer Wohnung da als Mieter, die diese Wohnungen bezahlen können.

Natürlich jammert unsere Wirtschaft, wenn sie Leute einstellen will und keine hat. Aber was geschieht, wenn viele Firmen pleite gehen und keine Arbeitsplätze mehr da sind? Wer bezahlt dann die Arbeitslosen, wer bezahlt Hartz IV – die Wirtschaft? Nein, der Staat, der Steuerzahler!

Im Übrigen gibt es noch höhere Werte als wirtschaftlichen Erfolg. Die Wirtschaft kann von der Bevölkerung nicht verlangen, dass sie ihre ethnokulturelle Identität in einer total multikulturalisierten Gesellschaft aufgibt, nur damit die Wirtschaft läuft. Was hilft uns eine starke deutsche Wirtschaft, wenn keine Deutschen mehr da sind? Wir brauchen keine internationale Investorenwirtschaft, sondern eine Wirtschaft, die dem Volk dient, von dem sie aufgebaut und bezahlt worden ist und noch weiter bezahlt wird!

Die Stunde der Entscheidung naht: Mit Russland heizen oder für Amerika frieren? Oder noch drastischer: **Mit Russland überleben oder für die USA untergehen?** Wie weit gehen die Deutschen in ihrer Selbstverleugnung, in ihrem Kadaverloyalität gegenüber den USA? Wie lange noch ertragen sie Gelaber und Duschanweisungen von Habeck und das rotzfreche Gestammel der Baerbock? Wann sagen sie: „Schluss mit dem Gelaber, wir wollen Taten sehen. Repariert *Nord Stream 2* so schnell wie möglich und öffnet die Rohre!"

Grüner Kommunismus und Landwirtschaft[21]

Wenn wir die Probleme der Landwirtschaft betrachten, wird nicht nur die destruktive Mittelstandspolitik der grünen Kommunisten deutlich, sondern auch die Gefährdung der Welternährung durch globalistische Technokraten. Auch hier fällt wieder der Name Bill Gates, wenn z. B. in Afrika genetische Veränderungen an elementaren Getreidesorten vorgenommen werden, die zu Missernten führen und bedrohliche Lücken in der Grundversorgung der Bevölkerung aufreißen.

Noch gefährlicher sind Pläne und Versuche großer Konzerne, z. B. McDonalds, die in Jahrtausenden gewachsene Landwirtschaft mit ihren Naturprodukten durch eine industrielle Produktion synthetischer Stoffe zu ersetzen – wie schon bei den mRNA-Impfstoffen oder beim Geo-Engineering (Chemtrails etc.) ein verantwortungsloser Experimentalismus, der zum Beispiel überhaupt nicht abschätzen kann, wie sich der synthetische Fraß langfristig auf die biologische Gesundheit der Konsumenten auswirkt.

Also Industrie statt Landwirtschaft, und der Bauer soll gleich mitentsorgt werden. Mit seinem im wahrsten Sinne des Wortes bodenständigen Denken und Handeln war er den städtisch degenerierten Kommunisten schon immer ein Dorn im Auge. Diese lieben nun mal die ideologische Konstruktion, die sich immer weiter von der Natur entfernt bis hinein in die Abstrusitäten und Perversionen der Gender-Ideologie.

---

21 Fundamentale Strukturprobleme der Weltwirtschaft, z. B. das Wesen der *Zinswirtschaft* oder die Möglichkeiten des *Tauschhandels* oder auch die Mega-Enteignung durch die *Börse*, führe ich hier nicht aus und verweise auf Band 3 meiner Trilogie.

Konkret läuft die Abschaffung der Bauern folgendermaßen ab: Nestlé und Co. überschwemmen mit ihren Produkten die Märkte in den Entwicklungsländern. Mit entsprechenden Angeboten schalten sie die heimischen Konkurrenten nach und nach aus. Als Kompensation für den verlorengegangenen heimischen Markt bieten sie ihnen den Export ihrer Waren in die Industriestaaten an, vor allem in die EU.

Für die europäischen Bauern sind diese Importe eine ernste Konkurrenz. Sie sind an wesentlich höhere Produktionsstandards gebunden. So sind ihre Waren teurer als die Produkte aus den Entwicklungsländern. Wir erleben immer häufiger, dass unsere Bauern zum Beispiel ihre Bio-Erdbeeren selbst vernichten, weil sie preislich mit den billigen chemisch behandelten Erdbeeren aus dem Ausland nicht mehr mithalten können.

Ein weiteres Mittel zur Bauernvernichtung ist die staatlich-ministerielle **Bürokratie**. Ihre Vorschriften werden immer umfangreicher und immer einschneidender. Mit den neuesten deutschen Düngemittelverordnungen ist es immerhin gelungen, den Proteingehalt des Weizens teilweise unter 12 % zu senken, so dass er nicht mehr für das Backen von Broten geeignet ist! Abgesehen davon, dass wir einen Großteil des Weizens als Tierfutter verwenden und einen nicht unerheblichen Teil verheizen, also als Brennstoff einsetzen, könnte es passieren, dass wir deswegen auch noch Weizen einführen müssen.

Dabei sind die Bauern derzeit froh, wenn sie überhaupt noch Düngemittel haben. Der diesbezügliche Hauptexporteur Russland darf aus bekannten Gründen nicht liefern. Die amerikanischen Bauern hatten auch das Problem mit dem Düngermangel. Dort wurde es so gelöst, dass die entsprechende Sanktion einfach aufgehoben wurde und die USA jetzt weiterhin ganz normal Düngemittel aus Russland beziehen. Auch hier gilt: Was dem amerikanischen Jupiter erlaubt ist, ist dem deutschen Ochsen verboten!

Um die Naturschutz-Richtlinie der EU umzusetzen, hat die Regierung in **Holland** eine Düngemittelverordnung erlassen, die dazu führen würde, dass 30 % aller holländischen Bauern ihren Hof aufgeben müssten. Es kam schon zu heftigen Unruhen, und einige Bauern leerten vor dem Umweltministerium ein Güllefass aus – große

Empörung bei der Regierung und den Brüsseler Eurokraten! Aber der Skandal ist doch nicht die Gülle vor dem Umweltministerium, sondern die Düngemittelverordnung der Regierung und der EU!

Die Landwirtschaft ist vielleicht nicht *system*relevant, dafür aber *lebens*relevant, und das ist wichtiger! So ist es sinnvoll und mitunter notwendig, sie gezielt staatlich zu subventionieren; dies besonders bei hochwertigen Produkten und bei der Regionalisierung des Verkaufs – ein Gebot der Stunde, nicht nur um Fahrt- und Transportkosten zu sparen und so die Umwelt zu entlasten, sondern auch um gerade bei der Lebensmittelversorgung eine relative *regionale Autarkie* zu gewährleisten. Die Basisversorgung sollte – wie überall, wo es möglich ist – aus der Region kommen! Nur das, worauf man im Notfall verzichten kann, darf auch von weiter her kommen; mit anderen Worten: Um möglichst viel Versorgungssicherheit zu erlangen, brauchen wir eine Deglobalisierung auch in der Landwirtschaft!

Resümee zur Wirtschaftspolitik

Die rot-grünen Kommunisten glauben, Geld sei immer da und müsse nur richtig verteilt werden. Dass es mühsam erwirtschaftet werden muss, ist ihnen irgendwie fremd. So betreiben sie eine mittelstands- und leistungsfeindliche Politik und kommen sich gut vor, wenn sie in vollen Zügen das Geld, das nicht ihres ist, ausgeben bzw. rausschmeißen.

Diese pseudosoziale Verteilungspolitik führt im günstigen Fall zu einem gigantischen Schuldenberg, den spätere Generationen abtragen müssen. Im ungünstigen Fall wird mit dieser scheinheilig kommunistischen Politik der Mittelstand ruiniert und mit ihm die gesamte übrige Wirtschaft. Es kommt zu wirtschaftlicher Not und, wenn es schlecht läuft, zum Untergang von Staat und Gesellschaft.

Die beängstigende Inflation und die drohenden Firmenzusammenbrüche haben nicht die Wirtschaft, sondern fast ausschließlich die Politik in diesem Staat zu verantworten! Die Verantwortlichen sind pathologisch US-hörig, sie lassen eher die eigene Bevölkerung vor die Hunde gehen, als dass sie es wagten, sich ungehorsam gegenüber ihrer amerikanischen Führungsmacht zu verhalten!

Monomaner Ökonomismus

Man muss es den Lesern dieses Buches wohl nicht erklären, wie bedeutend der Faktor *Wirtschaft* in der globalen Politik ist. Man kann diese Bedeutung aber auch monoman übersteigern. Das nenne ich *monomanen Ökonomismus.* Es bedeutet, den wirtschaftlichen Aspekt einer Sache als *grundsätzlich* vorrangig zu betrachten und ihm alle anderen Aspekte unterzuordnen.

Offensichtlich spielt gerade im westlich globalen System die Wirtschaft eine zentrale Rolle. Verschiedene *Ökonomen* stellen das auch in der heutigen Krise detailliert und differenziert dar, geraten aber mitunter in eine Einseitigkeit, die zu einer verzerrten Gesamtschau der Dinge führt. Das gilt auch für die interessanten Analysen des Ökonomen **Ernst Wolff**, auf die ich hier kurz eingehen will.

Das Zentrum der Weltwirtschaft bezeichnet Wolff als *digital-finanziellen Komplex.* Dieses globale Finanzsystem steht für ihn kurz vor dem Zusammenbruch. Es könne sich auch durch noch weitere Vermehrung der Geldmenge mit dazugehöriger Mega-Inflation nicht mehr halten, denn es würden jetzt in großem Maß Negativzinsen notwendig, was dem Grundmodell der Geschäftsbanken völlig widerspräche. Diese lebten ja vom Zinsgeschäft!

Die Lösung der globalen Banker sieht nun vor, **die bisherigen Währungen durch eine *digitale globale Zentralbank-Währung* zu ersetzen und dabei das Bargeld völlig abzuschaffen.** Jeder Mensch hätte dann nur noch ein Konto bei einer Zentralbank, über das sämtliche Zahlungen und Bankgeschäfte abgewickelt würden. Die Zentralbanken hätten dann die Möglichkeit und die Macht, jeden Kontoinhaber mit einem Mausklick wirtschaftlich und damit existenziell kaltzustellen. Nicht einmal eine Portion Pommes könnte sich der aus dem System entfernte vormalige Kontoinhaber dann noch kaufen, denn Bargeld gibt es ja nicht mehr.

Da sich gegen die geplante *digitale globale Zentralbank-Währung* derzeit eine große Mehrheit der Weltbevölkerung noch zur Wehr setzen würde, versuche man jetzt, das eigene System zu demontieren und eine globales Chaos anzurichten; durch Fake-Pandemien (Corona), durch willkürliche Kriege (Ukraine) und anderes. Wenn das Chaos dann groß genug sei und die Leute sich nicht einmal mehr Lebensmittel kaufen könnten, würden sie auch dankbar das dann angebotene neue Währungssystem der Zentralbanken akzeptieren.

Wolff geht in seiner Analyse detailliert auf die Strukturen des *digitalfinanziellen Komplexes* ein. Als dessen Basis betrachtet er eine Allianz der modernen Technologie-Konzerne (*Google, Facebook, Microsoft* etc.) mit den großen Vermögensverwaltungsgesellschaften (*Vangarde, Blackrock* und anderen). Als Spinne im Netz, die die Aktionen der globalen Organisationen steuert, von der *FED* über den *IWF* bis hin zu den Bilderberger-Konferenzen, betrachtet er das *Weltwirtschaftsforum* (WEF = *World Economic Forum*), das 1971 von dem deutschen Wirtschaftsprofessor **Klaus Schwab** gegründet worden ist. Der breiteren Öffentlichkeit ist es von seinen jährlich im schweizerischen Davos stattfindenden Treffen bekannt, an dem prominente Vertreter der globalen Wirtschaft und Politik zusammenkommen.

Ausgangspunkt von Wolffs Analyse ist ein Zitat des amerikanischen Präsidenten Franklin D. Roosevelt aus. Der habe gesagt, alles, was politisch geschehe, sei auch geplant gewesen. Davon kann man aber nicht ausgehen. Es mag sein, dass wesentlich mehr, als wir vermuten, im Hintergrund geplant ist. Aber vieles, was geplant ist, geschieht nicht, und noch mehr geschieht, was von niemandem geplant ist, allenfalls vom lieben Gott. Die Weltgeschichte ist Gott sei Dank keine Marionetteninszenierung von Leuten wie Franklin Roosevelt und Co. Mit anderen Worten, an Verschwörungstheorien ist einiges wahr, aber längst nicht alles.

Wolff empfiehlt als Lösung der großen Krise, Ruhe zu bewahren und die Öffentlichkeit im Sinne seiner Analyse des digital-finanziellen Komplexes aufzuklären. Die Umstände hierfür wären günstig, denn das globale Finanzsystem müsse so agieren, wie es agiere. Es hätte keine anderen Optionen, und das mache es anfällig und angreifbar.

Auf den ersten Blick stimme ich ihm in vielem zu. Auf den zweiten Blick gibt es erhebliche grundsätzliche Differenzen. In meinem Konzept ist der **Wirtschaftsfaktor** wichtig, aber nicht primär, sondern **dem politischen untergeordnet**. Sicherlich spielt nirgendwo wirtschaftliche Macht eine so große Rolle wie im westlichen System. Aber die Transformation wirtschaftlicher Macht in politische ist kein Automatismus. Die Politik hat ihre eigenen Gesetze und ihre eigene Dynamik. Das gilt besonders für die höchste politische Ebene: Ein Putin oder ein Xi lassen sich nicht vom WEF steuern, und auch westliche Wirtschaftseliten müssen auf Profit und Expansion verzichten, wenn es zum Beispiel um die Eindämmung des globalen Konkurrenten China geht.

In China wird der Primat der Politik gegenüber der Wirtschaft besonders deutlich. Hier dominieren Staat und Politik die Wirtschaft noch wesentlich mehr als im Westen. Aber auch bei uns erleben wir gerade, wie von einer politisch angeordneten Sanktionierungspolitik, begründet mit dem geopolitischen Krieg in der Ukraine, die Wirtschaft fundamental geschädigt und ruiniert wird.

Ernst Wolff kann diesen Krieg nicht politisch erklären, weil es für ihn praktisch keine Geopolitik gibt. Für ihn ist der Ukraine-Krieg eine mehr oder weniger willkürliche Aktion des digital-finanziellen Komplexes, mit dem dieser weiteres Chaos schaffen will, um die globale Zentralbankwährung einführen zu können. Eine Lösung des Ukraine-Problems wäre für ihn denkbar, wenn Klaus Schwab all seine „Schüler" zusammentrommeln und an einen Tisch setzen würde, von Baerbock über Macron bis hin zu Putin und sogar Biden. Da Klaus Schwab dies nicht tue, weil das WEF kein Interesse daran habe, gehe der Ukraine-Krieg weiter.

Das kann man nun beim besten Willen nicht mehr mitmachen. Weder steht das WEF über den anderen aufgeführten Organisationen; kann sich wohl mit ihnen austauschen, sie aber nicht anleiten! Noch kann man Putin, Macron und Co. als „Schüler" von Schwab hinstellen und unterstellen, sie ließen sich von Schwab politisch steuern, nur weil sie irgendwann ein *young leader*-Seminar beim WEF mitgemacht haben. Das ist nicht mehr Politik, lieber Herr Wolff. Das ist Sektiererei!

Es ist auch *medizinisch* unsinnig, alles aus ökonomischen Zielsetzungen zu erklären: Die Chinesen würden einen großen Hafen für mehrere Tage sperren, weil einige Hafenarbeiter Corona-positiv getestet wurden – und dies nur, um eine Fake-Pandemie glaubwürdig rüberkommen zu lassen. Natürlich ist die totalitäre *Null-Covid*-Strategie der Chinesen medizinisch falsch und offensichtlich erfolglos – vom damit verbundenen politischen Terror ganz zu schweigen! Aber sie, wie Wolff das tut, als Inszenierung hinzustellen, um die Abschaffuing des Bargelds vorzubereiten, ist monomaner Ökonomismus in Reinkultur!

V. Kursorische Behandlung weiterer Themen[22]

Zur Digitalisierung

Philosophische Aspekte

Die offizielle Politik bei uns überschlägt sich in Bekundungen, die gesamte Gesellschaft so schnell wie möglich digitalisieren zu wollen. Das ist ein äußerst zwiespältiges Unterfangen. Ein weiser Mann hat einmal gesagt: „Ich habe nicht Angst, dass die Computer bald so denken wie die Menschen. Ich habe Angst, dass die Menschen bald so denken wie die Computer".

Darum geht es: Digitalisieren bedeutet im Wesentlichen, eine neue, künstliche Welt zu schaffen. Vergleichen wir eine konventionelle Uhr, also eine Uhr mit einem Zifferblatt, mit einer Digitaluhr, auf der Zahlenangaben für Stunden und Minuten zu finden sind. Auf der digitalen Uhr ist es entweder 17:12 Uhr oder 17:13 Uhr. Wenn die Uhr von 17:12 Uhr auf 17:13 Uhr geht, macht sie einen Sprung. Zwischen 17:12 Uhr und 17:13 Uhr nehmen wir auf der Digitaluhr also einen Sprung, eine Diskontinuität wahr. Auf der analogen Uhr finden wir hier zwischen 17:12 Uhr und 17:13 Uhr eine durchgehende, also kontinuierliche Fläche.

Die analoge, die echte Welt ist ein durchgehendes Ganzes ohne Sprünge, Stufungen, Diskontinuitäten, was sich auf der konventionellen, analogen Uhr in einem durchgehend einheitlichen Zifferblatt kundtut. Die digitale Welt dagegen ist in fast unendlich viele Teile gestückelt, die künstlich wieder zusammengesetzt worden

---

22 Die bislang behandelten Themen *Migration, Geopolitik/USA, Corona / Totalitarismus und Wirtschaft/EU* sind *Schlüssel*themen. Ohne tragfähige Lösungen hier sind sinnvolle Lösungen bei anderen großen Problemen nicht möglich. Die folgenden Themen sind wichtig, aber keine Schlüsselthemen. Ich behandle sie deshalb nur kursorisch.

sind. Man kann zwar die Teile immer kleiner machen und dadurch fast unendlich vermehren, aber es bleibt immer eine Stückelung bzw. „Stückwerk". Die Grundlage der digitalen Welt ist die Zweiheit, das heißt, die Einheit der Welt muss in eine Zweiheit gebrochen werden, damit sie digital erfasst werden kann.

Digital ist also in diesem Sinn kein Merkmal der Wirklichkeit, sondern eine *Methode*, die Wirklichkeit zu erfassen; insofern eine sehr beschränkte Methode, als sie ein Grundprinzip der echten Welt, die Ein-heit, aufgrund der eigenen genuinen Dualität nicht erfassen kann. Eben auf dieser Dualität, also auf dem Prinzip der Zwei-heit, gründet die Arbeitsweise eines Computers. Er kennt Null und Eins. Mit der Null allein oder mit der Eins allein kann er nicht arbeiten. Er braucht die Zwei-heit.[23]

In der digitalen Welt fehlen die fließenden Übergänge, die Zwischentöne. Gerade das Dazwischen, z.B. bei Musikaufnahmen, schafft Einbindung und Verbindung mit höheren oder niedrigeren Dimensionen des Systems; siehe den Zustand der *Superposition* in der Quantenphysik.

In der Biologie ist abstraktes Denken eingebunden in das hormonelle System, in das sensorische System, psychologisch in die Emotionalität usw. In der Biologie, also auch beim Menschen, gibt es kein von Emotionen etc. völlig losgelöstes, rein abstraktes Denken. Das gibt es nur in der Technik, im Computer.

Im Zwischenbereich der Dualität findet der Sprung von der Quantität in die Qualität statt.

Wie groß der Verlust an Komplexität und Ganzheit in der digitalen Welt gegenüber der analogen ist, kann der Computer selbst nicht erfassen, weil er eben die *Gesamtheit* der Komplexität = die Ganzheit der Welt nicht erfassen kann.

---

[23] Es gibt auch in der echten, der analogen Welt eine Zweiheit. Die ist aber nicht dual, sondern dialektisch, worauf ich in diesem Buch, das primär ein politisches ist, nicht weiter eingehen kann; genauso wenig wie auf die hier naheliegenden philosophischen Aspekte der Quantenphysik.

Die digitale Wirklichkeit ist also eine mehr oder weniger große Vereinfachung der wirklichen = analogen Wirklichkeit – eine sozusagen holzschnittartige Vereinfachung der Wirklichkeit. Insofern die Auswahl der Stückelung einer gewissen Willkür folgt, haftet auch dem Ergebnis eines Computerprozesses immer etwas Willkürliches an.

Destruktion und Konstruktion

Der Computer arbeitet nach dem Prinzip der Re-konstruktion, das heißt er zerlegt erst einmal alles, um es dann wieder neu zusammenzusetzen. Computerbilder verbleichen dann nicht, wie Aquarelle es tun. Sie vergilben nicht, wie Fotografien es tun. Ihr Zustand ist sozusagen für die Ewigkeit gesichert, was eines der wesentlichen Merkmale der Methode ist. Zeitlichkeit und Vergänglichkeit kommt dann durch die technische Einbettung, das heißt durch den Strom, die Hardware usw.

Die Digitalisierung hat große Vorteile, sonst würde sie sich nicht derart durchsetzen. Ursprünglich ging es um Sichtung und Verarbeitung von Daten, weshalb man in Deutschland die Informationstechnologie zunächst als *elektronische Datenverarbeitung* (EDV) bezeichnet hat. Diese geschieht im Computer in unglaublicher Geschwindigkeit, mit der Quantentechnik findet die Übertragung vom analogen ins digitale System praktisch in Echtzeit statt.

Identität und Fast-Identität

Die digitale Welt ist der analogen ähnlich, je nach Technik und Entwicklung sogar sehr ähnlich – *fast* identisch. Aber das entscheidende Wort ist „*fast*". Die digitale Welt ist also nicht identisch, sondern nur fast identisch mit der analogen Welt, und hier fängt das Problem an: die Deformierung des menschlichen Denkens durch den Computer. Dass nämlich für immer mehr Menschen das *fast* nicht mehr gilt, der Unterschied zwischen digitaler Scheinwelt und wirklicher = analoger Welt immer mehr verwischt und die Menschen die Bodenhaftung in der wirklichen Wirklichkeit verlieren. Hier wird das Ganze zu einem existenziellen, zu einem Wahrheitsproblem. Denn in einer Welt, in der sich digitale und analoge = wirkliche Welt nahtlos vermischen, wird es immer schwerer, Wirklichkeit und Scheinwelt zu unterscheiden und Wahrheit und Wirklichkeit zu erkennen. Manipulationen, Lügen und Lügner haben immer leichteres Spiel!

Darüber hinaus wird auch das intellektuelle Denken der Menschen deformiert. Der Mensch denkt immer mehr wie der Computer. Wissen ist nur noch ein Sammeln und Sichten von Daten. Das Erkennen von Zusammenhängen, das immer ein analoges ist, verkümmert zusehends. Der Trugschluss ist, dass man glaubt, je mehr Daten man hat, desto mehr Wissen hätte man. Tatsächlich ist es so, dass, je mehr jemand die Dinge versteht, das heißt intuitiv-deduktive Prinzipien sich aneignet und anwenden kann, desto weniger Daten braucht er, um einen Zusammenhang zu verstehen.

Wer die Fähigkeit zu verstehendem deduktiv-intuitiven Denken nicht hat, versteht nichts, auch wenn er auf alle Daten dieser Welt zurückgreifen könnte. Der Computer ist und bleibt ein Idiot, ein sehr, sehr schneller Idiot, aber ein Idiot, und wir müssen alles daran setzen, dass wir nicht auch solche Idioten wie der Computer werden.

Daten, Wissen, Wahrheit

Früher sagte man, Geld regiere die Welt. Heute müsse man sagen, so meinen manche, Geld und Daten regierten die Welt. Aber das stimmt so nicht, denn Daten bedeuten nicht automatisch Wissen. Das ist gut so, denn sonst hätte politische Opposition gegen ein System, das die Daten-Kraken von Google, Facebook und Co. auf seiner Seite hat, keine Chancen.

Auch *Künstliche Intelligenz* ist bei fundamentalen Analysen nicht entscheidend. Sie kann letztlich nur das verarbeiten, was am Anfang einprogrammiert worden ist. Das Neue, das durch KI-Datenverarbeitung scheinbar generiert wird, ist immer nur eine Verbindung von Altem. Der schöpferische Quantensprung, der das wirklich Neue kreiert, ist durch KI nicht möglich. Wenn KI-Leute das Gegenteil behaupten, ist das ein Glaube, aber kein im Sinne der Wissenschaft gesichertes Wissen, und auch gesichertes Wissen hat noch nichts mit „Wahrheit“ zu tun, denn Wahrheit ist viel mehr. Hier geht es um den Urgrund menschlichen Seins. Wahrheit hat man nicht, Wahrheit ist man! **„Ich bin die Wahrheit“**, sagt er, der Messias!

In unserer Zeit hat man eine fatale Computermodellgläubigkeit entwickelt: Wenn etwas durch ein Computermodell belegt ist, ist das für die meisten Menschen so viel wie die Wahrheit. Es mag sein, dass Ergebnisse innerhalb eines Modells stimmig sind, aber kein Modell der Welt kann sich selbst beweisen. Ein Modell wird allenfalls durch ein richtiges Ergebnis in der Außenwelt, der Welt außerhalb des Systems, bestätigt. Nicht das Modell hat das Ergebnis zu bestätigen – das Ergebnis muss das Modell bestätigen!

Kommunikation und Überwachung

Wenn man Daten einzuordnen weiß, bekommen sie natürlich Bedeutung. Aber noch mehr Bedeutung kommt der Digitalisierung durch gigantische Steigerung von **Kommunikationsmöglichkeiten** zu. Alles hat seinen Preis, und hier ist er ungeheuerlich: Noch nie konnten Menschen so total überwacht und manipuliert werden, wie dies mit moderner Informationstechnologie möglich ist. Es ist deshalb notwendig, sie nicht unbegrenzt auszudehnen, sondern systematisch Bereiche zu schaffen, die frei sind von Digitalisierung, sozusagen analoge Reservate. Dies gilt besonders für Schulen.

Schon Ende der 1980er Jahre musste ich als Arzt unsere Praxisverwaltung auf Computer umstellen. Es gab Kollegen, die sehr früh die Parole ausgaben, eine, „papierfreie Praxis“ werden zu wollen. Ich habe das nicht mitgemacht und für ein duales System plädiert, in dem die Basisaktionen auch noch funktionierten, wenn der Strom ausfällt – was dann schneller passierte, als alle dachten. Es war für mich befriedigend zu erleben, dass unsere Praxis mit geringen Einschränkungen weiterarbeiten konnte, während die „Papierfreien“ durch den Stromausfall lahmgelegt waren.

Angesichts eines jetzt jederzeit möglichen Blackouts durch Stromausfall brauchen wir **duales Vorgehen als allgemeines Prinzip** – für alle staatlichen und gesellschaftlichen Prozesse. Das bedeutet nicht nur Notstromaggregate, denn Cyber-Attacken über die Software sind genauso gefährlich wie ein Hardware-bedingter Zusammenbruch durch Stromausfall oder anderes. Die westlichen Herrscher wollen offensichtlich kein duales System, sondern eine totale Digitalisierung der Gesellschaft. Eine solche ist für sie unabdingbar zur Errichtung einer totalitären Diktatur. Es ist nicht zuletzt auch für die Opposition im System essentiell, nach dem dualen Prinzip zu arbeiten, sei es bei der Ausrichtung von Versammlungen oder der **Organisation von Demonstrationen** oder der Planung anderer Aktivitäten! Nutzt doch der Staat schon jetzt digitale Möglichkeiten, um bei Demonstrationen etc. die Kommunikation der Teilnehmer zu blockieren und sie durch falsche Informationen in die Irre zu führen. Oppositionelle Strukturen, wie z.B. Netzwerke zur Organisation von Demonstrationen, müssen deshalb für ausreichend analoge Kommunikationsmöglichkeiten sorgen, wenn sie nicht durch einen Mausklick ausgeschaltet werden wollen.

Resümee: Digitalisierung ist nicht nur eine Technik, sondern auch eine Ideologie. Durch den Transhumanismus wird sie zu einer neuen technikbasierten antimenschlichen Religon, in der der Mensch in der Technik aufgeht, oder besser gesagt: in der Technik völlig verramscht wird!

Zur Erinnerungskultur

Die deutsche Erinnerungskultur ist einseitig, exklusiv und aufdringlich; *einseitig* insofern, als sie fast ausschließlich nationalsozialistische Verbrechen und deutsche Täter berücksichtigt; *exklusiv,* weil kommunistische (Katyn, Ostpreußen 1945, Ukraine 1932) oder gar angloamerikanische Verbrechen (Dresden, Hiroshima) weitgehend ausgeblendet und jüdische Verbrechen, z.B. im Nahen Osten regelrecht tabuisiert werden. Gedacht wird fast ausschließlich *jüdischer* Opfer. Polen, Russen und andere kommen im offiziellen Opfergedenken zu kurz und Deutsche überhaupt nicht vor.

Die Erinnerung an christliche Gedenk- und Feiertage nimmt in deutschen Medien einen immer geringeren Raum ein, die Erinnerung an den Holocaust einen immer größeren. Die ständige Präsenz von Gedenktagen, die an die Befreiung von Konzentrationslagern erinnern, verbunden mit devoten Schuldbekenntnissen deutscher Spitzenpolitiker zu ewiger deutscher Verantwortung, wird von immer mehr Menschen als *aufdringlich* empfunden.

Die deutsche Erinnerungskultur ist **judäozentristisch**. Es gilt, sie wieder allgemein humanistisch auszurichten und *aller* Opfer von Staatsverbrechen zu gedenken und *alle* Täter von Staatsverbrechen anzuprangern.

Social Media

Das politische Hauptproblem in den sozialen Medien: Die staatliche Zensur breitet sich immer mehr aus und die Betreiber der Medien gehen, um Strafzahlungen zu vermeiden, noch über sie hinaus. So ist Meinungsfreiheit in den sozialen Medien heute vielfach mehr eingeschränkt als im übrigen öffentlich-rechtlichen Leben!

Die staatliche Zensur arbeitet vor allem mit dem Vorwurf *„Hassrede"*, ein Begriff, der in seiner Beliebigkeit der Willkür Tür und Tor öffnet. Dem Staat geht es dabei vor allem darum, auch die sozialen Medien gleichzuschalten und sie so weit wie möglich in das staatliche Gesamtkonzept des *Kampfes gegen rechts* einzubinden. Die politische Korrektur muss deshalb beim Staat ansetzen, nicht bei den privaten Medien, und die Forderung deshalb lauten: *Weg mit dem Netzdurchsuchungsgesetz!*

Zur Klimapolitik

Zunächst gilt es, im Bewusstsein der Menschen die Ausgangsweichen zu stellen und aus einer ideologisch verquasten pseudoreligiösen Klimapolitik wieder eine rational begründete Umweltpolitik zu machen. In Letzterer steht nicht ein diffuser Klimagötze im Mittelpunkt, sondern der Mensch.

Die offizielle Klimareligion beruft sich auf die „Wissenschaft". Aber die Wissenschaft gibt es nicht. Vielmehr ist *die* Wissenschaft nicht einheitlich, sondern genauso gespalten wie die Gesellschaft insgesamt und alles im menschlichen Leben. Es sind ja nicht alles Idioten, die die offizielle von den Politikern vereinnahmte Klimalehre in Frage stellen und attackieren; so jüngst z.B. der norwegisch-amerikanische Physiker und Nobelpreisträger *Ivar Giaever* mit einer Gruppe von Wissenschaftlern, die sich *Global Climate*

Intelligence Group nennt. Diese Gruppe geht zum Beispiel davon aus, dass die Kleine Eiszeit erst 1850 endete und die Erde sich seither langsamer erwärmt als es die Modellrechnungen zeigen. Diese seien offensichtlich unzuverlässig und falsch.

Auch bei Wissenschaftlern herrscht eine ausgesprochene Computermodell-Gläubigkeit. Die Wahrheit kommt aus dem Computer, so der unbewusste Wahn. Man vergisst geflissentlich, dass jedes Ergebnis aus dem Computer wesentlich davon abhängt, was in den Computer eingegeben worden ist. Geringe Fehler oder Fehleinschätzungen bei der Eingabe können sich beim Endergebnis des Modells zu völlig falschen Ergebnissen potenzieren. Das gilt nicht nur für Klimamodelle, aber es gilt hier ganz besonders. Denn hier betreffen die Ergebnisse die Zukunft und können deshalb in der Gegenwart tatsächlich weder verifiziert noch falsifiziert werden.

Wenn man so gigantische moralische, psychologische, politische und wirtschaftliche Effekte erzielen will, wie das die Klimafanatiker tun, sollte man schon etwas mehr als die sog. Treibhaustheorie in der Hand haben. Es mag sein, dass dieser Effekt irgendeine Rolle spielt. Aber einzuschätzen, wie groß dieser Effekt sich im Gesamtgeschehen des Klimas tatsächlich auswirkt, ist angesichts der Vielfalt der Wirkfaktoren und der Megakomplexität des Klimaproblems reine Spekulation und auch vermessen!

Es sollte unbestritten sein, dass der mächtigste und wichtigste Faktor auch beim Klima die Sonne ist und ihre mehr oder weniger rhythmische Aktivität. Dann kommen verschiedene geographische, geologische und andere Faktoren und zuletzt vielleicht auch noch der CO_2-abhängige Treibhauseffekt. Die Klimafanatiker stellen diese Rangfolge auf den Kopf: erst der Treibhauseffekt. dann gar nichts, und dann immer noch nichts, und dann vielleicht noch die Sonne. Das ist heute die wissenschaftliche Mainstream-Wahrheit. Galilei dürfte sich im Grab umdrehen, denn diese Vorstellungen markieren nicht nur eine Rückkehr von einem heliozentrischen zu einem geozentrischen Weltbild. Sie gehen noch weiter runter und generieren etwas Neues: ein karbonozentrisches Weltbild!

Man muss freilich die Wissenschaft und die Wissenschaftler insofern entlasten, als heute gerade in der Medizin und der Klimaforschung mehr die Politik als die Wissenschaft bestimmt, was Wissenschaft ist. Gibt es anfangs doch bei fast allen wissenschaftlichen Problemen zwei Möglichkeiten, zwei Meinungen, und die Politik legt dann durch ihre Entscheidung letztlich fest, wer die anerkannten Wissenschaftler und wer die Außenseiter und im schlimmsten Fall die Verschwörungstheoretiker sind. Zumindest gilt dies für die politisch brisanten wissenschaftlichen Probleme.

Ablenkung von anderen wichtigen Klimafaktoren

Dass es der Politik auch in der Klimafrage nicht um Wissenschaft, sondern um Politik geht, offenbart sich in vielerlei Weise. Die Politik entreißt der Wissenschaft die Diskussionshoheit in der Klimafrage und lässt sich nur noch von Wissenschaftlern beraten, die der Dogmatisierung des Treibhauseffektes huldigen. Auf diese Weise kann sie die Erderwärmung in verschiedenster Weise politisch instrumentalisieren.

Zum einen lenkt sie mit dem CO_2-Argument von anderen, mindestens genauso wichtigen, vielleicht sogar wichtigeren Faktoren ab, z. B. der großflächigen Verschmutzung der globalen Meere mit **Plastikmüll.** Diese hat Auswirkungen nicht nur auf den Tourismus mit Urlaub am Meer; auch nicht nur Auswirkungen auf Fische und andere Lebewesen im Meer, die reihenweise absterben. Sie bedeutet noch mehr eine fundamentale und universale Störung des ökologischen Systems der Meere, und das wiederum bedeutet massive Auswirkungen auf das Weltklima! Statt läppische Kampagnen gegen deutsche Dieselautos zu starten, sollte man die Meere systematisch entmüllen und verhindern, dass immer noch mehr Plastikmüll dazukommt. Auch bei uns in Deutschland produzieren wir, gerade in Zusammenhang mit Corona, immer mehr statt weniger Plastikmüll.

Ein weiterer rational fassbarer und konkret angehbarer Klimaeffekt sind die massiv zunehmenden **Waldbrände**. Hier werden mitnichten die technischen Möglichkeiten der Prophylaxe und Frühwarnung ausgeschöpft, und auch die Mittel der Feuerbekämpfung offenbaren häufig einen kaum fassbaren Dilettantismus. So erfahren wir in den Nachrichten, dass beispielsweise in der Türkei und in Griechenland, Länder mit sehr großer Waldbrandgefahr, in dem einen Land gerade mal drei Löschflugzeuge vorhanden sind und in dem anderen gar keines! Statt also hunderte Millionen, wenn nicht Milliarden für Spesen und Kosten aufwendiger internationaler Umweltkonferenzen zu verpulvern, sollte jeder Staat, in dem Waldbrände möglich sind, eine ausreichende Flotte von Löschflugzeugen vorhalten!

Ein dritter rational erfassbarer Faktor, der massiv schädigend das Klima beeinflusst, sind **Wettermanipulationen**. Das Thema wird von den Systemmedien in der Rubrik *Verschwörungstheorie* verbucht. Hier geht es um *Geoengineering* und die sog. *Chemtrails*. Das US-Militär experimentiert seit den 1940er Jahren damit. Es begann mit dem Versprühen von Silber-Jodid in der Luft, um Regen zu erzeugen. Im Vietnamkrieg hat man das militärisch als Umweltwaffe genutzt und in den Vietkong-Gebieten riesige Überschwemmungen ausgelöst. Zusammen mit dem Einsatz des von der Firma *Monsanto* gelieferten Dioxin-haltigen Entlaubungsmittels *Agent Orange* hat das US-amerikanische Militär auf diese Weise unzählige Menschen, Soldaten, Zivilisten und Kinder, umgebracht!

Chemtrails sind Kondensstreifen von Flugzeugen am Himmel, die im Gegensatz zu normalen Kondensstreifen nicht nach ein bis zwei Minuten verschwinden, sondern 10 Minuten und länger zu sehen sind und mitunter bizarre Formen bilden. Ursache sind dem Kerosin beigemischte chemische Verbindungen: Nitrate mit Strontium, Barium und Aluminium, die im Fallout im Nanobereich nachweisbar sind.

Verschiedene Ärzte und andere befassen sich zumeist in Privatinitiative mit dem Thema und vermuten einen Zusammenhang zwischen dem Einsatz dieser Mittel und der Zunahme von Lungenkrankheiten und grippeähnlichen Immunreaktionen. Im Gegensatz zu viralen Gripperaktionen verliefen diese ohne Fieber, würden dafür aber wesentlich länger anhalten. Die Anhäufung insbesondere von Aluminium soll auch verantwortlich sein für Störungen und Erkrankungen des Gehirns, wie Konzentrationsstörungen und Gedächtnisverlust.

Wozu das Ganze? Neben der Erzeugung von Regen, woran verständlicherweise verschiedene Golfstaaten besonders interessiert sind, ist es vor allem die Erderwärmung, die man damit bekämpfen will. Schon der „Vater der Wasserstoffbombe" Edward Teller sprach von einem „Sonnenschirm für die Erde". Man will also die Sonneneinstrahlung reduzieren, erreicht aber mutmaßlich das Gegenteil: Es staut sich mehr reflektierte Wärme unter dem Sonnenschirm als vom Sonnenschirm von oben ferngehalten wird.

Wie bei den Corona-Designer-Viren und den dazugehörigen Impfstoffen sind es auch im Fall der Chemtrails *Zauberlehrlinge,* die mit staatlichem Einverständnis oder sogar in staatlichem Auftrag ihr Unwesen treiben. Anstatt die vermeintlichen Verschwörungstheorien mit soliden wissenschaftlichen Forschungsergebnissen zu widerlegen, fährt man krude Attacken gegen Leute, die oft mit viel persönlichem Einsatz versuchen, Klarheit in dieses Dunkel zu bringen.

Ideologisierung und politische Instrumentalisierung des Klimafaktors

Mit der Treibhaus-Geschichte lenkt man also systematisch von anderen wichtigen oder noch wichtigeren Klimafaktoren ab. Darüber hinaus ideologisiert man das Klima-Thema immer mehr und instrumentalisiert es für vielerlei politische Zwecke.

So eignet es sich zum Beispiel gut als politischer Sandkasten für junge Leute, vor allem junge Mädchen! Kein Kampf gegen die Wall Street, kein Kampf gegen Bevölkerungsaustausch, kein Kampf gegen Impfpflicht – ein *Kampf fürs Klima*, gegen Erderwärmung etc. Den großen Politschurken dieser Welt tut solche Don Quichoterie nicht weh. Die jungen Leute dürfen sich pseudopolitisch austoben und sogar die Schule schwänzen. Den Gesetzesbruch toleriert man, damit sie das Gefühl bekommen, so richtig revolutionäre Politik zu machen!

Vom politischen Sandkasten zur Ersatzreligion ist es nicht weit. So eignet sich dieses Thema auch vorzüglich für apokalyptische Horrorvisionen. Im Vergleich dazu wirken die apokalyptischen Reiter der Bibel fast schon beruhigend. In schweren Zeiten, in denen politische Entscheidungsschlachten anstehen, ist es für die Herrschenden wichtig, die Menschen nicht nur von wirklicher Politik, sondern auch von wirklicher Religion abzuhalten und sie mit Pseudopolitik und Pseudoreligion zu beschäftigen. Als die Klima-Demonstrationen anfingen, verkündeten ihre Protagonisten stolz, dass es gelungen sei, PEGIDA von der Straße zu verdrängen und die Straße zurückzuerobern: also **Klima statt PEGIDA.** Das klingt schon mal ganz gut für die Herrschenden, und auch heute können sie sich nichts sehnlicher wünschen, als dass junge Menschen nicht gegen Inflation und Wall Street, auch nicht gegen NATO und die USA, sondern gegen den Klimawandel demonstrieren!

Aber die offizielle Klimapolitik hat nicht nur eine psychologische, sondern auch eine realpolitische Seite, und hier geht es um **Demontage von Industriestaaten**, vor allem Deutschland. Hochkarätige Technologien wie die E6-Diesel-Katalysatoren, die im Hinblick auf Nano-Verschmutzung eine positive Umweltbilanz haben, werden verschrottet und nicht zuletzt die deutsche Wirtschaft insgesamt durch unnötige Auflagen und Hindernisse in den Ruin getrieben.

Viele sprechen im Zusammenhang mit der Klimapolitik von einem zweiten *Morgenthau*-Plan, der hier umgesetzt würde. Man will sehr viel Geld von den Industriestaaten in die Entwicklungsländer umverteilen, was als Grundidee nicht einmal anrüchig wäre. In der Praxis sind es aber die Strategen der UNO, die mit diesem Geld Strukturen für einen Weltstaat und eine Weltregierung finanzieren wollen.

Das Klima als Moral-Keule

Um das Geld in den Industriestaaten locker zu machen, bedarf es eines gewissen *ideologisch-moralischen Erpressungsszenarios.* Auch hierfür ist das Klimaproblem gut geeignet: Man braucht immer irgendeinen bösen Täter und irgendein armes Opfer. Das ist das Grundmodell der westlichen Pseudomoral. Der Täter in diesem Fall sind die Industriestaaten, die durch Industrialisierung das Weltklima kaputt gemacht hätten; Opfer sind die Entwicklungsländer, die jetzt durch die Folgen des Klimawandels schwer geschädigt würden.

Der Unterschied zwischen globalem Süden und globalem Norden in dieser Frage ist nicht, dass die Klimakatastrophe im Süden stattfindet und im Norden nicht. Der Unterschied ist, dass der Norden reicher ist und sich von daher besser gegen die *Folgen* des Klimawandels wappnen kann als die ärmeren Staaten im Süden; also nicht das Klima – die Armut ist das spezifische Problem des Südens, und diese ist, neben eigenem Versagen, das man nicht vergessen sollte, auch im besonderen Maß der Ausbeutung dieser Länder durch westliche Konzerne geschuldet.

In diesem Sinn dienen die Klimaphrasen dazu, die kapitalistisch-monopolistische Ausbeutung der Dritten Welt durch globale Konzerne zu vernebeln. Anstatt jede Menge heiße Luft zu produzieren und seine politischen Energien im „Kampf gegen den Klimawandel" zu verpulvern, sollte man sich überlegen, wie man die globalen Konzerne entmachten kann. Man sollte sich auch ein besseres Entwicklungshilfemodell überlegen und statt Geld zu verteilen, das in den Taschen korrupter Politiker des Südens landet, in die Infrastruktur, in Krankenhäuser, Schulen usw. investieren! Die Deutschen als Kolonialherren haben das in ihren Kolonien gemacht, die Chinesen machen es zum Teil auch. Das Prinzip muss sein: *Schenke dem Armen, wenn er zu dir kommt, nicht einen Fisch, sondern eine Angel!*

Zurück zum globalen Norden! Ob Überschwemmungskatastrophen wie im Ahrtal durch den stattfindenden Klimawandel bedingt sind, lässt sich nicht definitiv sagen. Was sich aber definitiv sagen lässt: Die Menschen im Ahrtal verdanken ihre katastrophale Situation nicht dem Klimawandel, sondern dem Totalversagen eines deutschen Staats, der immer höhere Steuern von seinen Bürgern eintreibt, seine Basispflichten ihnen gegenüber aber immer weniger zu erfüllen in der Lage ist und diesen Sachverhalt durch jede Menge Klimanebel zu vertuschen versucht!

Energiepolitik

In der Energiepolitik muss man sich heute zwei wichtige Fragen stellen: *Fossil* oder *erneuerbar*? und *zentral* oder *dezentral*? Die grüne Politik, die heute von allen Parteien und dem Staat betrieben wird, kümmert sich in dogmatisch-ideologisierender Weise nur um die erste Frage.

Die Entscheidung für den Vorrang erneuerbarer Energien ist grundsätzlich nicht falsch. Durch unnötige Vorgaben von Fristen im Stil kommunistischer Fünfjahrespläne aber bricht man das Problem übers Knie und verursacht Kollateralschäden, die stärker zu Buche schlagen als die bisherigen Erfolge. Für die Umstellung von fossil auf erneuerbar braucht man vor allem Zeit, sehr viel Zeit, und die hat man auch, wenn man sich aus den Fängen des Klimawahns löst! Letztlich beeinflusst unser Verhalten das Klima viel weniger, als unsere aufgeregt hechelnden Klimaaktivisten uns weismachen wollen. Seit es ein Klima gibt, wandelt es sich – mit und ohne Menschen. Und auch in 100 Jahren wird man noch fossile Energien benötigen, mutmaßlich weniger als heute und wahrscheinlich auch in anderer Form.

Wer aber *ausschließlich* auf erneuerbare Energien setzt, wird zunehmend irrsinnige Entscheidungen treffen, siehe z. B. die Entscheidung für **Windräder** zur energetischen Basisversorgung. Sie sind so ziemlich das Unökologischste, was in dieser Hinsicht denkbar ist: Mit tausenden Tonnen Beton werden riesige Waldflächen kaputt gemacht; werden etliche Vogelarten ausgerottet; werden Menschen, die in der Umgebung der Windräder leben, krank gemacht; werden Brände zum unlösbaren Problem für die Feuerwehr usw.

Hinzu kommt die *Volatilität dieser Energieform:* Mal weht der Wind, mal weht er nicht. Wir brauchen ungeheure Speicherkapazitäten, die wir in absehbarer Zeit auch nicht haben. Und schließlich: In einigen Regionen weht viel Wind, in anderen wenig. Dann tausende Kilometer Stromtrassen zu bauen und damit wieder tausende Quadratkilometer Natur zerstören, tausende Tierarten ausrotten und Millionen Menschen krank machen – und diese hässlichen Monster dann gewaltsam den Menschen, die sie nicht haben wollen, aufzuzwingen, wie dies gemäß Bundesgesetz jetzt zahlreiche Landesregierungen betreiben – das ist nicht ökologische Politik, das ist Irrsinn und pseudoökologischer Staatsterrorismus!

Noch einmal zur *obigen Frage* 2! **Energie muss da erzeugt werden, wo sie gebraucht wird** – das ist der beste Weg. Deshalb ist die Frage einer dezentralen Stromversorgung noch wichtiger als die Frage der Erneuerbarkeit von Energien. In diesem Sinn sind Sonnenkollektoren auf Dächern und in Gärten im Gegensatz zu Windrädern zukunftsträchtige Lösungen, wobei es natürlich auch hier an Wahnsinn grenzt, wenn man den Strom, weil dort so viel Sonne ist, mit

Kollektoren in der Sahara produzieren will und dann wieder tausende Kilometer Stromtrassen nach Europa in Kauf zu nehmen bereit ist. Man stelle sich die politische Abhängigkeit vor: Nicht nur die anglo-amerikanischen *Nord Stream* 2-Staatsterroristen – jeder Provinzpotentat, jede kleine Terrorgruppe könnte mit einfachsten Mitteln unsere Stromversorgung zusammenbrechen lassen.

Nicht zuletzt sollte man die Kosten im Auge behalten. Der Reichtum Deutschlands als Staat – die Bürger profitieren von diesem Reichtum sehr unterschiedlich – gründete nicht zuletzt auf billiger Energieversorgung durch Russland. Nur dadurch war unsere Wirtschaft unschlagbar konkurrenzfähig auf dem Weltmarkt. Unsere Laienspielschar in Berlin unterwirft sich jetzt dem amerikanischen Diktat und schneidet uns von dieser Energiequelle ab. Das bedeutet: Selbst wenn wir in kurzer Zeit den Bedarf aus Russland mengenmäßig durch andere Länder kompensieren könnten – das Ganze wird unendlich teurer, und mit unserer Konkurrenzfähigkeit auf dem Weltmarkt und damit unserem gesamten wirtschaftlichen Erfolg ist es vorbei!

Noch ein Wort zu Atomkraftwerken!

Saporoshje in der Ukraine zeigt, dass eine Region mit einem Atomkraftwerk in einem sehr weiten Umfeld nicht verteidigbar ist, es sei denn, man nimmt schweren Schaden für die Bevölkerung in Kauf. Frankreich, das bei der Stromproduktion mit Atomkraft in Europa an oberster Stelle steht, hat seinerseits klargemacht: Atomkraft versagt auch da, wo man es bisher nicht erwartet hätte. Benötigt man doch für die betrieblich notwendige Kühlung ausreichend kalte Flüsse, die aber in Hitzeperioden plötzlich nicht mehr vorhanden sind. Die Atomkraftwerke mussten heruntergefahren werden und Deutschland riesige Strommengen nach Frankreich exportieren, um die Versorgung dort aufrecht zu erhalten.

Die Suche nach Endlagern wie zuletzt in der Schweiz entlang der deutschen Grenze, macht uns deutlich, dass auch dieses Problem der Atomenergie noch lange nicht gelöst ist. Niemand will solche Endlager in seiner Nähe haben. Nicht nur, dass Grundstücks- und Immobilienpreise dramatisch fallen und die Bürger erhebliche Wertverluste erleiden – es ist nach wie vor unklar, wie stark langfristig die anliegenden Bewohner gesundheitlich geschädigt werden. All dies zeigt: Das Nutzen-Risiko-Verhältnis bei dieser Energieform ist schlecht. Sie stellt keine Lösung für die Zukunft dar.

Aber auch hier geht es darum, ausreichend Zeit für den Energieform-Wechsel einzuplanen, was unter dem Druck grüner Panikmache vielfach nicht gemacht wird. Schon gar nicht darf es sein, dass unsere Nachbarn in Polen, Tschechien, Belgien und Frankreich neue AKWs bauen, deren katastrophale Folgen im Falle eines GAUs Deutschland in gleicher Weise mittragen müsste. *Skandalös* wird es dann, wenn die Deutschen über die EU auch noch den Bau dieser Atomkraftwerke in den Nachbarstaaten finanzieren!

Schließlich ist ein Aspekt bei der Schließung von AKWs noch zu beachten: Auf keinen Fall darf die Atom*forschung*, die nicht zuletzt durch die AKW-Wirtschaft gepusht wurde, eingeschränkt oder gar ausgeblutet werden. Wir haben hier international gesehen einen sehr guten Standard, den wir aus zwei Gründen erhalten und steigern müssen: Wenn wir jetzt konventionelle AKWs schließen, bedeutet das nicht, dass wir Atomenergie künftig nicht mehr benötigen. Zum einen geht es um atomare Aufrüstung Deutschlands, die wir, wie ich ausgeführt habe, dringend benötigen, um nicht dauerhaft Erpressungsopfer der Atommächte zu bleiben.

Darüber hinaus hat auch die zivile Nutzung der Atomenergie eine große Zukunft, und zwar nicht über die Kern*spaltung*, sondern über die Kern*fusion*. Hier steht, zwar nicht für morgen, aber für übermorgen, ein Energiepotential zur Verfügung, das alle anderen Energieformen in den Schatten stellen könnte; zumal die Entsorgungs- und Sicherheitsprobleme, wie wir sie bei der Kern*spaltung* haben, hier nicht bestehen, zumindest nicht in annähernd gleichem Ausmaß.

Feminismus

Noch einige Gedanken zum Thema *Feminismus*!

Der Feminismus ist, zumindest in seinem heute im Westen fortgeschrittenen Stadium, eine gesellschaftlich und religiös destruktive Ideologie. Er geht nicht von der Harmonie der Geschlechter aus, sondern vom Kampf der Geschlechter und macht diesen zur Hauptseite im Verhältnis zwischen Mann und Frau. Dieses Verhältnis ist von seinem Wesen her auf Komplementarität angelegt, das heißt, auf gegenseitige Ergänzung. Die Feministen machen daraus ein Konkurrenzverhältnis.

Das führt nicht nur zu einer Unzahl von Scheidungen, wie wir sie früher nicht annähernd hatten, und damit zum Ende der tradierten Familie. Es führt auch dazu, dass vom Feminismus bestimmte Gesellschaften sich nicht mehr ausreichend reproduzieren können und früher oder später aussterben. Die heutigen westlichen Gesellschaften leben davon, dass sie sich den Nachwuchs an Kindern einfach aus der Dritten Welt durch Migration besorgen. Grob gesagt, die Frauen der Dritten Welt sollen für die karriereorientierten Geburtsverweigerinnen und *Mein-Bauch-gehört mir*-Ideologinnen der westlichen Gesellschaften die „Drecksarbeit" machen: Schwangerschaft, Geburt, Aufzucht und Erziehung der Kinder! Wird diese Arbeitsteilung z. B. von den Frauen der Dritten Welt gekündigt, dann bricht entweder die feministische Gesellschaft oder der Feminismus zusammen. Sarkastisch könnte man sagen, das wäre ja beides nicht so schlimm.

Das Frauenbild des Feminismus ist machistisch männlich, von der Fußballerin bis zur Kriminalkommissarin. Man schaue sich die Krimis im Fernsehen an; immer mindestens eine Kommissarin, wenn nicht zwei, und dann womöglich noch lesbisch, oder noch besser lesbisch und schwarz. Mit gezielten Schlägen erledigt so eine Kommissarin im Handumdrehen drei böse weiße Männer, die dann keuchend am Boden liegen, und das, wenn man Pech hat, nicht nur einmal, sondern zwei bis dreimal in einem Film.

An die Frauenquote haben wir uns inzwischen gewöhnt, obwohl es sich hier um einen Verfassungsbruch vom Feinsten handelt. Werden dabei doch ständig Männer bei Bewerbungen benachteiligt; überall, in der Verwaltung, in der Justiz, jetzt auch in der Wirtschaft! Auch wenn sie vom Leistungsprofil her besser sind als die weiblichen Bewerber, bekommen sie nicht den Zuschlag, weil die Frauenquote erfüllt werden muss. Das ist nicht nur eine Sauerei gegenüber den benachteiligten Männern, die millionenfach davon betroffen sind. Es führt auch schon mittelfristig zu einem erheblichen

Leistungsabfall insgesamt, wenn nicht immer die besten, sondern immer die weiblichen Bewerber bevorzugt werden.

Wenn wir mal konkret in die Politik, in die Medien, in die Verwaltung, in die Justiz schauen: Ist irgendetwas besser geworden, seit so viele Frauen hier mit im Boot sind? Wenn ich mir die Urteile des Bundesverfassungsgerichts anschaue, wo heute ja auch immer zur Hälfte Frauen sitzen; oder wenn ich gar in die Politik hineinschaue, wo, zumindest gefühlt, schon ein Frauenüberschuss besteht – da ist doch nichts besser geworden, aber auch gar nichts, im Gegenteil! Ich will ja nicht sagen, dass dies durch die Frauenbeteiligung bedingt ist. Aber wie groß tatsächlich der angerichtete Schaden durch den Quoten-Feminismus ist, kann kein Mensch exakt bestimmen.

Die hässlichste Blüte des Feminismus ist die *Mein-Bauch-gehört-mir-Ideologie,* mit der millionenfaches Abtreiben von Embryonen und Kleinkindern im Mutterleib gerechtfertigt wird. Natürlich gehört jedem Menschen erst einmal sein Bauch. Wenn aber in einem Frauenbauch ein Kind drin ist, und der Geschlechtsverkehr im gegenseitigen Einvernehmen stattgefunden hat, wie man das heute nennt – von Liebe reden wir ja gar nicht mehr – dann hat wohl der Vater des Kindes ein gewisses Mitspracherecht, wenn es um Abtreibung geht; und darüber hinaus die gesamte Gesellschaft, die ja Kinder will und braucht, um weiter zu bestehen. Der Mensch ist ein *ens sociale*, und dazu gehört, dass der schwangeren Frau ihr Bauch nicht mehr allein gehört. Diese Ansicht ist mitnichten kollektivistisch. Es wird nur versucht, hyperindividualisches Denken mit sozial-kollektiven Auffassungen in Balance zu bekommen.

Für Feministen freilich ist dieser Gedanke inzwischen absurd, wenn nicht kriminell. Aber wenn wir in die Geschichte schauen, dann haben über Jahrtausende die Menschen so gedacht und gehandelt, und auch heute, global gesehen, handelt immer noch eine übergroße Mehrheit der Weltbevölkerung nach solchen Prinzipien. Da sollten sich die *Mein-Bauch-gehört-mir*-Ideologinnen der westlichen Gesellschaft schon fragen, wer hier die Geisterfahrer sind!

Natürlich rechtfertigen medizinische und auch forensische (Vergewaltigung) Indikationen eine Abtreibung, und es gibt auch noch andere Härtefälle in sozialen Konfliktsituationen etc. Schließlich geht es auch nicht darum, das juristische Rad der Geschichte in Europa mit Gewalt zurückzudrehen. Es ist sicher nicht gut, Frauen zu einer Geburt zu *zwingen*, nicht gut für die Frau, und nicht gut für das Kind. Von daher muss die Lösung dieses Problems nicht eine juristische, sondern eine moralisch-religiöse sein. Da kann man sich zur Not sogar auf die zivile Menschenrechtsreligion berufen. Denn es kann nicht sein, den ungeborenen Kindern im Mutterleib das Recht auf Menschsein abzusprechen und den Frauen ein Menschenrecht auf Abtreibung, den Kindern aber kein Menschenrecht auf Geburt und Leben zuzugestehen!

Von daher plädiere ich für eine Entjustitiabilisierung und auch Entpolitisierung des Abtreibungsproblems. Man kann es nur durch ein fundamentales Umdenken bei Frauen und Männern lösen, durch ein neues Frauenbild, das Mütterlichkeit wieder als höchsten Wert von Weiblichkeit empfindet und verehrt. Die stattfindenden Abtreibungsorgien – allein in Deutschland seit 1960 ca. sechs Millionen legale Abtreibungen – sind eine Todsünde der westlichen Gesellschaften, die, wenn sie das nicht ändern, allein deswegen schon dem Untergang geweiht sind, und das wäre auch gut so.

Der Feminismus kann in archaischen, vor allem islamischen Gesellschaften (Iran, Saudi Arabien) noch eine positive Rolle spielen. Im Westen wird er immer mehr zum Wahn und, wenn wir ihm nicht Einhalt gebieten, auch zum politischenTerror – siehe den sog. Vergewaltigungsprozess von Julian Assange in Schweden!

VI. Religion, Ideologie, Zivilreligion

[In die Diskussion des Themas schaltet sich jetzt ein fiktiver Leser mit verschiedenen Fragen ein]

Frage: Inwiefern ist Religion heute noch von Bedeutung. Vordergründig sieht es zumindest in Europa so aus, dass die Gesellschaften immer religionsloser, das heißt säkularer werden.

Antwort: Zunächst muss man sich klar werden, was Religion allgemein für den Menschen bedeutet. Religion ist das spezifisch Menschliche schlechthin. Es fängt bei der Definition des Menschen an. Was unterscheidet ihn wesentlich vom Tier? Manche sagen, er kann Feuer machen, das Tier nicht. Andere sagen, der Mensch kann sprechen, das Tier nicht. Wieder andere sagen, der Mensch kann rechnen, das Tier kann das nicht usw.

Die Verhaltensforschung an Tieren hat aber gezeigt, dass genannte Fähigkeiten beim Menschen zwar ungleich höher entwickelt, aber *ansatzweise* mehr oder weniger auch im Tierreich zu finden sind.

Was es freilich nicht gibt, sind betende Tiere. Ein Tier ist nicht in der Lage, etwas zu denken oder zu ahnen, was über Raum und Zeit hinausgeht, und dementsprechend nicht in der Lage, mit solcherart vorgestellter Transzendenz Kontakt aufzunehmen, zu beten, zu kommunizieren. **Der Mensch ist ein Tier, das religiös sein kann.** Der Mensch ist ein religionsfähiges Tier. Das ist sein Alleinstellungsmerkmal gegenüber dem Tier.

Frage: Mit letzter Sicherheit kann man aber nicht beweisen, dass nicht auch Tiere irgendwie religiös sein können.

Antwort: Mit letzter Sicherheit kann man überhaupt nichts beweisen. Es ist ein Irrglaube des Rationalismus, dass ein letzthin sicheres Wissen möglich sei. Mit letzter Sicherheit kann man nur sehr banale Dinge wissen: dass hier ein Tisch steht oder da ein Auto vorbeifährt. *Woher? Wohin? Warum?* – die Antwort auf die großen Fragen des Lebens aber kann niemand mit letzter Sicherheit wissen. Mit letzter Sicherheit, die immer subjektiv ist, kann man die großen Antworten des Lebens nur glauben. Um mit letzter Sicherheit zu wissen, müsste man mit Wissenschaft in die letzten Dinge eindringen können. Das kann man aber nur mit dem Glauben.

Frage: Eine sehr unbefriedigende Antwort für Ungläubige!

Antwort: Das ist das Problem der Ungläubigen. Mit dieser fundamentalen Unbefriedigtheit müssen sie leben. Sie gehört wesentlich zur Ungläubigkeit, für die sie sich entschieden haben.

Frage: Dann glauben Sie also nur, um letzte Sicherheit zu bekommen?

Antwort: Die Frage ist unsinnig. Man glaubt nicht, um etwas zu erreichen. Glauben ist kein intentionaler, sondern ein existenzieller Akt. Man glaubt, oder man glaubt nicht. Das sind zwei verschiedene Seinsweisen.

Frage: Jetzt wird's aber sehr philosophisch!

Antwort: Wie wollen Sie denn das sonst diskutieren? Im Übrigen ist die Sicherheit, die man im Glauben bekommt, immer eine nur kurz aufleuchtende. Man kann sich nie auf seinem Glauben ausruhen. Da passiert irgendetwas Schlimmes, und schon gerät er ins Wanken! Das ist ganz normal. Oder es geht einem zu gut, dann vergisst man einfach den Glauben.

Glauben ist etwas, um das man kämpfen muss. Wenn ich sage, ich glaube oder ich bin religiös, ist das eigentlich falsch. Richtig müsste es heißen, ich kämpfe um den Glauben, ich kämpfe um meine Religion.

Frage: Was sagen Sie, wenn manche Religion nur für einen Wahn halten?

Antwort: Das ist in der Tat die Frage aller Fragen: Sind Religiöse wahnkrank, oder sind Areligiöse Religionskastraten, sozusagen geistige Eunuchen?

Im Übrigen ist das Problem noch viel komplexer, denn eigentlich gibt es keine völlige Areligiosität, sondern nur eine mehr oder weniger unterdrückte Religiosität. Jeder Mensch wird religiös geboren, das heißt, **jedes Kind ist erst einmal gläubig**. Es muss einiges passieren bzw. man muss einiges dafür tun, dass diese ursprüngliche Religiosität unterdrückt wird und im Unterbewusstsein verschwindet.

Es ist auch nicht so, dass sie da nicht wirkt. Im Gegenteil: Bewusst areligiöse Mensche neigen dazu, überall ein Religionsurrogat, eine Ersatzreligion zu suchen. Sie laden Dinge mit religiöser Energie auf, die gar nicht dafür gedacht sind, von der Politik bis zum Fußball.

Frage: Was halten sie von **Agnostikern**? Die haben inzwischen die aggressiven Atheisten abgelöst. Sie sagen nicht, dass es keinen Gott gäbe. Die sagen nur, man könne nicht wissen, ob es einen gibt oder nicht.

Antwort: Der Agnostizismus ist eine laue Nummer. Ich habe ja gesagt, dass jeder irgendetwas glaubt. Jede größere Lebensentscheidung wird aus einer mehr oder weniger religiösen Grundüberzeugung heraus gefällt. Ob und wie religiös man ist, erkennt man oft erst in existenziellen Grenzsituationen. Eine größere Verbreitung des Agnostizismus ist typisch für Wohlstands- und Friedensgesellschaften, denn viel Wohlstand und langer Frieden lassen Religiosität sozusagen absterben.

Frage: Das sind jetzt alles *individuelle* Probleme, nicht kollektive, nicht gesellschaftliche, nicht staatlich-politische. Man ist sich inzwischen in Europa darin einig geworden, dass individuell jeder glauben kann und darf, was er will. Diese Ansicht teilen Sie doch?

Antwort: Diese Ansicht teile ich.

Frage: Und dass es dafür am besten ist, dass sich die Gesellschaft selbst areligiös versteht und insbesondere auf religiöse Symbole in der Öffentlichkeit verzichtet?

Antwort: Diese Ansicht teile ich nicht. Denn wie es bei genauerem Hinsehen keine wirklich areligiösen Menschen gibt, so gibt es bei genauerem Hinsehen auch keine wirklich areligiösen Gesellschaften. Wenn z. B. in Frankreich alle religiösen Symbole in der Öffentlichkeit verboten sind – man nennt diese intolerante Form des Säkularismus bekanntlich „*Laizismus*" – dann bedeutet das ja nicht Areligiosität. Es bedeutet vielmehr, dass die französische Gesellschaft *vom Atheismus beherrscht* wird. Der *Atheismus* ist auch nur ein Glaube und nicht, wie er selbst oft vorgibt, quasi wissenschaftlich gesichertes Wissen. Das Aufhängen eines Kreuzes in einem Schulklassenzimmer ist deshalb genauso ein religiöses Ritual wie das Abhängen eines Kreuzes! Wer anderes behauptet, ist ein Religionsbetrüger.

Laizismus bedeutet also nicht Areligiosität, sondern die Herrschaft bzw. Diktatur der atheistischen „Religion" über die konventionellen Religionen.

Frage: In Deutschland können Sie ja alle religiösen Symbole öffentlich präsentieren. Ist das besser?

Antwort: Nicht unbedingt. Zunächst sollte man unterscheiden zwischen öffentlichen Räumen, wo man hingehen *muss,* und solchen, wo man hingehen *kann,* aber nicht muss. In letzteren kann man sich mehr Toleranz und Liberalität leisten als in ersteren.

Frage: Können Lehrerinnen ein Kopftuch im Unterricht tragen und können Kreuze in Schulklassenzimmern hängen: ja oder nein?

Antwort: Kreuze *ja,* Kopftücher *nein.* Das gilt für Europa, nicht für den Rest der Welt.

Frage: Das ist jetzt aber eine Ungleichbehandlung von Religionen, und das geht gar nicht.

Antwort: Das geht sehr wohl. Der entscheidende Begriff, den wir jetzt brauchen, ist „Leitkultur". Jede Gesellschaft hat ihre Leitkultur und ihre Religion, von der sie diese Leitkultur ableitet. Wenn man sagt, wir haben keine Leitkultur, wir sind für alles offen, dann ist das ein großer Schwindel. Denn erstens fällt eine Gesellschaft, die keine Leitkultur hat, sehr schnell auseinander, und zweitens haben wir in Deutschland eine Leitkultur. Genauer gesagt haben wir noch zwei Leitkulturen, und das genau ist unser Problem. Die traditionelle christlich-europäische Kultur soll als Leitkultur einer säkularen Menschenrechtsreligion weichen – ein Prozess, der schon weit fortgeschritten ist!

Schließlich haben wir noch einen dritten Aspiranten für die Leitkultur, nämlich den Islam. Er ist längst raus aus der Phase des bloßen *toleriert-werden-Wollens* und hat sich auch in Deutschland eine relativ große Parallelgesellschaft mit islamischer Leitkultur aufgebaut. Die islamische Parallelgesellschaft, so die Strategie der Islamisten, soll dann nach und nach die tradierte europäische Gesellschaft übernehmen. Aber unser Hauptproblem ist das noch nicht.

Frage: Was ist denn unser Hauptproblem?

Antwort: Dass die amerikanische Menschenrechtsreligion immer inquisitorischer die christlich-europäische Kultur als Leitkultur verdrängt; siehe Gender (homosexuelle Ehen etc.), siehe Feminismus (Abtreibung bis zum 9. Monat etc.), siehe geschichtliche Tradition (Umbenennung von Straßennamen), siehe nicht zuletzt den Frontalangriff auf die Katholische Kirche in der sog. Antimissbrauchskampagne. Kruzifixe werden aus Klassenzimmern und Gerichtssälen entfernt und Gipfelkreuze reihenweise abgeholzt, ohne dass dies strafrechtlich relevant verfolgt würde. Aber schon kleinste Schädigungen, z. B. Schmierereien an Synagogen werden medial aufgebauscht, während Kirchen- und Friedhofsschändung überhaupt kein mediales Thema ist. Der entscheidende Unterschied ist: Die Synagoge gehört zur säkularen Menschenrechtskultur, die Kirche nicht!

Frage: Bei uns also Multikulti statt Christentum?

Antwort: Besser: *Menschenrechte statt Christentum*. Denn Multikulti ist ja erst einmal nur ein Toleranzexzess, der auf Dauer nicht existenzfähig ist. Um dieses Durcheinander zu ordnen und zusammenzuhalten, hat man ja die Menschenrechtsreligion als einigendes Band; und das müssen Multikulti-Bürger als erstes anerkennen, um dann, als zweites, ihrer speziellen Religion – das kann dann praktisch jede sein – nachgehen zu können.

Es ist wie mit der Kaiser-Religion im alten Rom. Alle mussten erst einmal den Kaiser anbeten, und dann konnten sie religiös machen, was sie wollten. Und so ist es heute auch: Alle müssen erst einmal die amerikanischen Menschenrechte anbeten, dann dürfen sie auch andere Religionen ausüben, sogar die christliche. Aber wie schon damals die Christen sich weigerten, den Kaiser anzubeten, sollten auch heute die Christen erkennen, dass es sich bei den amerikanischen Menschenrechten nicht um ein paar moralische Sentenzen handelt, sondern um eine immer totalitärer und inquisitorischer werdende *Alternativreligion,* die in wesentlichen Punkten der christlichen Religion widerspricht.

Frage: In welchen Punkten widersprechen die Menschenrechte der christlichen Religion?

Antwort: Zunächst fällt auf, dass nicht mehr von Menschenpflichten und Gottesrechten, die traditionell den Kern einer Religion ausmachen, die Rede ist, sondern nur noch von Menschenrechten, und die werden dann im Wesentlichen politisch verstanden und umgesetzt.

Wenn die EU das Kosovo annektiert, praktiziert sie die Menschenrechte. Wenn die Krim sich Russland anschließt, verstößt das dagegen. Wenn die NATO Belgrad bombardiert, ist das menschenrechtskonform – wenn Russland militärisch gegen die Ukraine vorgeht, aber nicht.

Diese schon im Ansatz bestehende Politisierung der Menschenrechte führt dazu, dass sie in der Praxis im Wesentlichen der Verklausulierung von Interessenspolitik dienen. Die Interpretationshoheit im konkreten Fall obliegt dann immer den USA und ihrem Westen, und man kann sagen, dass, was die USA tun, sozusagen per definitionem praktizierte Menschenrechtspolitik ist! Im Nachhinein könnte man hinzufügen: Die Amerikaner haben dieses Menschenrechtskonzept erfunden, um ihre imperialen Ziele damit besser verfolgen zu können.

Auch die Rhetorik der Migrationslobbyisten trieft nur so von „Menschenrechten". Da ist zunächst das Menschenrecht auf Asyl, das heißt, jeder Migrant hat ein Recht auf ein Asylverfahren und kann erst einmal bleiben, wo er ist, auch wenn er gewaltsam dort eingedrungen ist. Wird er abgelehnt, gibt es trotzdem hunderttausend Gründe, dass er nicht abgeschoben wird. Er hat dann ein Recht auf ein „Bleiberecht" usw. Also wo man hinschaut, überall wimmelt es nur so von Menschenrechten, die immer einschneidende politische Auswirkungen erzielen.

Frage: Sie halten das Menschenrechtskonzept für primär politisch?

Antwort: Ja, es stammt nicht von Propheten oder Priestern, sondern von Politikern, vor allem sog. Freimaurern. In diesem Konzept wird Politik zur Religion und Religion zu Politik. Politik und Religion sind von vornherein vollständig miteinander verquickt, im Gegensatz zum Christentum, das gemäß dem Grundsatz *Gebt dem Kaiser, was des Kaisers ist* die beiden Bereiche erst einmal auseinander zu halten versucht; und Jesus Christus, der Schöpfer des Christentums, hat auch politisch eine unglaubliche Wirkung. Er war aber von seinem Wesen her sicherlich kein Politiker.

Frage: Was bedeutet das konkret?

Antwort: Dass politische Fragen sehr schnell zu Glaubensfragen werden; siehe Corona, siehe Ukraine-Krieg, und dass politische Auseinandersetzungen darum sich immer mehr zu Glaubenskämpfen wandeln.

Ideologie und Zivilreligion

Frage: Was ist der Unterschied zwischen Ideologie und Religion?

Antwort: Ideologie ist ein geschlossenes Weltbild zu einer bestimmten Sache und im Gegensatz zur Religion ohne irgendeinen Jenseits-Bezug. Ideologie kennt keine Transzendenz, allenfalls eine „Utopie". Übersetzt bedeutet das einen *Nicht-Ort*, also einen Ort, den es nicht gibt.

Kommen zu einer Ideologie gewisse Rituale und missionarische Tendenzen, können wir von *„Ersatz-, Zivil- oder Säkularreligion"* sprechen. Solche Säkularreligionen, wie der Kommunismus oder die Menschenrechtsideologie, neigen in hohem Maß zu inquisitorischem Verhalten.

Um aus einer bloßen Ideologie eine Säkularreligion zu machen, bedarf es nicht zuletzt der Emotionen. Diese werden massenpsychologisch über die Erzeugung von Angst und / oder Schuldgefühlen geschürt. Bei Corona hat man z. B. systematisch durch eine alarmistische Berichterstattung ein enormes Angstpotential in der Bevölkerung aufgebaut.

Frage: Corona war doch, wie Sie selbst immer wieder sagen, eine reale Pandemie mit einer durchaus ernstzunehmenden Infektionskrankheit.

Antwort: Ja natürlich. Jede Ideologie braucht eine reale Basis, ein reales Problem, eine reale Gefahr. Die berüchtigste Ideologie ist der Kommunismus, sein Begründer Karl Marx. Ausgangspunkt war die Ausbeutung des Industrieproletariats in der Gründerzeit des Kapitalismus. Diese Ausbeutung war ja nicht von Marx erfunden. Sie war real und grausam und schrie nach Handlungsbedarf, und darauf wurde dann die ganze kommunistische Ideologie aufgebaut.

Und Corona konnte nur politisch ideologisiert werden, weil eine reale Gefahr da war und so die systematisch erzeugte Angst eine Grundlage hatte. Bei der Schweinegrippe 10 Jahre zuvor war das nicht der Fall. Dementsprechend konnte man keine Pandemie politisch ideologisieren, weil keine da war.

Es muss also etwas Reales da sein, über das man dann einseitig oder aufbauschend oder verzerrt berichten kann, um bestimmte Emotionen zu erzeugen. Diese Emotionen setzt man ein, um bestimmte Verhaltensweisen der Menschen auszulösen.

Oft will man dabei eine Art neuer Volksgemeinschaft zusammenschweißen: auf der einen Seite die *Guten*, die alle Maßnahmen der Regierung, mögen sie auch noch so idiotisch sein, brav mitmachen und sich sogar mit einem nicht ordentlich zugelassenen Präparat impfen lassen, dessen Nebenwirkungspotential nicht annähernd erforscht ist. Sie werden von der Regierung und ihren Medien zu den „Guten" ernannt, sie bilden die neue *Corona-Volksgemeinschaft*. Auf der anderen Seite die „Bösen", die nicht zur Volksgemeinschaft gehören, die Leugner, „Maskenmuffel" und Impfverweigerer! Sie werden zum Sündenbock, gegen den man aus allen Rohren hetzt, und sind schuld, dass sich die Seuche ausbreitet, dass Menschen sterben usw.

Bei allen politischen Ideologien findet sich das *Täter-Opfer*-Modell als Grundstruktur: bei der *Klima*-Ideologie, bei der *Corona*-Ideologie, bei der *Anti-Russland*-Ideologie usw. Ideologie bedeutet, Angst und Schuldgefühle zu erzeugen und Sündenböcke zu kreieren, mit denen man vom eigenen Versagen ablenkt. Nicht zuletzt bedeutet Ideologie, die Gesellschaft zu polarisieren und zu spalten nach dem alten Prinzip *„Teile und herrsche"*!

Frage: Sie sprechen auch von „Narrativen". Was ist der Unterschied zwischen Narrativen und Ideologien?

Antwort: Ein Narrativ ist der Kern, die Quintessenz einer Ideologie bzw. Religion. Es gibt noch weitere Begriffe wie *Weltanschauung*, *Paradigma* usw., die sich vielfach überschneiden und in ihrem Gebrauch auch einer gewissen Mode unterliegen.

Menschenrechte und Antirassismus

Frage: Die Menschenrechtsreligion ist weltweit nicht unumstritten?

Antwort: Mitnichten. In vielen Ländern, in Europa vor allem in Ungarn und Russland, wird der Glaubenskrieg gegen die westliche Zivilregion hart geführt. In Deutschland dagegen opfern die politische Klasse und ihr Anhang widerstandslos unsere christlich-europäische Leitkultur dieser US-amerikanischen Importideologie. Auch außerhalb Europas, in China, im islamischen Kulturkreis und anderswo, stößt die amerikanische Menschenrechtsreligion zunehmend auf Widerstand. Man spricht von *Menschenrechtsimperialismus* und *Menschenrechtskolonialismus*, und das zu Recht! Freilich gibt es gerade auf islamischer und chinesischer Seite auch zahlreiche antiwestliche Argumente, die nicht die unsrigen sind!

Frage: Das Thema *Rassismus* und *Antirassismus* gehört wesentlich zur Menschenrechtsreligion?

Antwort: Natürlich. Der Antirassismus gründet philosophisch auf dem *Egalitarismus*, das heißt, dem Prinzip der absoluten Gleichheit aller Menschen, und der Egalitarismus gilt als ein Grundelement der Menschenrechte. Ursprünglich ging es um die Gleichheit der Menschen vor dem Gesetz. Heute ist das zu einem Wahn mit Universalanspruch ausgeartet. Wenn alle Menschen gleich sind, darf es natürlich auch keine Rassen mehr geben. „Wissenschaftler", die so einen Stuss bestätigen, wurden schnell gefunden, was in einer geistig völlig verwirrten Gesellschaft nicht so schwer war. Wir erinnern uns in diesem Zusammenhang an diverse Professoren der DDR, die dort den „*wissenschaftlichen* Sozialismus" gelehrt haben. Sie senden herzliche Grüße aus der Vergangenheit an unsere Gender-Professoren und „wissenschaftlichen" Rasse-Leugner.

Über Coudenhove-Kalergi und seinen *Rassenvermischungsrassismus* habe ich gesprochen. Immerhin akzeptiert er noch die Existenz von Rassen. Coudenhove-Kalergi liefert die theoretische Basis für das, was heute da politisch passiert. Dabei ist festzustellen, dass jetzt nicht mehr der Rassismus der Weißen gegen Farbige, sondern der der Farbigen gegen Weiße die politische Szene dominiert, allen voran der BLM-Rassismus der Schwarzen in den USA!

Man höre sie sich nur einmal an, diese linken Antirassisten, wie sie gegen „alte weiße Männer" hetzen und ganz selbstverständlich solche superrassistische Begriffe benutzen - also ein Rassenkampf gegen „weiße alte Männer"? Von wem geführt – von farbigen jungen Frauen?

Sie führen sich auf, wie die heilige Inquisition in ihren schlimmsten Zeiten. Überall wittern sie Diskriminierung. Wenn man einen Schwarzen nur fragt, wo er herkommt, sei das schon „rassistisch"; und wenn man gar Karl May liest, betreibt man „kulturelle Aneignung" – ein ganz schlimmes Diskriminierungsverbrechen! Der Schlesinger-Funk (ARD) sendet schon keine Karl May-Filme mehr!

Diese Leute haben nicht mehr alle Tassen im Schrank.

Früher landeten solche Antidiskriminierer auf der Couch des Psychotherapeuten, heute „therapieren" sie ihren Wahn, indem sie ihn politisch verbreiten und die ganze Gesellschaft damit krank machen.

In der Tat sind es oft junge Frauen, nicht wenige mit Migrationshintergrund und nicht selten ohne irgendeine Berufs- oder gar Lebenserfahrung; einfach ohne nix - aber aggressiv und rotzfrech, wenn sie losgeifern gegen „Rechte", gegen „Diskriminierung" usw. Viele Ureuropäer empfinden sich zu Recht durch solchen Meinungsterror diskriminiert!

Die drei Phasen des Kommunismus

Frage: Auch der Kommunismus ist eine Ideologie?

Antwort: Der Kommunismus ist die Ideologie der Ideologien - ein ausdifferenziertes und ausformuliertes Gesamtkonzept gegen die christliche Weltanschauung und ein Masterplan für eine *Civitas diaboli!*

Ich unterscheide, wie Leser meiner Bücher wissen und wie ich es auch hier schon angedeutet habe, drei Stufen des Kommunismus. Die *erste* Stufe bzw. Phase ist die des **roten** Kommunismus. Hier geht es vor allem um sozio-ökonomische Enteignung, also den Sturz der wirtschaftlichen Eliten und ihrer politischen Repräsentanten, der sog. *Bourgeoisie.*

Die *zweite* Phase ist die des **grünen**, des EU-Kommunismus. Hier geht es um *kulturell-religiöse* Enteignung, insbesondere die Enteignung von Gruppenidentitäten der Europäer und der weißen Amerikaner. Familien werden zerstört und die Identität der traditionellen Familie (Mann, Frau und Kind) durch eine diffuse Gender-Identität ersetzt.

Die europäischen Nationalstaaten werden aufgelöst und deren Bevölkerung durch eine afroasiatische Mischpopulation bis zur totalen Unkenntlichkeit verdünnt. Die tradierte Religion Europas, das Christentum, wird systematisch beseitigt und durch einen multikulturellen Mischmasch ersetzt.

Die *dritte* Phase des Kommunismus ist die **schwarze**. Seine Akteure nennen sich selbst **Transhumanisten**. Es geht um eine individuelle und psychologische Enteignung, um die Enteignung von Personalität durch Vermischung und Verquickung mit Informationstechnologie. Der Mensch wird reduziert auf einen technologisch gesteuerten Bewusstseinszustand mit einem nicht-technischen, nämlich biologischen Datenträger. Das ist das Endziel des schwarzen Kommunismus: die Enteignung des Menschen vom Mensch-sein – **das Ende des Menschen.**

Frage: Was ist mit dem chinesischen Kommunismus?

Antwort: Der chinesische Kommunismus ist eine Mischform, sozusagen eine Synthese aus hitleristischem Nationalsozialismus und stalinistischem Kommunismus. Auch der grüne Kommunismus ist eine Mischform, nämlich eine aus amerikanisch-westlichem Kapitalismus und trotzkistischem Kommunismus.

Frage: Wo finden wir uns heute?

Antwort: Wir finden uns derzeit in der Hochphase des grünen Kommunismus, die sich mit der Anfangsphase des schwarzen Kommunismus überschneidet.

Der rote Kommunismus hatte mit dem *Marxismus-Leninismus* ein in sich geschlossenes geistig weltanschauliches Konzept, den dialektischen Materialismus. Der grüne Kommunismus hat dies in dieser Form nicht, ist offener und volatiler. Seine Basis ist nicht mehr der Marxismus, es sind die amerikanischen Menschenrechte. Seine Strategie und Taktik orientieren sich nicht mehr an Lenin, sondern wurzeln im sog. ***Kampf gegen rechts***. Dieser gründet auf drei Säulen: auf der Säule des *Antirassismus*, auf der Säule des *Anti-Antisemitismus* bzw. *Judäozentrismus* und auf der Säule der Bekämpfung sog. Verschwörungstheorien. Auf den ersten Blick also ein Antikonzept, ein rein destruktives Konzept ohne genuin positives Fundament.

Über Antisemitismus und Anti-Antisemitismus

Zunächst einmal fällt auf, wie das Thema *Antisemitismus* in Deutschland und im ganzen Westen künstlich aufgebauscht wird. In Deutschland haben wir beispielsweise 16 Antisemitismus-Beauftragte: in jedem Landtag einen, und dann noch einen extra im Bundestag! Aber wozu brauchen wir bitteschön Antisemitismus-Beauftragte? Was sollen die den ganzen Tag tun?[24]

Was bedeutet Antisemitismus? Er bedeutet eine negative Einstellung zu Juden, im schlimmsten Fall Judenhass. Das ist zunächst einmal eine Einstellung, eine Gesinnung, die in einem Rechtsstaat möglich sein muss, genau wie eine negative Einstellung zu Deutschen bis hin zum Hass gegen alles Deutsche. Ob solche Einstellungen schön sind, ob sie von einem guten Charakter zeugen, ist eine andere Frage. Auf jeden Fall müssen sie möglich sein. Erst wenn aus solchen Einstellungen Straftaten verübt werden, ist der Staatsanwalt zuständig. Dafür brauchen wir aber keine Antisemitismus-Beauftragten.

Hinzu kommt, dass gerade in Deutschland der Antisemitismus-Vorwurf in einer Unbestimmtheit, ja Beliebigkeit vorgetragen wird, die ihresgleichen sucht. Selbst der Baden-Württemberger Antisemitismus-Beauftragte Blume wurde von jüdisch-amerikanischen Lobbyorganisationen wie der *Anti-Defamation League* (ADL) des Antisemitismus geziehen. Der Mann fiel aus allen Wolken. Und genauso erging es dem ersten Inhaber eines Lehrstuhls für Antisemitismus Wolfgang Benz. Beide, Blume und Benz, sind ausgewiesene, fast schon hörige Freunde des Judentums.

So etwas ist grotesk und wirft ein Schlaglicht auf den Gebrauch des *Antisemitismus-Vorwurfs* in Deutschland. Geht man davon aus, dass man wirklich Judenhass thematisieren will, dann ist die über-

[24] Als in Baden-Württemberg die Institution eines Antisemitismus-Beauftragten geschaffen wurde, saß ich im Stuttgarter Landtag. Es gab nur eine einzige Gegenstimme gegen diesen Beschluss, und das war meine. Ich vertrat damals die Ansicht: wenn schon einen „Beauftragten", dann nicht einen gegen Judenfeindlichkeit, sondern einen gegen Deutschenfeindlichkeit. Diese sei bei uns das entschieden größere Problem!

große Mehrheit dieser Vorwürfe substanzlos, an den Haaren herbeigezogen und mitunter bewusst provozierend.

Nehmen wir **drei Beispiele** der jüngeren Zeit; zunächst die ***Documenta*-Ausstellung** in Kassel 2022: ein großes Bild mit zahllosen Einzelheiten zeigt unter anderem Soldaten mit Davidstern und Roboterzähnen, und irgendwo steht auf einer Mütze Mossad. Das Bild ist von asiatischen Künstlern. Kein normaler Mensch kommt auf die Idee, dass hier Antisemitismus am Werk sei. Doch es gibt einen Riesen-Bohai in den Medien – überall, und das über Wochen! Das kritisierte Bild wird abgehängt, die verantwortlichen Organisatoren der Ausstellung müssen zurücktreten und der *Zentralrat der Juden in Deutschland* verkündet: Das Beispiel zeige, die „Wächterfunktion" des Zentralrats sei im Hinblick auf Antisemitismus in Deutschland weiterhin dringend notwendig.

Der *Zentralrat der Juden in Deutschland* ist also keine normale Lobbyorganisation für jüdische Interessen. Nein, er beansprucht eine **Wächterfunktion über die Deutschen** – ein aufschlussreiches Statement!

Noch schlimmer als solche Verlautbarungen selbsternannter „Wächter" ist die Reaktion der deutschen Öffentlichkeit. Da ist wirklich niemand, der sich hinstellt und sagt, so einen anti-antisemitischen Humbug können wir uns nicht weiter bieten lassen!

Das gilt auch für das **zweite Beispiel:** Bei seinem Besuch in Berlin verwendet Mahmud Abbas, der Chef der palästinensischen Verwaltungsbehörde, den Begriff *Holocaust* im Zusammenhang mit israelischen Terrorakten gegen sein Volk. Auch diesmal hellste Empörung all überall! Nun mag dieser Vergleich völlig überzogen sein. Man sollte aber bedenken, das Mahmud Abbas persönlich betroffen ist und es hier um ungesühnte Verbrechen der Gegenwart geht, wo das Blut noch nicht trocken ist.

Wir haben also auf der einen Seite einen fragwürdigen Vergleich, den man schlimmstenfalls als „Meinungsverbrechen" bezeichnen könnte; auf der anderen Seite die Kritik an aktuell geschehenen und immer wieder geschehenden Verbrechen. Es ist unerträglich, wenn die deutsche Politik und ihre Medien auf Ersteres mit grenzenloser

Empörung reagieren und Letzteres, die israelischen Besatzungsverbrechen, unter den Teppich kehren. Dabei hat Israel allein bei seinen Einsätzen im Gaza 2008/09 und 2014 durch Bombardements jeweils ca. 1500 Menschen umgebracht, ein Drittel davon waren Kinder.

Das **dritte Beispiel** schließlich legt den Verdacht nahe, dass viele sog. antisemitische Vorfälle einfach erlogen sind. 2021 soll zum Beispiel der **Musiker Gil Ofarim** in einem Leipziger Hotel von zwei Angestellten antisemitisch beleidigt worden sein, weil er eine Halskette mit einem Davidstern getragen habe: weltweite Empörung von der Süddeutschen Zeitung („entsetzlich") bis hin zu CNN – Demonstrationen vor dem Hotel, Morddrohungen gegen einen der beiden Angestellten und ein „fassungsloser" Heiko Maas, damals deutscher Außenminister: Ofarim sei leider „kein Einzelfall". Mit Letzterem dürfte Maas sogar rechthaben.

Die beiden Hotelangestellten bestreiten glaubhaft, Ofarim in irgendeiner Weise beleidigt zu haben. Sie haben eine Verleumdungsklage so wie eine Anzeige wegen Vortäuschens einer Straftat eingereicht. Ein Hotelüberwachungsvideo soll zeigen, dass Ofarim zu besagtem Zeitpunkt gar keine Halskette getragen habe. Am 24. 10. 2022 sollte vor dem Landgericht Leipzig der Prozess beginnen. Schon im Vorfeld hetzten die Anwälte Ofarims gegen das Gericht, erklärten es für befangen und beschwerten sich über eine angebliche Vorverurteilung ihres Mandanten. Tatsächlich erreichten sie, dass das Gericht die Prozesstermine aufhob und das Verfahren auf unbestimmte Zeit vertagt wurde. Begründet wurde diese Entscheidung mit einer „Fürsorgepflicht für den Angeklagten", was auch immer das bedeuten soll.

Es geht hier nicht primär um Ofarim und das Leipziger Hotel. Es geht um die Reaktionen der westlichen Öffentlichkeit, die stereotyp und ungeprüft alles aufgreift und aufbauscht, was irgendwie nach Antisemitismus aussieht, um dann vor einer angeblich großen Antisemitismusgefahr in Deutschland zu warnen.

Diese Gefahr ist ein Fake! Tatsächlich genießen Juden in Deutschland eine bevorzugte Position, insbesondere in der Erinnerungskultur. Jede Nasenlänge wird in der *Tagesschau* etc. der Befreiung irgendeines Konzentrationslagers gedacht, während christliche Feiertage wie Pfingsten oder auch politische Gedenktage wie der 20. Juli immer mehr aus diesen Nachrichten verschwinden. Obwohl es jede Menge kommunistische und US-Alliierte-Verbrechen (Hiroshima!) gibt, wird fast ausschließlich an die Verbrechen des Nationalsozialismus erinnert. Viele Menschen aller Nationen, Ethnien und Kulturen sind durch politische Gewalt im 20. Jahrhundert umgekommen. Aber in der medialen deutschen Öffentlichkeit gibt es nur jüdische Opfer. Die deutsche Erinnerungskultur ist **judäozentristisch**.

In der außenpolitischen Berichterstattung spielt dann natürlich auch Israel eine Sonderrolle. Bombenterror im Gaza, ständige Luftangriffe in Nordsyrien, Polizeiterror in den besetzten Gebieten – alles wird in deutschen Medien bagatellisiert, beschönigt oder ganz weggelassen; und wenn dann *Amnesty International*, im übrigen eine linke NGO, von „Apartheid in Israel" spricht, wird dies offiziell von der deutschen Bundesregierung wegen Verbreitung von Antisemitismus gerügt.

Haben Juden einen Sonderstatus in Deutschland?

Offenkundig zeigt sich eine Sonderrolle von Juden in der deutschen Rechtsprechung des Paragraphen 130 (Volksverhetzung). Zahlreiche Menschen – genaue Statistiken werden offensichtlich bewusst nicht veröffentlicht – haben zum Teil hohe Strafen wegen „Holocaustleugnung" erhalten. Die inzwischen 94-jährige Ursula Haverbeck, die schon einige Jahre im Gefängnis saß, weil sie Auschwitz nicht als „Vernichtungslager", sondern als „Arbeitslager" bezeichnet hat, soll jetzt erneut (mit 94 Jahren!) wegen nämlicher Delikte einsitzen. Das ist juristisch und humanitär ein Skandal, zumal es um ein „Meinungsverbrechen" geht, das es vom Grundgesetz her gar nicht geben dürfte.

So sieht es zunächst auch das Bundesverfassungsgericht (BVG) in seinem sog. **Wunsiedel-Urteil** von 2009: Es sei in der Tat formalrechtlich nicht mit dem Grundgesetz vereinbar, die Gutheißung von Verbrechen des nationalsozialistischen Regimes unter Strafe zu stellen, die Gutheißung von kommunistischen und anderen Verbrechen (Gulag, Dresden, Hiroshima) dagegen nicht.

Hier gehe es aber um eine „Ausnahme“, denn die Verbrechen des NS-Systems seien so ungeheuerlich, dass sie sich „allen denkbaren Kategorien“ der Beurteilung entzögen!

Solch eine Ausnahme sei im Grundgesetz nicht ausdrücklich vorgesehen, sei ihm aber „immanent“ und könne aus dem Geist des Grundgesetzes herausgelesen werden. Denn dieser sei durch und durch gegen den Nationalsozialismus gerichtet.

Das stimmt so nicht, denn der Geist des Grundgesetzes von 1949 richtet sich in gleicher Weise gegen Nationalsozialismus und Kommunismus. Im Grundgesetz weht der Geist des *Kampfes gegen den Totalitarismus* und nicht der heutige Zeitgeist vom einseitigen Kampf gegen rechts!

Was die „Ausnahme“ nationalsozialistischer Verbrechen von anderen Verbrechen betrifft:
Wer legt denn die Definitionskriterien für Ausnahmen fest? Wer stellt schließlich fest, wann diese für einen bestimmten Fall zutreffen? Das Bundesverfassungsgericht maßt sich hier selbstverständlich und undiskutiert Kompetenzen an, die weder im Grundgesetz noch sonst irgendwo geschrieben sind. Wenn jemandem das verfassungsrechtlich zustünde, dann dem Bundestag, aber nicht dem Bundesverfassungsgericht.

Das Bundesverfassungsgericht übersteigt hier in grundgesetzwidriger Weise seine Kompetenz, indem es NS-Verbrechen an Juden allen denkbaren Kategorien der Beurteilung entzieht und zur Ausnahme erhebt. Für NS-Verbrechen an anderen Gruppen, zum Beispiel Christen, Kommunisten usw. gilt das gemäß dem BVG-Urteil offensichtlich nicht. Es kommt hier zwangsläufig die Frage auf: Liegt der entscheidende Unterschied zwischen Auschwitz und Hiroshima etwa darin, dass im einen Fall ein Massenmord an Juden, im anderen Fall einer an Nichtjuden begangen worden ist? Das wäre von der Logik her nachvollziehbar, verfassungsrechtlich allerdings ein Megaskandal!

Der Bundestag könnte per Gesetz (mit Zweidrittelmehrheit) Ausnahmen zulassen und Kriterien dafür festlegen. So aber handelt das BVG mit seinen „Ausnahme“-Urteilen ohne Gesetzesgrundlage, damit eigenmächtig und verfassungsfeindlich! **Anstatt die Verfassung zu hüten, wird sie vom Bundesverfassungsgericht selbst gebrochen!**

Inzwischen hat der Bundestag insofern nachgelegt, als er Antisemitismus als Entscheidungskriterium für die Beurteilung der Schwere einer Straftat eingeführt hat. Ein Mord aus Judenhass wird in Deutschland jetzt schwerer bestraft als ein solcher, der aus Hass auf Deutsche geschieht. Hier nun könnte seinerseits das BVG eingreifen, ja es müsste eingreifen und dieses neue Gesetz als schweren Verstoß gegen das Gleichheitsprinzip des Grundgesetzes aufheben!

Das Verhalten von Bundestag und Bundesverfassungsgericht in dieser Frage legt freilich nahe, dass es tatsächlich um einen Sonderstatus von Juden in der deutschen Rechtsprechung und damit in der deutschen Gesellschaft überhaupt geht. Es gehört offensichtlich zu diesem Sonderstatus, dass man über ihn nicht reden darf. Allein, dass ich darüber rede, macht mich zum „Antisemiten“. Antisemit ist in der Sicht judäozentristischer Lobbyisten nicht nur jemand, der Juden nicht mag oder hasst, sondern schon jemand, der nicht akzeptiert, dass ihnen eine Sonderrolle in der Gesellschaft zukommt. Das scheint ungeschriebenes, aber umso gültigeres Gesetz in der bundesdeutschen Gesellschaft zu sein.

Wenn man von dieser Hypothese ausgeht, versteht man Reaktionen wie auf der *Documenta* in Kassel. Auf den ersten Blick erscheinen sie grotesk, auf den zweiten Blick sind sie es nicht mehr. Vielmehr erscheinen sie da als eine Art Herrschaftsritual: Die inkriminierten Bilder müssen verurteilt und entfernt und die Verantwortlichen bestraft werden, Empörung ist angesagt, ja vorgeschrieben – von den Autoritäten des Systems, insbesondere den „Wächtern“ des Zentralrats der Juden. Wer sich nicht empört, wer den Gessler-Hut nicht grüßt, fällt in Ungnade. Also grüßen alle Systemlinge den Gessler-Hut und empören sich vorschriftsmäßig.

Die strukturelle rechtliche Grundlage dieses Gessler-Huts ist der juristische Sonderstatus, der NS-Verbrechen an Juden aus der normalen Rechtsprechung herausnimmt, und das mit einer letztlich emotionalen Begründung: Es gebe keine „denkbaren Kriterien der Beurteilung“ – demnach also keine *rationalen*, sondern nur *emotionale?* Oder was sonst?

Mit dieser rechtlichen oder besser widerrechtlichen Grundentscheidung werden zahllose Gerichtsurteile gerechtfertigt, bei denen es um „Leugnung“ oder auch nur „Relativierung“ geht. Mit letzterem Begriff wird der Beliebigkeit und Willkür wirklich in jeder Hinsicht Tür und Tor geöffnet. Man muss es klar aussprechen: **Wenn „Leugnen“ und „Relativieren“ strafbar wird, hat das mit demokratischer Meinungsfreiheit nichts mehr zu tun.** Dann wird ein demokratisches Urrecht aufgehoben! Durch die Rechtsprechung im Zusammenhang mit dem Paragraphen 130 wurde und wird Demokratie in Deutschland grundsätzlich deformiert.

Will man diesen Zustand ändern, muss man ihn strukturell ändern: Das Wunsiedel-Urteil des Bundesverfassungsgericht muss revidiert werden! Das kann das Bundesverfassungsgericht nicht selbst. Das kann nur das Parlament, der deutsche Bundestag. Grundlage dieser Revision muss sein, dass eine Sondergerichtsbarkeit für NS-Verbrechen abgeschafft wird. Niemand kann rational nachvollziehbar begründen, warum Auschwitz schlimmer sein soll als Hiroshima. Selbst führende israelische Politiker sprechen hier von „zwei Holocausts“![25]

Dass gewisse Lobby-Organisationen und politische Gruppierungen eine solche Revision ablehnen, liegt in der Natur der Sache. Sie brauchen für ihre Gegner das Damoklesschwert des Paragraphen 130. Wenn politische Forderungen nicht mehr mit strafrechtlichen Konsequenzen verbunden werden können, verlieren sie viel von ihrem derzeit unverhältnismäßig großen Einfluss in der deutschen Gesellschaft.

Solange der Paragraph 130 in der heutigen Form praktiziert wird, ist es nicht Feigheit, sondern begründete Vorsicht, wenn man bestimmte Einzelheiten der Diskussion um den Holocaust weiträu-

---

[25] In Israel wurde darüber eine große Diskussion geführt, von der jedoch sämtliche Spuren aus dem Internet, zumindest aus dem deutschsprachigen, getilgt worden sind!

mig umschifft. Anders ist es mit Diskussionen um die Abschaffung des Paragraphen 130. Sie müssen und können unbedingt und offen geführt werden. In unserer immer noch halbdemokratischen Republik ist das möglich! Wenn wir diese Diskussion nicht führen, dann ist das wirklich politische Feigheit!

Aggressive Entrüstungsdemagogie

Insbesondere gilt es, den exzessiven Missbrauch des Antisemitismus-Vorwurfs durch judäozentristische Ideologen zu thematisieren. Demagogisch tragen sie ihre Vorwürfe vor und versuchen den politischen Gegner in die moralische Defensive zu treiben. Überall soll er Angst haben, auf eine Mine zu treten, die die Detonation eines Antisemitismus-Vorwurfs auslöst. Solcherart Eingeschüchterte können dann am Nasenring durch die politische Manege geführt werden.

Sie hecheln von Empörung zu Entrüstung und von Entrüstung zu Empörung, und ihre Rituale sind oft schon lächerlich, weil die gezeigte Empörung immer weniger zur Banalität des auslösenden Sachverhalts passt, siehe die *Documenta* in Kassel! Aggressive Entrüstungsdemagogie ist nicht schmückendes Beiwerk, sondern wesentlicher Bestandteil der Gesamtstrategie. Man lenkt vom leeren Inhalt des Vorwurfs ab und vor allem: Man baut sich eine moralpsychologische Macht auf! Die Macht des Judäozentrismus ist eine moralpsychologische! Nimmt man sie hinweg, bleibt von realer Macht nicht viel übrig. Es ist wie mit des Kaisers neuen Kleidern. Wenn man die Rhetorik auflöst, sieht man, dass er nackt ist.

Wir müssen also die Rhetorik mit ihren Entrüstungsritualen entzaubern, damit man sieht, wie inhaltlich nackt unsere Kämpfer gegen den Antisemitismus wirklich sind. Wer aber den vorgegebenen Meinungskorridor respektiert und ständig mahnt, man dürfe dies und das nicht sagen oder „noch nicht" sagen, obwohl man es sagen darf, der hat schon verloren. Er trägt dazu bei, dass unsere Gesellschaft weiterhin von diversen Anti-Antisemiten gedemütigt und moralisch zermürbt wird. Der Kampf um die Freiheit beginnt also mit einem Tabubruch. Wer das Tabu entzaubert, hat die Schlacht gewonnen. Wer es achtet und bewahrt, unterstützt das herrschende Politsystem und seine heraufziehende Diktatur.

(Pseudo-)wissenschaftliche Antisemitismus-Forschung

So viel zur moralpsychologischen Seite des Problems. Es hat auch noch eine wissenschaftliche, oder sagen wir besser pseudowissenschaftliche Seite, die sich zum Beispiel in diversen *Lehrstühlen für Antisemitismusforschung* kund tut. Eigentlich ist es nicht schwer, Antisemitismus = Judenhass zu erkennen. Um Hass zu erkennen, braucht man nicht studiert zu haben, und schon gar nicht bedarf es dafür einer eigenen Forschung. Wozu also dieser Zauber? *Antwort:* Diese ganze „Verwissenschaftlichung" ist wichtiger Bestandteil in der Argumentationsstrategie jüdischer und nichtjüdischer Zionisten. Diese Leute haben nur Bedeutung, wenn es wirklich eine große Gefahr des Antisemitismus in Deutschland gibt. Wenn es sie nicht mehr gibt, haben sie keine Bedeutung mehr. Also geht es darum, mit allen Mitteln zu zeigen, dass die Gefahr riesengroß ist. Dafür ist es notwendig, die Menschen im Land im Hinblick auf ihre normale Urteilsfähigkeit zu entmündigen: „Passt mal auf! Was Antisemitismus wirklich ist, könnt Ihr in Eurer Einfalt gar nicht verstehen. Dafür braucht es Wissenschaftler. Diese erforschen alles und erklären es Euch dann, und wenn ein Problem auftaucht, lassen wir ganz einfach von den Wissenschaftlern ein „Gutachten" machen. Das sagt uns dann, ob es sich um Antisemitismus handelt oder nicht."

So werden also die Menschen aus dem Volk entmündigt und Wissenschaftler als Autoritäten aufgebaut, die verbindliche Aussagen bzw. „Urteile" verkünden – eine gute Strategie, die Definitionshoheit bei wichtigen gesellschaftlichen Themen zu erobern! Es kommt dann nur noch darauf an, die richtigen Leute auf diese Lehrstühle zu setzen. Als Ideologie, die der Anti-Antisemitismus in Deutschland primär ist, ist er aufgrund seiner inhaltlichen Leere im Wesentlichen auf Entrürstungsrituale angewiesen. Doch immer mehr Menschen geht diese Antisemitismus-Keule auf den Senkel, und so tut man gut daran, mit Pseudoverwissenschaftlichung der Argumente diesen eine größere Resonanz in der gesellschaftlichen Diskussion zu verschaffen. Wir müssen diese Argumentationsstrategie entlarven und deutlich machen, dass die Masche mit der Verwissenschaftlichung nicht besser ist als die Methode der Entrüstungsrhetorik.

Anti-Antisemitismus und Judäozentrismus – Begriffe und Organisationen

Es ist jetzt an der Zeit, bestimmte Begriffe zu klären. Was Anti-Antisemitismus bedeutet, liegt nach meinen diversen Auslassungen auf der Hand, freilich ein negierender Begriff. Wir müssen also nachhaken, was er positiv bedeutet. Man könnte zum Beispiel von **„Judäozentrismus"** sprechen. Es gibt diesen Begriff in der Literatur, aber richtig eingeführt scheint er noch nirgends zu sein. Er definiert eine Einstellung bzw. Ideologie, in der Juden und jüdische Angelegenheiten immer im Mittelpunkt stehen und Vorrang vor allem anderen haben – primär also kein politischer Begriff. Er entspräche dem, was die Juden selbst als *Auserwähltheit* verstehen.

Zionismus dagegen ist ein primär politischer Begriff. Es geht um eine mehr oder weniger aggressive Politisierung des *Judaismus*; und Judaismus wäre der Überbegriff für jüdische Religion und Kultur, wobei die Juden zwar eine große Religion, aber keine eigene Kultur hervorgebracht haben. Das Fach *Judaismus* bzw. *Judaistik* kann man an der Universität studieren, inklusive jüdischer Theologie.

Charakteristisch für den Anti-Antisemitismus ist die großflächige und undifferenzierte Anwendung des Antisemitismus-Vorwurfs, organisiert praktiziert durch jüdische Lobbyorganisationen; in Deutschland z. B. den *Zentralrat der Juden in Deutschland,* in den USA die *Jewish Claims Conference* (JCC), die *Anti-Defamation-League* (ADL) und diverse andere. Bei uns sind es dann politische Parteien und Medien, die den Anti-Antisemitismus kultivieren. Früher stand da die CSU ganz oben, heute sind es die Grünen. Die Grünen sind eine durch und durch zionistische Partei. Judäozentrismus spielt bei Ihnen eine entscheidende Rolle. Sie sind inzwischen eine 100-prozentige Lobbyorganisation für jüdische Interessen.

Zur Motivation nichtjüdischer Zionisten

Die Politiker in Deutschland, sofern sie irgendeine Karriere gemacht haben, sind sämtlich anti-antisemitisch. Die einen auf ideologisch-„nationalistischer", die anderen auf opportunistischer Basis. 1945 ist in Deutschland der Nationalismus untergegangen, das emotionale Potential dafür blieb natürlich bestehen. Viele suchten eine Ersatznation, und nicht wenige fanden sie im Judentum. Sie identifizierten sich mit jüdischen Interessen und wurden so mehr oder weniger „Ersatzjuden". In der Politik spielen sie auch heute noch eine Rolle, wenn auch der Großteil der prozionistischen deutschen Politiker nicht Ideologen, sondern Opportunisten sind.

Diese unterwerfen sich der jüdisch geprägten Staatsräson, weil sie wissen, dass sie andernfalls nicht nur ihre Karriere abschreiben können, sondern ganz aus der Politik rausfliegen. Dann verlören alle unsere Abgeordneten samt Mitarbeitern ihren schönen Job mit reichhaltiger finanzieller Ausstattung. Man nennt das *institutionelle Korruption,* und diese macht viele ausreichend gefügig, sich engagiert in den Kampf gegen Antisemitismus einzubringen.

Das Ganze hat auch noch eine religiöse Dimension. Da geht es nicht um Ersatz*nationalität*, sondern um Ersat*zreligion*. Die Europäer und gerade auch die Deutschen haben ihre Religion, ihr Christentum verloren. Sie haben es sich oft leichtfertig und widerstandslos nehmen lassen. Diese religiöse Lücke im Inneren der Menschen wurde durch eine Ersatzreligion gefüllt, die im Kern auf einer Ideologisierung des Holocaust-Verbrechens basiert. Man könnte von einem Narrativ-Transfer sprechen: Aus der Schädelstätte Golgatha wurde das Konzentrationslager Auschwitz; aus Jesus Christus, dem leidenden Erlöser, wurde das leidende jüdische Volk, und aus der Erbsünde der christlichen Religion wurde in der neuen Holocaust-Zivilreligion die ewige Verantwortung der Biodeutschen für nationalsozialistische Verbrechen. Für Deutsche mit Migrationshintergrund gilt das natürlich nicht. Solche Verantwortung kann nur biologisch durch Gene übertragen werden.

Man hat also die religiöse Lücke der Deutschen nicht schlampig mit irgendetwas Neuem ausgefüllt. Vielmehr hat man das vertraute formale Muster ihrer alten Religion übernommen und mit einem Inhalt gefüllt, der auf die politischen Interessen der neuen Herren zugeschnitten war. Politische Instrumentalisierung großer Verbrechen schädigt die Würde der Opfer und ist religiös und moralisch in jeder Hinsicht verwerflich. Politisch freilich war diese Strategie genial und äußerst erfolgreich.

Zum Abschluss des Religions- und Ideologie-Kapitels noch ein *Exkurs* über die sog. Anti-Missbrauchskampagne gegen die katholische Kirche. Auch diese Kampagne ist Ausdruck des Kampfes zwischen traditioneller christlich europäischer Religion und rot-grüner Zivilregion!

Die sog. Anti-Missbrauchskampagne gegen die katholische Kirche

Die Missbrauchshetze der westlichen Medien gegen die Katholische Kirche ist die größte Dreckskampagne, die je in Deutschland gegen die Kirche und das Christentum betrieben worden ist. Es gibt nichts zu beschönigen, aber so, wie das hier läuft, geht's nicht! Man habe in 70 Jahren ca. 1500 Tatverdächtige gefunden, denen ca. 3.000 Straftaten zur Last gelegt werden. Bei den Tatverdächtigen handelt es sich um katholische Priester und auch andere Personen, die in katholischen Einrichtungen tätig waren.

In Frankreich hat man es sich noch einfacher gemacht: Da wurde nicht gezählt, sondern „hochgerechnet". Jeder Klempner oder Postbote, der im Umfeld einer katholischen Institution gearbeitet hat und tatverdächtig geworden ist, wurde der Katholischen Kirche insgesamt zugerechnet. Dabei kam man auf die astronomische Zahl von über 300.000 Straftaten – eine Zahl, die wenig mit der Wirklichkeit, aber viel mit der Motivation der investigativen Untersucher zu tun hat. Dennoch wurde diese Zahl auch in den deutschen Medien intensiv verbreitet!

Die in Deutschland bekannten Fälle basieren zumeist nicht auf gerichtskundigen Tatsachen oder eidesstattlichen Erklärungen, sondern auf ungeprüften Erinnerungen von Betroffenen. Man weiß, dass entsprechende Erinnerungen von sehr jungen Menschen oft in vielerlei Hinsicht zu relativieren sind.

Charakteristisch für diese Kampagne ist, dass sie sich ausschließlich auf die Katholische Kirche konzentriert. Schon die Evangelischen Kirchen und säkulare Vereine (Pfadfinder, Sportvereine etc.) und erst recht Organisationen aus dem linken Umfeld (Gewerkschaftsjugend, Jugendorganisationen rotgrüner Parteien usw.) hält man bewusst außen vor. Der mutmaßlich massenhafte Missbrauch von Jugendlichen in der DDR, nicht zuletzt durch SED-Kader, wird in den deutschen Mainstream-Medien nicht einmal ansatzweise thematisiert – und die SED-Nachfolgepartei *Die Link*e und ihre Repräsentanten? Fühlen sie sich zuständig, die in der DDR stattgefundene Missbrauchskriminalität politisch, psychologisch und moralisch aufzuarbeiten? Sie denken nicht im Traum daran!

So wird systematisch der Eindruck erweckt, sexueller Missbrauch sei ein exklusives, wenn nicht gar spezifisches Problem der Katholischen Kirche. Jeder, der das Wort *Katholische Kirche* hört, soll unwillkürlich als erstes das Thema *Missbrauch* assoziieren. Eine solche Konditionierung ist psychologischer Sinn und Zweck dieser Medienkampagne und entscheidende Motivation ihrer Betreiber!

Die immer wieder vor allem von sog. Betroffenen vorgetragenen Fälle sind zum größten Teil Altlasten. In den letzten Jahrzehnten sind entsprechende Taten kaum noch registriert worden. Dennoch tischt man das Thema so auf, als würden immer und immer wieder neue Fälle geschehen und die Katholische Kirche den Missbrauch einfach nicht in den Griff bekommen. Es müsse endlich etwas geschehen! Tatsächlich aber geht es in den heutigen Diskussionen nicht um neue Missbrauchsfälle, sondern um die Frage, ob und inwieweit Kirchenführer gegen verschiedene Täter zu milde vorgegangen sind. Man wirft dabei alle möglichen Namen in die Debatte, und das Ergebnis ist dann, auch der und der bis hin zu Ex-Papst Benedikt sei in den Missbrauchsskandal „verwickelt". Die Grenze von Missbrauch und dem *Umgang* mit Missbrauch wird verwischt, und beim Adressaten kommt an: Die ganze Katholische Kirche ist ein einziger Haufen von pädophilen Kriminellen – eine infame Darstellungsweise der westlichen Medien, eine teuflische Propaganda!

Sprechen wir über den Umgang mit Missbrauch und Pädophilie und halten zunächst fest: Viele katholische Priester haben sich im Laufe der Jahre schuldig, schwer schuldig gemacht, und oft sind sie von der Kirche sehr milde, zu milde zur Rechenschaft gezogen und bestraft worden. In der Regel ging es den verantwortlichen Kirchenführern aber nicht darum, die Täter zu schonen oder gar die Taten zu vertuschen, sondern darum, das Ansehen der Kirche insgesamt nicht durch solch schwarze Schafe in den Dreck ziehen zu lassen. Nie hat die Kirche irgendwo und irgendwie Pädophilie und Ähnliches verteidigt oder gar gerechtfertigt. Immer hat sie diese Taten als verabscheuungswürdige Sünde verdammt!

Das ist der entscheidende Unterschied zu ihren sich so ins Zeug legenden Anklägern, die glauben, die ganze Katholische Kirche an den Pranger stellen zu können! Wer sitzt denn in den Medien, die moralisch so auf den Putz hauen mit ihren „Enthüllungen" und „Entlarvungen": rot-grüne und libertäre Ideologen; und gerade solche waren es, die Pädophilie bis hinein in die 2000er Jahre propagiert und verherrlicht haben!

In ihren pädagogischen Netzwerken betreiben sie noch heute einen beispiellosen Kult des Pansexualismus. Ihr Vorzeigeprojekt war die *Odenwaldschule in Heppenheim,* die bundesweit gepriesene Hochburg rot-grüner Reformpädagogik! Skrupellos wurden dort die Schüler sexuell ausgebeutet: „Bisexualität war das Mindeste, was von uns erwartet wurde", sagte einer von ihnen. Massenhaft und ungeniert praktizierter Missbrauch von Jugendlichen gehörte zum Alltag dieser Schule! Gerold Becker, eine Galionsfigur offizieller Reformpädagogik, soll allein an die 200 Schüler missbraucht haben! Er und Dietrich Willier, der Mitbegründer der Grünen-Zeitung *taz*, sind wohl die bekanntesten Namen aus dem Sumpf dieser geistig und moralisch verwahrlosten Schule.

Die 1980 gegründete Grünen-Partei kultivierte die Pädophilie systematisch und forderte zum Beispiel auf zwei Parteitagen 1986 (NRW und BaWü) die vollständige Legalisierung derartigen Missbrauchs! Auch der spätere Grünen-Ministerpräsident Kretschmann soll an einem solchen Parteitag der Grünen teilgenommen haben, und der langjährige Protagonist der Grünen im Bundestag, Volker Beck, verfasste in den 1980er Jahren ein Buch, in dem er in einem Atemzug die Legalisierung von Homosexualität und Pädophilie gefordert hatte.

Bekannt ist auch das Buch des Obergrünen Daniel Cohn-Bendit, in dem der seine Gefühle beschreibt, als er sich im Kinderhort von Mädchen im Vorschulalter seinen Penis massieren ließ, und in der *taz* wurde noch in den 1990er Jahren eine Serie veröffentlicht, in der geschildert wurde, wie großartig Sex mit minderjährigen Knaben sei. Den Vogel aber schossen die Grünen, ebenfalls in den 1990er Jahren, in Berlin ab: Bei der Wahl zum Abgeordnetenhaus stellten sie einen rechtskräftig verurteilten Pädokriminellen auf, der aus dem Gefängnis heraus auf ihrer Liste kandidierte!

Das sind Fakten! Die rot-grünen Polit-Ferkel haben die pädophile Vergangenheit und Tradition ihrer Partei nie aufgearbeitet. Vor ein paar Jahren drang Einiges an die Öffentlichkeit. Da haben sie eine Anwaltskanzlei beauftragt, die ein Elaborat mit einigen schlimmen Taten der rot-grünen humanistisch getarnten Verherrlichung von Pädophilie vorgelegt hat. Dann haben Sprecher der Grünen-Partei gesagt, das alles täte ihnen leid. „Wir entschuldigen uns" – und das war's! Aufarbeitung im Detail? Benennung der Täter? Entschädigung der Opfer? Analyse, wie es zu so einer unglaublichen geistigen Verirrung der gesamten rot-grünen Bewegung gekommen ist – alles Fehlanzeige! Und danach nichts mehr, weder in den Medien noch sonstwo! Und diese Leute fühlen sich legitimiert, der Katholischen Kirche nichtendenwollend ihren Umgang mit Pädophilie vorzuwerfen. Kehrt erst einmal den Dreck vor der eigenen Tür, ihr scheinheiligen Pharisäer!

Diese Kampagne ist freilich nur möglich, weil die Kirche von innen her zumindest an der Spitze völlig verfault und dem rot-grünen Zeitgeist verfallen ist. Auch wenn er zum Ukraine-Krieg ausnahmsweise etwas Vernünftiges kund tat („Rotkäppchen-Vergleich"): Nicht wenige sehen im amtierenden Papst *Franziskus* einen Satanisten, dessen Aufgabe die Vernichtung der Katholischen Kirche sei. Seine ständigen Anklagen gegen die eigene Institution bis hin zum „Genozid"-Vorwurf sind nicht aufklärend und reinigend, sondern destruktiv und diabolisch; und die Horde von Dummen, die sich *Kirche von unten* nennen, glaubt tatsächlich, alles würde gut, wenn sie aus der katholischen eine protestantische Kirche machen – das ist nicht Kirche von unten, das ist *Kirche von ganz unten*, das ist Kirche am Tiefpunkt!

Wenn man sich bewusst macht, dass die Kirche letztlich von Jesus Christus gegründet ist, muss man sich um deren langfristiges Überleben keine großen Sorgen machen. Kurzfristig aber sieht es ganz böse aus, wobei der entscheidende theologische Sündenfall auf dem II. Vatikanischen Konzil stattfand.

Die katholische Kirche ist die größte und machtvollste Kulturinstitution der Menschheitsgeschichte. Wenn sie jetzt von rot-grünen Ideologen in beispielloser Weise in den Dreck gezogen wird, ist jeder wahre Europäer aufgerufen und verpflichtet, sie zu verteidigen. Es geht hier nicht um Missbrauch und auch nicht nur um die Katholische Kirche, es geht letztlich um das Christentum insgesamt! Hinter dieser als Kampagne gegen Missbrauch getarnten Hetzaktion stecken antichristliche und antieuropäische Elemente, die die gesamte christlich-europäische Tradition und Kultur zersetzen und zerstören wollen. Es sind dieselben Kräfte, die die europäische Bevölkerung durch eine afroasiatische Mischbevölkerung ersetzen, die uns in einen Krieg mit Russland hineintreiben und über Corona eine globale transhumanistische Diktatur errichten wollen.[26]

[26] Auf die entscheidende theologische Dimension des Gegensatzes zwischen *Christentum und nachchristlichem Judentum* sowie auf die Frage, warum das Zweite Vatikanische Konzil der Katholischen Kirche (1962 bis 1965) eine der größten Katastrophen Europas war, gehe ich hier nicht weiter ein. Ich verweise auf Band 1 meiner Trilogie.

VI. Parteien, Opposition, politische Forderungen

Von der Demokratie zum „System"

Schon Ludwig Erhard klagte über eine „formierte Gesellschaft", was bedeutet: Der freie Gestaltungsraum in Gesellschaft und Politik wird immer mehr eingeengt und durch Organisationen und Institutionen ersetzt: immer mehr Ausschüsse, immer mehr „Beauftragte" für dies und das. Alles wird reguliert, die vorhandenen Strukturen verfestigen sich, werden eingefroren, starr, das Leben erstickt – der Weg von einer lebendigen Demokratie in ein starres, ein strukturiertes, ein überstrukturiertes Gebilde, ein *System*.

Ein solches haben wir heute national und international. Strukturen spielen eine entscheidende Rolle. Schauen wir sie uns näher an! Die Spinne im westlich globalen Netzwerk, genannt der *Westen,* sind die **USA**, und hier die Plutokraten bzw. Finanzoligarchen der **Wall Street**. Sie transformieren wirtschaftliche Macht in politische. Die wichtigsten Hebel dabei sind das **Pentagon** und die **Geheimdienste**, die eine größere Rolle spielen als Kongress, Ausschüsse und sogar der Präsident. Hinzu kommen der CFA (**Council on Foreign Affairs**), ein strategischer Think Tank mit historischen Wurzeln im England des 19. Jahrhunderts, und der **Nationale Sicherheitsrat**, der unmittelbare Beraterstab des Präsidenten. Für all die genannten Ämter wird man nicht gewählt, sondern bestimmt. Man kann sich auch nicht bewerben, man wird ausgesucht, sozusagen berufen. Für den Kern der westlichen Macht gilt: Nicht im Weißen Haus – in der Wall Street werden die Weichen gestellt.

Die entscheidende Achse im Westen ist die **transatlantische Allianz**, das Bündnis zwischen USA und Europa – ein asymmetrisches Bündnis: die USA der Koch, die Europäer der Kellner. Die beiden entscheidenden Verbindungsstrukturen zwischen USA und Europa sind militärisch die NATO und wirtschaftlich die Brüsseler EU. Das amerikanische System agiert in Europa als **NATO-EU-System**.

Eine Sonderrolle in der Grundstruktur des Westens spielt **Israel.** Israel genießt die uneingeschränkte Unterstützung der USA. Es kann sich in Gaza und in den besetzten Gebieten selbst schwerste Menschenrechtsverletzungen leisten, ohne dass dies irgendwelche Folgen hätte, z. B. Sanktionen oder Ähnliches. Dafür sorgen die USA, wo auch immer und zu jeder Zeit! Diese Sonderrolle Israels im Westen rührt vordergründig daher, dass führende Plutokraten der *Wall Street* aufgrund ethnokultureller Herkunft eine sehr enge Beziehung zu Israel haben.[27]

Soviel zum innersten **Kern** der westlichen Macht. Wir verfolgen jetzt nach außen die sich anschließenden Ringe bzw. Dimensionen der westlichen Machtstruktur. Im *ersten*, im **Innenring**, sehen wir verschiedene wirtschaftliche Institutionen wie **Weltbank** und **IWF**, entscheidende Instrumente der USA zur Steuerung der globalen Wirtschaft. Der Präsident der Weltbank ist immer ein US-Amerikaner. Im IWF haben zwar die Europäer den Vorsitz. Hier besteht jedoch ein generelles *Vetorech*t der USA!

Die UNO

Genauso bedeutend in dieser Machtdimension ist die UNO, die ideologische Hochburg des Westens, sozusagen das, was im christlichen Abendland der Vatikan war. UNO-Beschlüsse gelten als Völkerrecht. Sie entscheiden z. B., ob ein Krieg ein Angriffskrieg und damit ein völkerrechtswidriges Verbrechen ist, oder ob er legitim und für die Stabilisierung einer humanitären Weltordnung notwendig ist. In diesem Fall wird er gegebenenfalls durch sog. *Blauhelm-Soldaten* sogar direkt unterstützt.

Entscheidend für eine Steuerung über die UNO ist, dass nicht die Beschlüsse der Vollversammlung, sondern nur die Beschlüsse des *UN-Sicherheitsrats* verbindliches Völkerrecht darstellen. Hier haben bekanntlich die fünf ständigen Mitglieder, nämlich USA,

27 hintergründig daher, dass der Judaismus insgesamt seit 1789 zunehmend an Macht gewonnen und die entsprechenden christlichen Organisationen, den Vatikan und andere, in die politische Bedeutungslosigkeit gedrängt hat;

China, Russland, England, und Frankreich, ein Vetorecht – letztlich ein politisch unhaltbarer Zustand! Aber er besteht vorerst weiter und bedeutet, dass die USA ihre politische Position in der UNO zwar nicht uneingeschränkt durchsetzen, aber immerhin jede Position, die ihren Interessen widerspricht, blockieren und verhindern können. Selbiges gilt auch für die anderen vier ständigen Mitglieder des Sicherheitsrats.

Eine Vielheit von Nationen in der UN-Vollversammlung ist inzwischen nicht mehr bereit, westliche und vor allem israelische Sonderinteressen zu respektieren. Zudem schaukelt sich im Sicherheitsrat der Gegensatz zwischen USA, Großbritannien und Frankreich auf der einen und Russland und China auf der anderen Seite immer mehr auf. Die UNO ist für den Westen nach wie vor ein bedeutendes, aber auch zunehmend schwerer zu steuerndes Machtinstrument. Auch im christlichen Abendland, um auf den Vergleich zurückzukommen, gab es zwischen Kaiser und Papst erhebliche Auseinandersetzungen bis hin zum Krieg.

Über die UNO wollen die westlichen Finanzoligarchen resp. *Wall Street*-Plutokraten ihre Macht global totalisieren und einen **Weltstaat** errichten, dessen Regierung sie steuern und beherrschen. Die enge Verbindung zwischen Wall Street und UNO ersieht man schon daran, dass die UNO das Grundstück in New York für ihr Hauptgebäude von der Familie Rockefeller 1948 geschenkt bekommen hat!

Das größte Hindernis für die globale Machtentfaltung der *Wall Street*-Fürsten sind **Nationalstaaten** und ihre Völker. Man muss diese auflösen, was durch Bevölkerungsaustausch in den Nationalstaaten vorbereitet wird. Die Förderung von gewaltigen globalen Migrationsströmen ist ein vorrangiges Anliegen der UNO. Jeder, der sich diesem Vermischungswahn entgegenstellt, wird des Rassismus bezichtigt. Was als konsequenter Kampf gegen Rassismus daherkommt, ist tatsächlich ein **Vermischungsrassismus**, der moralisch nicht anders zu behandeln ist als das, was man konventionell als „Rassismus" bezeichnet.

Dieser Vermischungsrassismus und die Idee eines alle Staaten und Völker umfassenden Weltstaats mit einer gemeinsamen **Weltregie-**

rung ist das Kernelement der UNO-Ideologie. Über ihre Flüchtlingsorganisation UNHCR steuert die UNO Flüchtlingsströme weltweit. So hat sie 2015 in ihren nahöstlichen Lagern innerhalb kürzester Zeit die Versorgungspauschale für die einzelnen Flüchtlinge drastisch gekürzt. Frau Merkel hat dann alle Syrer bedingungslos eingeladen, und schon setzten sich hunderttausende Syrer in einer riesigen Flüchtlingswelle in Richtung Deutschland ab. Das war nicht schicksalhaft, das war UNO-*made*, im Einvernehmen mit westlichen Regierungen!

Wie die UNO über die WHO die Gesundheitspolitik der verschiedenen Staaten beeinflusst, hat sie in der Corona-Krise gezeigt . Sie legt fest, wann was eine Pandemie ist, empfiehlt Quarantäne, Masken und anderes, sorgt für Impfungen usw. Auch in der Gesundheitspolitik ist die UNO ein mächtiger Faktor. Dabei wird sie von außen von diversen Sponsoren beeinflusst, im Fall der WHO z.B. von der Gates-Stiftung, die der zweitgrößte Geldgeber der WHO ist.

Des Weiteren richtet die UNO eigene internationale Gerichtshöfe ein, z.B. einen eigenen Gerichtshof für Kriegsverbrechen in Ruanda und einen für Kriegsverbrechen in Jugoslawien sowie einen *Internationalen Strafgerichtshof* in Den Haag. Dieser gehört nicht direkt zur UNO, ist aber durch ein Kooperationsabkommen mit ihr verbunden. So praktiziert die UNO in westlichem Auftrag – noch ohne Weltstaat – schon heute **Weltgerichtsbarkeit.**

Die Machtringe des westlichen Systems

Im **Innenring** um den innersten Kern der Wall Street-Macht finden wir also IWF etc. und die UNO als ideologische Hochburg. Wir können von daher das finanzoligarchische westliche Machtsystem als **„*Wall Street*-UNO-System“** oder, wenn wir die Sonderrolle Israels mitberücksichtigen, als „***Wall Street*-UNO-Israel-System**“ bezeichnen.

Den **Mittelring**, den *zweiten* Machtring um den Wallstreet-Kern, bilden Parteien und Medien inklusive *Social Media*, die sog. sozialen Medien; letztere als Machtfaktor ambivalent: Sie öffnen individuellen Nutzern Freiräume, die sie ohne dieses Medium nicht hätten. Auf der anderen Seite gelingt es Facebook, Youtube und Co. immer besser, dieses Medium durch Zensur und andere differenzierte Manipulationen (*shadow banning* etc.) im Sinn des westlichen Systems zu steuern. **„Die herrschende Meinung ist die Meinung der Herrschenden"** – so Karl Marx. Dafür zu sorgen, dass das so bleibt, ist auch im westlichen System die spezielle Aufgabe der Medien.

Was die **Parteien** betrifft, so sind sie es, die die politische Macht in konkrete Form gießen. Die Akteure werden vom Volk gewählt. Das macht sie für die Herrschenden schwerer steuerbar. Es gehört zur Logik des Systems, gewählten Repräsentanten so wenig Macht wie möglich zukommen zu lassen. Dementsprechend sorgt es dafür, dass sich die nationalen Parlamente in der EU immer mehr selbst entmachten und zu reinen Ausführungsorganen der Brüsseler Behörde werden.

Auch in der NATO versucht man den Einfluss gewählter Organe zu reduzieren, vor allem durch Vertragsautomatismen wie den Artikel 5: Wird ein Mitgliedstaat angegriffen, so sind die anderen Mitglieder automatisch zu militärischem Beistand verpflichtet. Damit haben die USA unter Berufung auf Artikel 5 im Jahr 2001 den NATO-Einsatz der Bundeswehr in Afghanistan erzwungen, obwohl der Anschlag auf das *World Trade Center* keinen militärischen Angriff eines Staates gegen die USA darstellte! Hinzu kam, dass Afghanistan auch nicht im Vertragsgebiet der NATO liegt.

Wie sehr die Amerikaner das Heft in der Hand haben und das NATO-EU-System in ihrem Sinn steuern, zeigen sie jetzt im Ukraine-Krieg. Sämtlicher Widerstand einzelner Mitglieder, vor allem Deutschlands, wurde in kürzester Zeit niedergebügelt, und alle wurden auf die von den USA vorgegebene Linie eingeschworen bzw. gleichgeschaltet. Darüber hinaus werden jetzt die Deutschen nicht müde, immer und überall reumütig ihre Schuld in der Energiepolitik mit Russland zu bekennen. Es ist nur eine Frage der Zeit, wann die Ukraine für sich milliardenschwere Wiedergutmachungsforderungen daraus ableitet. In Europa präsentiert sich das globale *Wallstreet-UNO-Israel-System* als **NATO-EU-System**.

Zum Mittelring, dem zweiten Machtring des westlichen Systems, gehören auch die Veranstaltungen der sog. *Bilderberger*, des *Club of Rome*, die *Münchner Sicherheitskonferenz* und andere. In letzter Zeit hat sich das Weltwirtschaftsforum *World Economic Forum* (WEF) mit seinem Gründer Klaus Schwab besonders hervorgetan. Einige machen Schwab sogar zur zentralen Figur der globalistischen Transformation, womit sie ihn sicherlich überschätzen.

Schwab ist sozusagen ein CEO (*Chief Executive Officer*), sitzt also nur im Vorstand, nicht im Aufsichtsrat der Globalisten. Das ist ein Unterschied. Wer in letzterem sitzt, weiß man ohnehin nicht. Man kann es nur ahnen: inzwischen vielleicht Henry Kissinger, diverse Familienmitglieder der Rothschilds und Rockefellers usw. Für die konkrete Politik ist das letztlich egal, zumal es sich hier nicht um ein Gremium handelt, das sich regelmäßig trifft, sondern um eine nur unscharf zu definierende Gruppe von Menschen, die sehr reich ist und darüber hinaus enge Beziehungen zu Menschen hat, die im sichtbaren Machtbereich eine Rolle spielen.

Entscheidend ist für uns die *Seehofer*sche Quintessenz: **„Die etwas zu sagen haben, sind nicht gewählt, und die gewählt sind, haben nichts zu sagen“**. Besser kann man es nicht formulieren. Es gibt also Leute, die nicht gewählt sind, die aus dem Hintergrund die im Vordergrund agierenden Personen maßgeblich beeinflussen, und dies nicht nur diffus, sondern über Strukturen und Organisationen, deren wichtigste ich hier genannt habe.

Es ist legitim, tiefer in den Hinter- und Untergrund des bestehenden Machtgefüges einzutauchen. Man muss aber wissen, dass es ab einem bestimmten Punkt immer spekulativer wird; und Spekulationen sollte man nicht als gesichertes Wissen verkaufen.[28] Zum **Außenring**, dem *dritten* Machtring um den *Wall Street-Kern*, gehören NGOs wie *Amnesty International*, *Human rights watch* und andere, sowie Denkfabriken wie die Bertelsmann-Gruppe oder die *Stiftung Wissenschaft und Politik* (SWP), bis hin zu linksextremen

---

[28] Ich habe den Komplex der sog. Verschwörungsliteratur (Freimaurerei, zionistische Logen usw.) systematisch durchforstet und versucht, hier die Spreu vom Weizen zu trennen, siehe hierzu Band 2 meiner Trilogie!

Gruppierungen wie der *Amadeu-Stiftung* und der sog. *Antifa*. Auch diese werden teils staatlich, teils privat (von Soros und anderen) finanziert.

Die **Antifa** ist eine politisch-kriminelle Vereinigung, die systematisch versucht, legale Aktionen demokratischer Organisationen gewaltsam zu stören und zu verhindern; z. B. Veranstaltungen und Demonstrationen der AfD. Dabei schreckt sie vor gewaltsamen Auseinandersetzungen mit der Polizei nicht zurück. Von den Behörden wird sie nicht verfolgt, sondern genießt weitgehende Narrenfreiheit. Sie hat eine eigene schwarz-rote Flagge, tritt bei Aktionen aber zumeist mit einer Israel-Fahne auf, was erstaunlich ist. Noch erstaunlicher ist aber die Tatsache, dass die jüdische Lobbyorganisation ADL (*Anti-Defamation League*) es als „antisemitisch" betrachtet , wenn man die Antifa beleidigt oder gar angreift. Wenn man all dies hört, wundert man sich auch nicht mehr, dass die amtierende deutsche Innenministerin, genannt Nancy Faeser, bis in ihre Amtszeit hinein direkten Kontakt zur organisierten Antifa und deren Zeitschrift hatte.

Die Degeneration unserer Demokratie zu einem latent totalitären System

Frage: Unsere Demokratie wird immer mehr zum „System".
Wie soll man das verstehen?

Antwort: Die Entwicklung einer Demokratie zum „System" ist ein *Degenerationsprozess*. Extremistische und rassistische Parteien bestimmen zunehmend die Politik, und das in einem gemäßigten und „antirassistischen" Outlook. Ich spreche von den Grünen und der sog. Linke-Partei. Hier einige Beispiele:

Bei den **Grünen** fängt die Degeneration schon bei ihrer Gründung an, beginnend mit Parteitagen in den 1980er Jahren, auf denen offen die Legalisierung der Pädophilie gefordert wird; und es geht bis heute, wo die Grünen in ihrer Zeitung *taz* der Polizei insgesamt „strukturellen Rassismus" vorwerfen. Eine ihrer Kolumnistinnen mit dem unaussprechlichen Namen Yaghoobifarah forderte im Juni 2020 sogar die Entsorgung der gesamten deutschen Polizei auf einer Müllhalde, „wo sie wirklich nur von Abfall umgeben sind. Unter ihresgleichen fühlen sie sich bestimmt auch selber am wohlsten.“ Die Gewerkschaft der Polizei hat gegen diese grüne Hassrednerin mit Migrationshintergrund Anzeige erstattet, freilich erfolglos. Die Müll-Äußerung sei von der Meinungsfreiheit gedeckt.

Weiteres Beispiel: **Die Linke!** Auf einer ihrer Strategietagungen (März 2020 in Kassel) spricht eine Teilnehmerin ganz selbstverständlich von „Erschießungen der Reichen“. Sie bekommt jede Menge Beifall, und Linke-Chef Riexinger kommentiert lediglich, dass man vielleicht auch schon mit Umerziehungsmaßnahmen erfolgreich sein könnte.

Zur SPD: Auf einem Parteitag der Jusos im Dezember 2018 wird ein Antrag behandelt, der vorsieht, Abtreibungen von Babys bis zum 9. Monat zu legalisieren! Leute, die solches fordern, werden aus der SPD nicht ausgeschlossen, sondern machen dort Karriere.

Zur Ampelregierung: Die in Deutschland geborene türkische Journalistin Ferda Ataman, die Deutsche pauschal als „Kartoffeln“ diskriminiert, wird von Kanzler Scholz zur „unabhängigen Bundesbeauftragten für Antidiskriminierung“ ernannt!

Noch ein Zitat von *Deniz Yücel,* einem in Deutschland arbeitenden türkischen Journalisten! 2011 schreibt er in der *taz* zum Thema Geburtenrückgang in Deutschland: „Der baldige Abgang der Deutschen ist Völkersterben von seiner schönsten Seite. Mit den Deutschen gehen nur Dinge verloren, die keiner vermissen wird." Als dieser antideutsche Rassist 2017 wegen seiner politischen Umtriebe in der Türkei verhaftet wird, verkündet die Kanzlerin Merkel, „alles in ihrer Macht Stehende“ zu tun, um ihn wieder frei zu bekommen. Und FDP-Chef Lindner fordert, solange Yücel nicht frei sei, solle man Vertretern der türkischen Regierung die Einreise verbieten!

Zuletzt noch zwei Zitate, charakteristisch für das Demokratieverständnis der derzeitigen deutschen Außenministerin Annalena Baerbock und den *Kamikaze-Anti-Putin*-Wahn ihres grünen Kollegen Habeck. In einem öffentlichen Forum in Prag im August 2022 äußert sich **Baerbock** folgendermaßen:

„… wenn ich dieses Versprechen an die Ukraine gebe: „Wir stehen so lange an Eurer Seite, wie Ihr uns braucht“, dann möchte ich auch liefern, *egal was meine deutschen Wähler denken,* aber ich möchte für die ukrainische Bevölkerung liefern.“

Man müsse das Zitat im Kontext sehen, so die Staatsmedien blah, blah … – erbärmliches Verteidigungsgestammel, wo es nichts mehr zu verteidigen gibt! Was bitteschön ist hier noch unklar? In welchem „Kontext“ wird das denn „richtig“? Diese Dame dient der amerikanisch-ukrainischen Allianz, aber nicht dem deutschen Volk.

In gleicher Weise dann der Herr Wirtschaftsminister **Habeck:**

„Was immer uns drückt, was immer uns beutelt, und welche Not wir auszuhalten haben – Putin darf nicht gewinnen.“
(auf dem Grünen-Parteitag Oktober 2022)

In seinem *Anti-Putin*-Wahn fordert er also den Untergang Deutschlands – und solche Irren steuern unser Staatsschiff!

Weitere Symptome für die Degeneration unserer Demokratie

Linksextremisten und antideutsche Rassisten agieren nicht mehr am Rande der deutschen Politik, sondern in deren Mitte. Sie nehmen höchste Ämter in Gesellschaft und Staat ein. In der Präambel unseres Grundgesetzes aber lesen wir:

„Im Bewusstsein seiner Verantwortung vor Gott und den Menschen … hat sich das Deutsche Volk kraft seiner verfassungsgebenden Gewalt dieses Grundgesetz gegeben …“

Es ist also das deutsche Volk, das im Mittelpunkt des Grundgesetzes steht und dessen Urheber ist. Leute, die wie Ataman, Yücel und Co. ihrem antideutschen Hass freien Lauf lassen, sind nicht nur Hassprediger und Rassisten, sondern fundamentale *Verfassungsfeinde,* die in dreistester Weise das Subjekt und den Urheber dieser Verfassung verunglimpfen, das deutsche Volk. Solche Leute haben in Deutschland nichts verloren. In gleicher Weise ist eine Regierung, die ukrainische, syrische und sonstige Interessen höher einschätzt als deutsche, verfassungsfeindlich und muss ihres Amtes enthoben werden.

Wir haben in Deutschland heute freilich Zustände, wo weder die einen ausgewiesen noch die anderen ihres Amtes enthoben werden. Solche Zustände sind Symptom der Umwandlung eines demokratischen Staates in ein System, das sich formal ständig auf das Grundgesetz beruft, es inhaltlich aber permanent und fundamental bricht, ja konterkariert. Eine förmliche Moral ohne inhaltliche Substanz ist charakteristisch für das, was ich *System* nenne.

Frage: Sie stellen Mangel an moralischer Konsistenz als wesentlich für den Begriff System dar. Das ist inhaltlich schwammig, zumal man über Moral verschiedene Ansichten haben kann. Um welche *strukturellen* Veränderungen geht es bei der Umwandlung eines demokratischen Staats in ein totalitäres System? Können Sie das am Beispiel Deutschland aufzeigen?

Antwort: Gut. Nehmen wir die Strukturen der Gewaltenteilung: Die Gerichte und die gesamte Justiz verlieren an Unabhängigkeit und werden zu Ausführungsorganen der Exekutive, der Politik. Die notwendigen Grenzen zwischen Politik und Justiz verschwimmen auch personell: Der saarländische Ministerpräsident Müller sitzt plötzlich im Bundesverfassungsgericht; in gleicher Weise der aktive CDU-Politiker und Fraktionskollege von Frau Merkel, Stefan Harbarth, im Übrigen ein Rechtsanwalt ohne besondere richterliche Erfahrung. Er ist sogar Vorsitzender Richter des Bundesverfassungsgerichts geworden. Vor wichtigen Gerichtsentscheidungen trifft dieses sich jetzt zum Abendessen im Kanzleramt. Das ist nicht nur eine Frage des Stils, das macht das urdemokratische Prinzip der Gewaltenteilung lächerlich. Die Urteile sind dann entsprechend.

Ein weiteres Beispiel: Das, was man zurecht die vierte Gewalt nennt, die medialen Strukturen mit den öffentlich-rechtlichen Sendern an der Spitze, wird vom Staat völlig vereinnahmt und gleichgeschaltet: immer weniger Information und Berichterstattung, immer mehr Regierungspropaganda. Gegenmeinungen zur offiziellen Corona-Version? Fehlanzeige. Keine Diskussion über den Ursprung des Virus in Biowaffenlaboren; fast nichts, allenfalls Bagatellisierung, wenn es um zahlreiche und schwerste Nebenwirkungen der Impfungen geht; schon gar nichts darüber, dass die Impfungen Hauptursache zahlloser, auch gefährlicher Mutanten sind usw.

Die Berichterstattung über den Ukraine-Krieg übernimmt 1:1 die Propaganda des Kiewer Regierungssenders, nur mit dem Unterschied, dass die Ukrainer für diesen Informationsschrott nicht auch noch Zwangsgebühren bezahlen müssen! Noch 2014 in der Krim-Krise saßen bei diversen Talkshows Vertreter Russlands und russischer Zeitungen mit am Tisch – nichts mehr davon heute: nur noch westliche Propagandisten, die sich darüber streiten, ob man 10 oder 20 Panzerhaubitzen an die Ukraine liefern soll.

Schließlich die zunehmende **institutionelle Korruption** in den Parlamenten und den staatlichen und staatsnahen Institutionen! Dabei geht es nicht nur um üppige Diäten und Regierungsgehälter, sondern noch mehr um die „parteinahen" Stiftungen, die die im Parlament vertretenen Parteien und ihr Umfeld mit milliardenschweren Beträgen alimentieren: ca. 600 Millionen Euro im Jahr (!) bekommen die in Parlamenten sitzenden Parteien auf diese Weise vom Steuerzahler! In welchem Ausmaß sich die Führungsgestalten der Staatssender bedienen, hat zuletzt der Fall *Schlesinger* dokumentiert. Er ist nur die Spitze eines Eisbergs!

Hanebüchene Urteile des Bundesverfassungsgerichts

Frage: Also zunehmende institutionelle Korruption, gleichgeschaltete Regierungspropaganda, und Gerichte, die nur noch politische Vorgaben umsetzen! Damit haben Sie konkreter den bei uns stattfindenden politischen Degenerationsprozess beschrieben. An welche Gerichtsurteile denken Sie?

Antwort: z. B. an das Urteil des Bundesverfassungsgerichts (BVG) zur **Klimapolitik**! Nicht nur, dass sich das Gericht hier auf wissenschaftliche teils umstrittene Einzelheiten festlegt, z. B. was die Bedeutung des Treibhauseffektes anlangt. Noch schwerwiegender ist, dass das Klima in diffuser Weise zum höchstrangigen Verfassungsgut hochstilisiert wird, so dass die Grünen jetzt jedes Gesetz aus welchem Bereich auch immer blockieren können, indem sie es als nicht klimakompatibel einstufen. Damit greift das BVG entschieden zu früh und entschieden zu einseitig in eine Diskussion ein, die es offen zu halten gälte, will man unser Land nicht auch noch auf diese Weise wirtschaftlich und moralisch demontieren.

Weiteres Beispiel: das Urteil des BVG zu den **Rundfunkgebühren**! Private Firmen, auch private Sender müssen, wenn sie mit ihrem Geld nicht auskommen, überlegen, wo sie sparen können, ob sie Mitarbeiter entlassen, wie sie ihr Angebot attraktiver machen können usw. Nicht so die öffentlich-rechtlichen Rundfunkanstalten, ARD, ZDF und Deutschlandfunk. Sie werden durch Zwangsgebühren finanziert, die einer indirekten Steuer entsprechen. Wenn sie mit den ihnen zugestandenen Geldern nicht mehr auskommen, beantragen sie einfach eine Gebührenerhöhung. Die Parlamente sämtlicher Bundesländer müssen dann zustimmen, damit die Gebührenerhöhung rechtskräftig wird. Soweit so gut.

Bei der letzten Gebührenerhöhung 2020 aber hat der Landtag von Sachsen-Anhalt nicht zugestimmt, so dass die Erhöhung nicht rechtskräftig werden konnte. ARD und Co. sind daraufhin vor das Bundesverfassungsgericht gezogen und haben, man glaubt es nicht, Recht bekommen. Die bisherigen Jahresgesamtgebühren von acht Milliarden Euro wurden noch einmal um eineinhalb Milliarden, also auf fast 10 Milliarden Euro pro Jahr erhöht! Damit garantiert das Bundesverfassungsgericht nicht nur die weitere staatliche Alimentierung dieser Sender durch Zwangsgebühren, sondern macht auch die 16 Landesparlamente in Deutschland zur politischen Lachnummer. Denn diese müssen zwar über beantragte Gebührenerhöhungen abstimmen, haben aber offensichtlich nicht das Recht, ablehnend zu entscheiden! Das ist nicht mehr Politik, das ist politisches Kabarett.

Schließlich seien noch die BVG-Urteile zu den Corona-Maßnahmen erwähnt, vor allem zur sog. einrichtungsbezogenen **Impfpflicht** und zur Impfpflicht bei Masern! Anstatt sich am hippokratischen Arzt-Prinzip primum nil nocere zu orientieren[29], rechtfer-

---

[29] Der Arzt darf, wenn er schon nicht helfen kann, auf keinen Fall dem Patienten einen Schaden zufügen!

tigt das Bundesverfassungsgericht ein Massenexperiment mit notzugelassenen Impfmitteln, deren neue mRNA-Wirkweise noch nie bei früheren Impfungen erprobt worden ist – eine medizinische Blackbox! Wenn nur ein Bruchteil der von ernstzunehmenden Wissenschaftlern vorgetragenen Nebenwirkungen einträte, käme eine genozidale Katastrophe auf uns zu. Aber selbst wenn es nicht zu schwerwiegenden Folgen käme, ist es unverantwortlich vom Verfassungsgericht, ein solches rational begründbares Megarisiko einzugehen, zumal diese Impfmittel auch im günstigsten Fall eine nur dürftige Schutzwirkung haben.

Frage: Solche Urteile werten sie als Politisierung des Verfassungsgerichts und Einschränkung der Gewaltenteilung? Kann es nicht sein, dass das Bundesverfassungsgericht einfach der gleichen Meinung ist wie die Politik?

Antwort: Dann wäre es nicht opportunistische Anpassung, sondern ideologische Gleichschaltung, die zu besagten Urteilen des BVG geführt hat. Das macht die Sache nicht besser.

Organisationen, Ideologie und Technologie – systemische Grundsäulen

Deutschland ist Bestandteil des NATO-EU-Systems, und dieses ist Bestandteil des westlich-globalen Wallstreet-UNO-Systems. Die Grundelemente dieses Systems sind *erstens* die verschiedenen **Organisationen**, die ich in drei Machtringen um den Wall Street-Kern dargestellt habe; *zweitens* die Ideologie bzw. **Zivilreligion** des Systems, im Westen die Menschenrechtsreligion.

Drittens ist die **Digitalisierung** materiell-technisch – neben den verschiedenen Staatsorganen (Polizei, Militär usw.) – die Basis des Systems. Die Herrschaft des Systems setzt die Digitalisierung der Gesellschaft voraus. **Nur totale Digitalisierung ermöglicht totale Herrschaft!** Deswegen will Elon Musk Tausende von Satelliten ins All schießen, damit man auch noch mitten in der Wüste Sahara Breitband-Internet bekommt! Für das Überleben der Menschheit ist es notwendig, in großem Maß nicht digitalisierte Bereiche zu bewahren. Wir brauchen *analoge Schutzgebiete*!

Das westliche Politsystem kann also durch die Trias globale nichtstaatliche Organisationen, Menschenrechtsideologie und totale Digitalisierung charakterisiert werden. In puncto Überwachung und Digitalisierung ist man noch nicht so weit wie in China, aber man ist auf dem besten Weg dorthin!

Systemdiktatur und Autokratie, Unterschiede zu China

Ich möchte das mehrfach angesprochene Thema *System* noch einmal vertiefen: Wir haben im Westen personell vor allem *nichtstaatliche* Organisationen, vom IWF bis zu *Amnesty International*, in China dagegen wird das System personell von ausschließlich staatlichen Organisationen getragen. Im westlichen System spielen sichtbare Politiker *nicht* die entscheidende Rolle. Biden kann ohne nennenswerte Auswirkungen für den westlichen Machtapparat ausgetauscht werden. Eine Systemdiktatur ist anonymer. Allerdings können aus einer Systemdiktatur auch autokratische Diktaturen entstehen. Wir erleben gerade in China, wie der Parteiführer Xi Jinping zum neuen Kaiser von China aufgebaut wird.

Frage: Sie sagten, wir hätten im Westen eine *Oligarchie*. Wie passt das zu einem System?

Antwort: Die eine Frage ist, wer hat die Macht; die andere: wie wird sie ausgeübt? In China ist das offensichtlich: Die Personen, die die Macht haben, sind sichtbar und bekannt. Hinter Xi Jinping gibt es allem Anschein nach keine Personen, die ihn aus dem Hintergrund steuern.

Im Westen ist das anders. Da hat das Ganze einen doppelten Boden. Einzelne Personen und Gruppen (Wallstreet Banker etc.) schaffen sich organisatorische Strukturen, mit denen sie Demokratie aushebeln und Macht erobern.

Frage: Also plutokratische Oligarchen, die sich das westliche System aufgebaut haben, um damit eine Diktatur auszuüben – das System also Mittel zum Zweck. Zweck ist die Sicherung der oligarchischen Macht. – Was verstehen Sie unter *Inquisition*?

Antwort: Inquisition verfolgt die Ketzer des Systems: Menschen, die dem System wichtige Dinge nicht glauben oder gar leugnen. Sie werden isoliert und sozial und gegebenenfalls auch physisch eliminiert; derzeit noch vorwiegend sozial.

Inquisition bedeutet mediale Rufmordkampagnen, Verlust des Arbeitsplatzes, Berufsverbot, Kündigung von Bankkonten und in Deutschland vor allem den Paragraphen 130 StGB – der Ketzer-Paragraph schlechthin: finanzielle Vernichtung durch hohe Geldstrafen, soziale und individuelle Vernichtung durch Gefängnis usw.

Von der halben Demokratie zur ganzen Diktatur?

Frage: Können Sie den Transformationsprozess von der Demokratie zur Diktatur näher ausführen? Wie macht man das konkret?

Antwort: Erst einmal muss man sich die Menschen gefügig machen. Das geschieht durch Erzeugung von **Angst**, siehe Coronakrise, siehe ständige Bilder von Notarztwagen, Intensivstationen, Särgen usw. Des Weiteren arbeitet man massenpsychologisch mit **Schuldgefühlen**: Den Deutschen sagt man, sie müssten ewige Verantwortung tragen für nationalsozialistische Verbrechen, die in den 1940er Jahren begangen worden sind; den Europäern insgesamt will man jetzt wegen kolonialistischer Verbrechen vor mehr als 100 Jahren eine unauslöschliche Schuld aufs Auge drücken und dann natürlich entsprechend abkassieren usw.

Was die Bevölkerung insgesamt betrifft, so muss man, wenn man eine solche Transformation in die Sklaverei vor hat, ihren inneren Zusammenhalt vollständig zerstören. Das geschieht vor allem durch Massenzuwanderung von ethnisch und kulturell völlig fremden Menschen, so dass überall soziale und kulturelle Distanz und Konflikte entstehen und sich ein gewaltiges Bürgerkriegspotential aufbaut. Um das geschaffene **Chaos** zusammenzuhalten, bedarf es einer neuen Zivilreligion, die künstlich konstruiert wird, siehe Menschenrechte etc.

Wichtig ist auch das **Sündenbock-Prinzip**. Am zerbrochenen Zusammenhalt der Gesellschaft sind dann nicht die verantwortlich, die das Zuwanderungschaos angerichtet haben, sondern diejenigen, die es anprangern, die „Rechten“!

Chaos und Sündenböcke – Elixier für eine Diktatur. Wenn dann gegen Krieg und Wirtschaftsnot Hunderttausende demonstrieren und unsere ungeladenen Gäste aus aller Welt ihre gewohnten Zahlungen nicht mehr bekommen, weil wir selbst zahlungsunfähig geworden sind, und plündernd durch die Einkaufsstraßen ziehen; wenn also das Chaos nicht mehr zu steigern ist, kommen die großen Retter und versprechen Ruhe und Ordnung. Für das Versprechen von Ruhe und Ordnung akzeptieren die Menschen dann alles - und so kommt sie, die neue Weltregierung der EU oder der UNO. Vielleicht nennt sie sich **„Expertenregierung“**, wie in Österreich und Italien schon praktiziert, oder ganz konventionell **„Notstandsregierung“**. Sie wird alle totalitären Register des schon vorhandenen Systems ziehen, und wir könnten in einer Diktatur erwachen, wie sie die Menschheit noch nicht erlebt hat. 1984 wäre nichts dagegen!

Totalitäre Entwicklung in der Bundesrepublik Deutschland

Frage: Ein schauerliches Szenario! Wann hat die totalitäre Entwicklung, in der wir mitten drin sind, angefangen? Bei Helmut Kohl? Bei der rot-grünen Schröder-Regierung?

Antwort:. Bei Kohl und Schröder war noch kein System. Aber die Weichen dafür wurden gestellt. Merkel war die, die mit der Umsetzung begonnen hat: zuerst die Euro-Griechenland-Rettung, die eine Bankenrettung war, eine Rettung der *systemrelevanten* Banken. Erstmalig taucht hier der Begriff *systemrelevant* auf: **Gesetze gelten nicht mehr, wenn es um Systemrelevanz geht**. Das ist ein Grundgesetz totalitärer Entwicklung!

2015 der nächste große Schritt, wieder mit massivem Gesetzesbruch durch die Merkel-Regierung! Schließlich 2020 Corona: eine bizarre Diktatur, die über Nacht eingeführt und mit der Pandemie begründet wird.

Frage: Inwiefern „bizarr“?

Antwort: Ich zitiere einen sächsischen Polizisten, der sich in einer Polizeistudie folgendermaßen äußert: „Ich bin nicht Polizist geworden, um Leute zu bespitzeln oder herauszufinden, ob drei Omas im Park aus zwei oder drei Haushalten stammen. Dafür sollte man ehemalige Stasi-Mitarbeiter einsetzen!“ – Ist das nicht „bizarr“?

Frage: Also Bankenrettung 2008/09, Fremdeninvasion 2015/16 und Corona-Diktatur 2020/21 –: entscheidende Schritte auf dem Weg zur Diktatur. Und jetzt der Ukraine-Krieg?

Antwort: Die Entscheidungsschlacht in diesem Prozess!

Personelle Gleichschaltung im deutschen Staat durch Putschismus

Frage: Wie äußert sich eine Entwicklung zum Totalitarismus im staatlichen Führungspersonal?

Antwort: Noch ein Zitat, diesmal von einem Sprecher der Grünen im Berliner Abgeordnetenhaus (B. Lux): „Wir haben die Führung fast aller Behörden ausgetauscht ... bei der Feuerwehr, bei der Polizei, bei der Generalstaatsanwaltschaft und auch beim Verfassungsschutz ... ich hoffe, dass sich das bald bemerkbar macht"!

Die rot-rot-grüne Koalition in Berlin gesteht offen ein, mit ihrer Personalpolitik einen kalten Staatsputsch durchzuziehen. Systematisch werden alle wichtigen Führungspositionen im Staat mit Mitgliedern und Sympathisanten der rot-rot-grünen Parteien besetzt, und natürlich nicht nur in Berlin! Merkel selbst hat es vorgemacht und ihren Fraktionskollegen Harbarth zum Präsidenten des Bundesverfassungsgerichts gemacht.

Der Verfassungsschutz

Am auffälligsten wurde im Verfassungsschutz geputscht. Wir erinnern uns: 2018 in Chemnitz - tausende Bürger gehen auf die Straße und demonstrieren gegen Ausländerkriminalität. Wieder hat ein „Schutzsuchender“ einen Passanten mit einem Messer totgestochen. In der *Tagesschau* ging es aber nicht um den Messermord. Man berichtete über ein angebliches Pogrom, eine Hetzjagd gegen Ausländer. Ein Video von ein paar Sekunden wurde gezeigt, auf dem ein paar Leute in der Nähe der Demonstration herumlaufen. Man kann überhaupt nicht erkennen, worum es geht. Später erfährt man, dass das Video der *Tagesschau* von der Antifa gegeben wurde!

Sowohl der amtierende sächsische Ministerpräsident Kretschmer als auch Hans-Georg Maaßen, damaliger Leiter des Bundesamts für Verfassungsschutz, erklären, es habe kein Hetzjagd gegeben. Die Redaktion der *Tagesschau*, offensichtlich völlig von linksextremen Kräften unterwandert, weigert sich, den Sachverhalt zu berichtigen – und was geschieht dann?

Nicht die Redakteure der *Tagesschau* werden gechasst, die ungeprüft Antifa-Propaganda betrieben. Schon gar nicht wird der zuständige Intendant der ARD entlassen – nein, Hans-Georg Maaßen, der Chef des Verfassungsschutzes, muss gehen, obwohl ihm niemand eine Unwahrheit vorwerfen kann!

Als erstes erklärt dann der neue Behördenchef Haldenwang, nicht mehr islamistischer und linker Terror – **der Terror von rechts sei jetzt das wichtigste Betätigungsfeld des Verfassungsschutzes**! Natürlich war Maaßen kein Rechtsradikaler, zu dem ihn die Antifa-Medien machen wollten? Nein: nur ein noch korrekt arbeitender deutscher Beamter, der nach Sachlage und nicht nach Parteiwünschen arbeitete. Das System braucht jetzt aber hundertprozentige Identifikation mit seiner Ideologie, insbesondere im *Kampf gegen rechts*. Da geht es nicht mehr um fachliche Qualifikation, da stören deutsche Beamtentugenden, da sind nur noch rücksichtslose Systemlakaien gefragt!

Das Widerstandsrecht nach Artikel 20 GG Absatz 4

Frage: Die systematische Entwicklung hin zu einem totalitären Staat verstößt gegen unser Grundgesetz. Es müsste doch juristische Wege geben, dies zu verhindern.

Antwort: Das ist juristisch sehr schwierig, wenn die höchsten Stellen der Justiz bis hin zum Bundesverfassungsgericht politisch gleichgeschaltet sind. Im Grundgesetz gibt es folgenden Ausweg, formuliert in Artikel 20 Absatz 4:

> „Gegen jeden, der es unternimmt, diese Ordnung zu beseitigen, haben alle Deutschen das Recht zum Widerstand, wenn andere Abhilfe nicht möglich ist."

Es gäbe einige Gründe, die es rechtfertigen würden, nach Grundgesetz Artikel 20 Absatz 4 vorzugehen. Ich gehe hier auf drei der wichtigsten ein. Der *erste* umfasst das, was ich in der Kritik am **Wunsiedel-Urteil** des Bundesverfassungsgerichts vorgetragen habe: dass hier der offene Bruch des Grundgesetzes mit einer grundgesetzwidrigen Begründung gerechtfertigt wird; insbesondere durch Berufung auf „nicht denkbare Kategorien der Beurteilung", die nicht weiter ausgeführt werden. Dadurch wird die Meinungsfreiheit, ein Grundprinzip unserer Demokratie, in einem bedeutenden gesellschaftlichen Bereich vollständig aufgehoben. Die zuständigen Verfassungsorgane zeigen keinerlei Bereitschaft, für diesen grundgesetzwidrigen Zustand Abhilfe zu schaffen, weshalb eine Berufung auf GG Art. 20 (Abs. 4) zulässig und legitim wäre.

Ein zweiter Grund wäre das angesprochene **Vertragsverletzungsverfahren**, das die EU-Kommission gegen die Bundesrepublik Deutschland angestrengt hat. Sollte der EuGH die Klage der EU-Kommission gegen Deutschland nicht grundsätzlich und auch zügig abweisen und die Bundesregierung ein solches Urteil akzeptieren, wäre dies ein Putsch gegen die Verfassung Deutschlands und ein Fall für die Berufung auf GG Art. 20 (Abs. 4).

Wahlfälschung in Deutschland!

Der *dritte*, gravierendste Grund für eine Berufung auf diesen Artikel bezieht sich auf die Bundestagswahl vom September 2021. Diese ist im November 2021 vom zuständigen Bundeswahlleiter Georg Thiel für nicht gültig erklärt worden. Vor allem in Berlin, aber auch anderswo, gab es schwerwiegende Verstöße gegen das Wahlrecht: lange Schlangen mit extremen Wartezeiten. Zahlreiche Bürger mussten unverrichteter Dinge nach Hause gehen. In mehreren Wahllokalen gab es nicht genügend Stimmzettel, in mehreren auch *falsche*! Die Wahllokale, die um 18 Uhr hätten schließen müssen, waren teilweise bis 20:30 Uhr geöffnet. So konnten die nach 18 Uhr Wählenden die ersten Hochrechnungen in ihre Wahlentscheidung einfließen lassen. In manchen Wahllokalen wurden die

Stimmen nicht einmal ausgezählt, sondern nur geschätzt, und in anderen wurden mehr Stimmen ausgezählt, als es Wahlberechtigte gab!

Dies alles als „Pannen“ zu bezeichnen, ist eine kriminelle Bagatellisierung. Denn diese Verstöße hatten mit großer Wahrscheinlichkeit Einfluss auf die Sitzverteilung im Bundestag: Wenn eine Partei mindestens drei Direktmandate erwirbt, kommt sie in den Bundestag, auch wenn sie die 5-Prozent-Hürde nicht schafft. Die Linke verdankt dieser Regelung, dass sie mit ihren 4,7 % überhaupt noch im Bundestag sitzt. Sie hat insgesamt drei Direktmandate gewonnen, zwei davon in Berlin, der rot-rot-grünen Hochburg der Wahlfälscher!

Nach dem negativen Urteil des Bundeswahlleiters ist jetzt der Bundestag zuständig. Er hat den Vorgang an einen Wahlausschuss weitergegeben, und da liegt er jetzt und liegt und liegt ... Mehr als ein Jahr ist schon vergangen, ohne dass irgend etwas geschehen wäre – grotesk! Viele Bundestagsabgeordnete, von der Linken bis zur AfD befürchten wohl, bei Neuwahlen ihr Mandat zu verlieren, und ausgerechnet sie sollen entscheiden, ob diese Wahl gültig ist oder nicht? Gegen eine Entscheidung des Bundestags könnte beim Verfassungsgericht geklagt werden. Da es keine Entscheidung des Bundestags gibt, bleibt auch das BVG untätig. **Allein die zeitliche Verschleppung der Entscheidung ist schon ein schwerwiegender Verfassungsbruch!**

Wir haben einen illegal zustande gekommenen Bundestag und damit auch eine illegal zustande gekommene Bundesregierung. Das ist der **größte politische Skandal in der Geschichte der Bundesrepublik!** Aber unsere demokratischen und investigativen Medien berichten darüber – nichts! Absolut nichts! Man stelle sich vor, das Ganze fände in Russland statt – ein Mega-Bohai in den Medien, Entrüstung, Empörung, Putin der Wahlfälscher usw. usf. Wenn hier Bundestag und BVG nicht in kürzester Zeit Abhilfe schaffen, wird das der Fall schlechthin für Artikel 20 des Grundgesetzes!

Die Rolle der westlichen Medien

Die westlichen Medien sind ein Meinungskartell mit Monopolanspruch. In Nebensächlichkeiten werden hitzige Diskussionen inszeniert, in den großen Fragen ist man sich zu 100 % einig. Da herrscht völlige Gleichschaltung: Ob man Panzer direkt an die Ukraine liefert oder über einen Ringtausch mit Polen, darüber wird heftig gestritten; dass aber Panzer in die Ukraine geliefert werden, da ist man sich völlig einig. Wenn dann einer kommt und fragt: „Warum sollen überhaupt Panzer in die Ukraine geliefert werden, das ist doch Wahnsinn", dann ist man empört. Über so eine Frage diskutiert man nicht, über so eine Frage empört man sich! Das ist die Methode der westlichen Einheitsmedien: Beim Kleinkram fliegen die Fetzen, die großen Fragen werden ausgespart!

Warum diskutiert man nicht über die notwendige Öffnung von *Nord Stream 2*? Warum nicht über den Anschlag der Amerikaner auf diese Pipeline? Nicht einmal den Verdacht wagt man auszusprechen! Warum behandelt man das Thema USA, wenn überhaupt, mit Samthandschuhen? Warum ist – was 2014 noch möglich war – bei diesen hunderten Talk-Runden im Fernsehen kein einziger Teilnehmer, der die russische Position vertritt; kein einziger, der sagt: Das ist kein Krieg Russlands gegen die Ukraine, sondern ein Krieg der USA gegen Russland. Kein einziger!

Die Öffentlich-Rechtlichen

Am schlimmsten sind die Öffentlich-Rechtlichen. Sie sind ein Kartell im Kartell. Korruption, Vetternwirtschaft, all das, was man in den *Tagesthemen* so heftig anprangert, praktiziert man im eigenen Laden in einem Ausmaß, dass es zum Himmel stinkt. Die ARD und ihre *Tagesschau,* die einflussreichste politische Sendung für die breite Masse, sind linksextrem unterwandert; nicht nur von der Antifa, auch von anderen linksextremen Organisationen wie z. B. der Amadeu-Stiftung.[30]

[30] Initiiert vom ehemaligen DDR-Stasi-Spitzel *Anetta Kahane*

Immer wieder treten irgendwelche Kommunisten dieser Stiftung als „Experten“ in der Tagesschau auf; und auch das vormalige „Qualitätsmedium“ der Öffentlich-Rechtlichen, der *Deutschlandfunk,* ist zum Propagandasender verkommen. Professionelle Anti-Russland-Hetzer schreiben auch noch Bücher über den Ukraine-Krieg mit all den Lügen Selenskyjs, die wir schon aus ihren Sendungen kennen. Mit höchstem Lob rezensieren sie sich dann gegenseitig und laden sich auch noch gegenseitig zu Interviews im DLF ein. Das ist nicht nur medialer Inzest, das ist unverblümte GEZ-Kriegspropaganda für das Kiewer Regime!

Jeder Haushalt in Deutschland zahlt 18,50 € im Monat – ob er nun öffentlich-rechtliche Sender nutzt oder nicht. Wie diese Typen die eingetriebenen Zwangsgebühren verbraten, hat uns Alice Schlesinger, die ehemalige Intendantin des RBB, in dankenswerter Dreistigkeit demonstriert. Dass das nicht nur beim RBB so ist, sondern auch beim NDR und in der ganzen ARD, wird immer sichtbarer. Da hilft es auch nichts, wenn Miosga und Konsorten in ihren *Tagesthemen* so tun, als hätte die ARD nichts mit dem RBB zu tun!

Schlimmer als Vetternwirtschaft und Korruption bei den Staatssendern sind Zensur und ideologische Gleichschaltung. Dafür hat man sich ein besonders elegantes Modell ausgedacht: das der „festen freien Mitarbeiter“. Die meisten Redakteure der unteren Ebene bekommen keine feste Anstellung, sondern arbeiten auf eigene Rechnung; tragen also ihr Krankheitsrisiko selbst; müssen nicht gekündigt werden, wenn man sie nicht mehr braucht. Bei der Bezahlung ihrer Beiträge hat der Sender freie Hand und kann dies als Druckmittel nutzen; und das Wichtigste: Wer nicht liefert, was gewünscht wird, bekommt keinen Auftrag mehr – ein ideales Konzept für ideologische Gleichschaltung!

Während man sich auf den unteren Ebenen sparsam gibt, wird auf den oberen umso mehr geaast! Unter 250.000 € im Jahr macht es so ein ARD-Intendant nicht; ARD-Chef Tom Burow, der ehemalige Tagesthemen-Kasper, bekommt 410.000 € im Jahr. Das ist doch schon mal was, und nicht nur die *aktuelle* Führungsriege, auch die öffentlich-rechtlichen Pensionäre werden in ähnlichem Ausmaß alimentiert. Ein Großteil unserer eingezahlten Zwangsgebühren geht mit der üppigen Versorgung dieser verschwenderischen Gestalten drauf.

Das westliche System ist auf Lüge aufgebaut, Paradebeispiel der **Relotius-Journalismus**: Geschichten werden erzählt, von denen es völlig egal ist, ob sie wahr oder falsch sind, ob sie geschehen sind oder nicht. Es zählt nur noch: **Passen sie zum vorgegebenen Narrativ oder nicht?** Relotius war Autor beim SPIEGEL. Detailreich erzählte er Geschichten über Migranten und ihr Schicksal: Wie arm, aber gut und edel diese Menschen sind – im Gegensatz zu den eher unedlen, wenn nicht bösen Einwohnern der Einwanderungsländer. Er wurde mit Journalismus-Preisen überhäuft, aber irgendwann kam heraus, dass seine Geschichten nicht recherchiert, sondern frei erfunden waren. Man gab sich zerknirscht beim SPIEGEL: Wie konnte so etwas passieren? Eine distanzierte Distanzierung, drei Tage „Demut“, und schon ging's wieder weiter – *business as usual*! Auf keinen Fall darf der Verdacht aufkommen, dass Relotius kein Einzelfall, sondern eine übliche Methode des deutschen Zeitgeist-Journalismus ist.

Weitere Methoden der westlichen Propaganda-Medien

Ein Imperium, das auf Lügen gründet, ist fragil. Es kommt sehr darauf an, wie man seine Lügen verkauft. Psychologie spielt eine große Rolle. Eine verbreitete Methode, wenn man einem Vorwurf inhaltlich nicht gewachsen ist, besteht darin, auf den Inhalt des Vorwurfs überhaupt nicht einzugehen und stattdessen den, der den Vorwurf vorträgt, psychologisch zu demontieren; z. B. indem man die *Attitüde des Lehrers* annimmt, der einem dummen Schüler etwas erklären muss; oder die *Attitüde des Arztes*, der einen Kranken oder Irren behandelt; oder die *Rolle des durch und durch „normalen“ Menschen,* der alle Meinungen, die ihm nicht passen, als unnormal und schlichtweg absurd hinstellt: „Wie kann man nur!“ Paradebeispiel hierfür der wüst herumpöbelnde Oliver Welke aus der *heute-Show!*

In einer Zeit, wo Politik immer mehr zum Glaubenskrieg wird, spielen Propaganda und Medien eine zentrale Rolle. Es geht um die Wahrheit. Das System beansprucht ein Monopol für die Wahrheit. Die Mainstream-Medien verkünden sie. Wer das Monopol missachtet und die Wahrheit in Frage stellt, ist Verschwörungstheoretiker – der *dritte* große Vorwurf des rot-grünen Systems gegen seine Ketzer! Der *erste* Vorwurf ist Rassismus. Wer gegen Massenzuwanderung und Bevölkerungsaustausch agiert, ist **Rassist**. Der zweite Vorwurf ist Antisemitismus. Jeder, der das politische System grundsätzlich kritisiert, ist **Antisemit**; und wer in wichtigen Fragen eine andere Erklärung hat als die vom System vorgegebene, ist **Verschwörungstheoretiker**. Die Mainstream-Meinung wird sakralisiert, ihre Missachtung zur Häresie. Die „Rechten" – nicht die Rechts*extremen* – kommen im westlichen System als Ketzer an den Pranger.

Der rechts-links-Gegensatz in der Politik

Der politische Gegensatz von rechts und links entstand in der Französischen Revolution: In der Volksvertretung auf der rechten Seite saßen die Traditionalisten, die die alte Ordnung mit König und christlicher Religion repräsentierten; auf der linken Seite die Revolutionäre: Sie wollten den König durch gewählte Politiker und das Christentum durch eine neue Menschenrechtsreligion ersetzen, in der der Mensch nicht mehr einen Gott, sondern sich selbst und seine ihm von Natur aus anhaftende Würde verherrlicht. Was das Regieren anlangt, haben sich heute dem Anschein nach die Linken durchgesetzt. Erbdynastien sind inzwischen museale Relikte einer vergangenen Zeit.

Die Frage der Religion ist freilich nicht entschieden, und sie wird es auch bis zum Jüngsten Tag nicht sein. Denn Glaubenskriege um die Wahrheit und die wahre Religion gehören zum Grundwesen unseres irdischen Daseins.

Die neuheidnische Menschennaturrechtsreligion war von Anfang an Staatsreligion in Amerika. In Europa fand sie keinen fruchtbaren Nährboden und degenerierte zur kommunistischen Ideologie. Im 19. Jahrhundert spielte sich der *rechts-links*-Gegensatz noch mehr in der Philosophie ab: *Marx* auf der einen, *Nietzsche* auf der anderen Seite. Im 20. Jahrhundert politisierte sich dieser Gegensatz in zwei totalitären Systemen, dem deutschen Nationalsozialismus und dem russischen Sowjetkommunismus. Der Zweite Weltkrieg war dann primär kein Krieg zwischen Deutschland und Russland, sondern ein Systemkrieg zwischen Faschismus und Kommunismus.

Der *dritte* Hauptteilnehmer am Zweiten Weltkrieg, die USA, repräsentierten im Gegensatz zu den beiden anderen politisch kein vollentwickeltes *System*. Sein weltanschauliches Gesamtkonzept war noch offener und ließ mehr politischen Gestaltungsraum. Von daher bin ich sehr froh, in den 1950er Jahren im amerikanischen Westen und nicht im sowjetischen Osten aufgewachsen zu sein. Sehr wohl aber hatten auch die USA ihre Ideologie im Gepäck, ihre zivile Menschenrechtsreligion, mit der ihre Protagonisten Europa zu missionieren gedachten, und ab 1989 entwickelte sich auch das US-Modell immer mehr zu einem System, das nach 9/11 in seiner ganzen Monstrosität sichtbar wurde.

Der politische Gegensatz rechts-links macht nur Sinn, solange es eine Mitte dazwischen gibt. Je weniger es eine solche gibt, desto weniger kann man von einem *rechts-links*-Gegensatz sprechen; desto mehr vernebelt dieser Begriff den tatsächlichen **Glaubenskrieg**, um den es jetzt geht und der hinter den großen politischen Auseinandersetzungen steht.

Geschichtlich könnte man den *rechts-links*-Gegensatz in Europa folgendermaßen charakterisieren: Die europäische Mitte ist christlich. Für sie beginnt Europa im Jahre 800 mit der **Kaiserkrönung Karls des Großen**, des Inaugurators eines neuen europäischen Reichs. Für die Linken dagegen beginnt Europa erst mit der Aufklärung und der **Französischen Revolutio**n 1789, alles Vorherige könne man vergessen. Für die Rechten dagegen beginnt Europa in vorchristlicher Zeit in den **Wäldern Germaniens**. Mit der Christianisierung Europas setzt für sie die Sklaverei durch eine raumfremde Religion ein.

Mit Europa kann die **politische Rechte** nicht viel anfangen. Man war immer entweder deutsch-national oder französisch-national usw. und das widersprach sich ja bis hin zu gegeneinander geführten Kriegen. Auch das I. Deutsche Reich, dessen Tradition von Österreich und seiner K.u.k.-Monarchie fortgesetzt wurde, ist den Rechten fremd. Sie setzen auf Preußentum und Bismarck, der bekanntlich die kleindeutsche Lösung gegen Österreich durchgesetzt hat. Mit dieser kleindeutschen Lösung, die das österreichische Kaiserreich von Deutschland ausschloss, verlor die deutsche Politik ihre Mitte und wurde immer rechter. Die Revolution von 1918, ausgehend von der linken Seite des Spektrums, war die dialektisch logische Folge dieser Polarisierung.

Die **politische Linke** hegt weder für das preußisch-deutsche noch für das österreichische Kaisertum irgendwelche Sympathien. Sie ist antidynastisch und antinational und versteht sich primär als *sozial,* eine Lobby für die Armen, für „das Proletariat“. Da stört eben das Nationale, denn die Arbeiterklasse ist international. Man will die Herrschaft der Arbeiterklasse – es muss nicht unbedingt die kommunistische Diktatur des Proletariats sein – nicht nur in Europa, sondern überall, global. Die Linke ist von ihrer Ausrichtung her international globalistisch.

Die klassische, die braune Rechte ist 1945 untergegangen. Was politisch und ideologisch danach kam, ist ein Scherbenhaufen, auf dem man nach etwas sucht, was vielleicht noch irgendwie verwertbar sein könnte. 1989 ist auch die klassische, die rote Linke untergegangen. Was als solche noch agiert, in Deutschland als SED / PDS / Die Linke, ist entweder politisch obsolet oder politisch reaktionär. Der rote Kommunismus spielt nur noch als Mutation eine Rolle. In China mutierte er zu einer Art **braunem** Kommunismus, einer Synthese des roten Kommunismus mit dem Nationalismus; im Westen zu einem **grünen** Kommunismus, einer Synthese aus **rotem** Kommunismus und amerikanischer Menschenrechtsideologie. Wir können diese westliche Bastardsynthese *Menschenrechtskommunismus* nennen oder im Hinblick auf die imperiale Praxis der USA auch *Menschenrechtsimperialismus* oder *Menschenrechtskolonialismus.*

Die Unterscheidung zwischen politisch *rechts* und *links* macht in der sozialen Frage noch Sinn. Für die Linke ist die soziale Frage wesentlich wichtiger als die nationale, bei der Rechten ist es umgekehrt. Bei vielen anderen wichtigen Fragen hilft diese Unterscheidung nicht weiter. So geht es im großen politischen Glaubenskrieg um die Entscheidung

- christlich-europäische Leitkultur oder US-amerikanische Menschenrechtsideologie?

In der Außenpolitik um die Alternative

- amerikanisch-westliches Bündnis oder europäisch-russische Allianz?

Und beim Thema *Totalitarismus* um die Frage:

- totalitäres *EU-NATO-System* oder demokratischer deutscher Nationalstaat?

Für die großen Alternativen ist das *rechts-links*-Schema entschieden zu eng geworden.

Die parlamentarischen Parteien in Deutschland sind mehr oder weniger Systemparteien

Auch bei der Beurteilung der Parteien in Deutschland ist das *rechts-links*-Schema nicht mehr sehr aussagekräftig. Entscheidend ist hier, ob sie grundsätzlich systemkritisch, wenn nicht systemfeindlich oder systemkonform, wenn nicht systemhörig sind; ob sie mit ihrer Politik also das System schwächen oder es stabilisieren; ob sie den Interessen der Bevölkerung oder den Interessen der globalen Eliten dienen? Sprechen wir also von *systemkritischen* Volksparteien und von *systemhörigen = Systemparteien*! Das Etikett *Altparteien* dagegen ist unpolitisch und nichtssagend. System in diesem Zusammenhang bedeutet immer das **NATO-EU-System**, die europäische Filiale des westlich-globalistischen *Wall Street*-UNO-Systems!

Die in deutschen Parlamenten vertretenen Parteien sind sämtlich Systemparteien, sie sind mehr oder weniger systemhörig; am meisten die Grünen, am wenigstens die AfD. Die **Grünen** sind zu 100 % US-hörig, zu 100 % Israel-hörig, zu 100 % Ukraine-hörig. Außerdem sind sie eine völlig prinzipienlose Partei. Mit Beginn des Ukraine-Kriegs haben sie innerhalb von acht Tagen eine 180°-Wende in ihren wichtigsten politischen Positionen vollzogen: Pazifismus? AKW-Schließung? Kampf gegen Nationalismus? Alles dahin, alles dem großen amerikanischen Bruder geopfert! Waffenlieferungen in Kriegsgebiete? Kein Problem, je mehr desto besser! Verlängerung der AKW-Laufzeiten? Auch kein Problem, nur *Nord Stream 2* darf nicht geöffnet werden! Da würden die Amerikaner nicht mitmachen, da würden sie sehr, sehr böse! Und der dreiste Melnyk und die ultranationalistischen Azov-Brigaden? Die Grünen unterstützen diese Ultrarechten mit allen Mitteln! Das ist nicht pragmatische Politik, was die Grünen da machen, das ist Opportunismus pur und völlige US-Hörigkeit!

Unter Meuthen und Weidel wurde auch **die AfD**, ursprünglich ein „gäriger Haufen", immer mehr zu einer Systempartei. Meuthens Politik bestand im Wesentlichen darin, Systemkritiker durch Parteiausschlussverfahren aus der Partei zu drängen und sich so dem Verfassungsschutz und dem System anzudienen. Jetzt hat er das Handtuch geschmissen und ist raus aus der Partei. Hat sich aber die AfD nur von der Person Meuthens verabschiedet und degeneriert weiter zu einer vollständigen Systempartei? Oder hat sie sich auch von dessen Politik verabschiedet und kriegt doch noch die Kurve zu einer echten Oppositionspartei? Solange Ersteres nicht gewiss ist, sollten wir auf Letzteres hoffen, zumal wir nichts Besseres haben und auch nichts Besseres in Sicht ist.

Ideologen der Neuen Rechten

Die Ideologie der *Neuen Linken* (Frankfurter Schule) und die Transformation vom roten in den grünen Kommunismus habe ich in meinem Buch *Der grüne Kommunismus* ausführlicher analysiert. Was die *Neue Rechte* betrifft, so ist sie weitgehend orientierungslos. Sorgfältig geht sie auf Distanz zum Nationalsozialismus, ohne uns einigermaßen klar zu sagen, woran dieser gescheitert ist. Ein bisschen Nietzsche und Oswald Spengler, diffuses Herum-Heideggern und natürlich Carl Schmitts inhaltsleerer Formalismus.

Auf zwei neurechte Ideologen, die über die eigenen Grenzen hinaus bekannt geworden sind, will ich kurz und exemplarisch eingehen, auf den Russen *Alexander Dugin* und den Franzosen *Alain de Benoist*.

Alexander Dugin

Dugin, 1962 geboren, Politologe und Philosoph, ist auf der Suche nach einer „vierten politischen Theorie". Zwei Theorien, nämlich Faschismus und Kommunismus, seien schon gescheitert, gegen die dritte, den *Westen* und seinen *Liberalismus*, wettert er aus allen Rohren. Dieser stehe für Universalismus, beanspruche Alternativlosigkeit, trete maßlos arrogant auf und sei durch und durch dekadent.

Das alles kann man unterschreiben. Bei seinem Gegenentwurf aber sieht es böse aus. Seiner „Vierten Theorie" fehlt es an Substanz. Er will sie in der Retorte aus dem Schrott der drei vorherigen konstruieren. Anstatt an die Zeit vor diesen Theorien anzuknüpfen, an das Mittelalter und seine Tradition der *civitas dei*, propagiert er eine *„politische Angelogie"*:

> „Der letzte Akt wird nicht vom Menschen bestimmt. Es wird ein Krieg der Engel sein, ein Krieg der Götter, eine Konfrontation von Wesenheiten, nicht gebunden von historischen oder ökonomischen Gesetzen und Mustern, die sich auch nicht mit Religionen oder bestimmten politischen Eliten identifizieren."[31]

Das habe angeblich nichts mit Mystik oder Esoterik zu tun – aber mit was denn dann? Ein einziges philosophisches Geschwurbel, was er da bietet!

> „Wir sollten ‚Dasein' als Zentrum und Pol der Vierten Politischen Theorie setzen ... Es bedeutet, dass ‚Dasein' weder als theoretische Konstruktion, noch als Prinzip qualifiziert werden sollte. Ist es als Mythos einzusetzen, wie eine Erzählung? Das kommt viel näher, sollte aber sorgfältig überlegt werden. Es sollte nicht gerade als Mentalität eingesetzt werden, zumindest nicht als eine ontologische ... was ist das Zentrum der Vierten Politischen Praxis? Das Zentrum ist etwas zwischen den Spalten Liegendes, zwischen dem 1. und dem 2. Begriff, zwischen Theorie und Praxis. Das bedeutet aber keinesfalls deren Kombination oder eine goldene Mitte. Die ‚goldene Mitte' ist ein Schwachsinn, wovon wir uns distanzieren sollten ... (S. 197) – ein unerträgliches Herumeiern, mehr Nonsens als Philosophie!

Dugin stützt sich auf die „strukturelle Anthropologie" von *Levi-Strauss,* der rigoros von einer prinzipiellen Gleichheit unterschiedlicher Kulturen ausgeht (S. 107) und hält selbst Kulturen, die Ge-

[31] Alexander Dugin: *Die Vierte Politische Theorie* (ARKTOS London 2013) S. 193

nitalverstümmelung, Ehrenmorde und Kannibalismus in ihrer Grundausstattung haben, für der westeuropäischen Kultur gleichwertig. Sein Hass gegen den Westen ist nicht politisch, sondern antieuropäisch rassistisch und als solcher das direkte Pendant zur nationalsozialistischen antislawischen Untermenschen-Lehre.

Wenn Dugin konkret wird, wird es noch schlimmer: Er gibt sich als radikaler Antirassist:

> „Der Rassismus Hitlers ist jedoch nur *eine* Form von Rassismus … Es gibt andere Formen von Rassismus – die kulturelle, die behauptet, es gebe höhere und niedrigere Kulturen; die zivilisatorische, die zivilisierte von ungenügend zivilisierten Völkern unterscheidet usw." [S.44]

Jede „normative Hierarchie", wie er das nennt, betrachtet er als *Rassismus* und sagt Ihr den Kampf an. Dugins eigener **Eurasismus** kultiviert dann aber doch solche normativen Hierarchien und schreibt insbesondere den vier Nationen Russland, Iran, China und Indien eine Führungsrolle im Kampf gegen den Westen zu. Worauf gründet diese Führungsrolle von Nationen, wenn nicht auf deren Kulturen?

Wenn es gegen die Deutschen geht, hat er gar keine Angst mehr vor Rassismus. So schreibt er:

> „Der Antisemitismus Hitlers sowie die Doktrin, Slawen seien Untermenschen … haben Deutschland zum Krieg gegen die Sowjetunion angestachelt und Millionen von Russen das Leben gekostet. **Die Deutschen haben wohl auch dadurch ihre politische Freiheit und das Teilnahmerecht an der politischen Geschichte für lange Zeit verloren, wenn nicht auf ewig."** [S. 44]

Hitler verstand nach eigenem Bekunden den Krieg, den er führte, als einen Feldzug primär gegen den jüdischen Bolschewismus und nicht als einen primär gegen den russischen Staat und die Russen. Dugin aber betrachtet den Krieg zwischen Russland und Deutschland primär als Krieg zweier Nationen und nicht als Krieg zweier Systeme. Er identifiziert sich kritiklos mit der Kriegspolitik Stalins. Das ist einerseits nationalistisch, andererseits stalinistisch-kommunistisch.

Die Sowjetunion sieht er, obwohl sie gleichzeitig mit Hitler den Krieg gegen Polen begonnen hat, einseitig als Opfer Deutschlands und lastet diesem alle Kriegstoten und sonstigen Kriegsfolgen an. Das ist extrem einseitig und moralisch illegitim. Den Deutschen aber will er wegen ihres Verhaltens im Zweiten Weltkrieg „ihre politische Freiheit und das Teilnahmerecht an der politischen Geschichte … auf *ewig*“ verwehren. Das ist primitiver antideutscher Rassismus, wie es schlimmer nicht geht!

Dugin ist Putin-Fan, und es heißt sogar, er sei als Berater Putins tätig. Bestätigende Informationen hierzu liegen mir aber nicht vor. Sollte er tatsächlich nennenswerten Einfluss im Kreml haben, wäre das vor allem für das deutsch-russische Verhältnis eine Katastrophe.[32]

Alain de Benoist

Der 1943 geborene Franzose Alain de Benoist gilt als führender Ideologe der sog. *Neuen Rechten* (ND = *Nouvelle Droite*). Er bekennt sich zu einem neuen Heidentum (Neopaganismus) und positioniert sich scharf gegen den judäo-christlichen Einfluss in Europa, wobei er das Christentum wie alle rechten Ideologen als Spielart des Judentums behandelt. Damit zeigt er schon einmal, dass er theologisch und ontologisch (Ontologie der christlichen Trinität) keine Ahnung hat.

Auch die Begründung seiner Position ist ur-rechts: Das Christentum sei in Europa raumfremd. Hier sei ein indogermanischer Polytheismus zu Hause. Das mag für die germanischen Urwälder gelten. Für das, was wir heute als Europa verstehen, war das Christentum nicht ein, sondern der konstituierende Faktor. Auch die

---

[32] Die Tochter Dugins wurde im August 2022 durch einen kriminellen Bombenanschlag ermordet. Der Anschlag galt ihrem Vater. Die russische Regierung hat (mit Namensnennung) die Täter, den ukrainischen Geheimdienst, entlarvt. Dieser hat dann Videos ins Netz gestellt, die Putin unterstellen, selbst auf Dugin ein Attentat geplant zu haben! Diese Ukrainer lügen so dümmlich dreist, dass ihnen bald die größten Idioten nicht mehr glauben werden! Das Verhältnis Putins zu Dugin wird aus dieser verabscheuungswürdigen Geschichte allerdings nicht klarer.

Tradition der griechisch-römischen Antike ist nicht direkt, sondern indirekt über das Christentum in Europa eingedrungen.

Seine Antiposition betrifft nicht nur das Christentum, sondern reicht in die griechische Antike hinein. Insbesondere lehnt er Platon mit seiner Ideen-„Hinterwelt" ab. Es gebe kein ewiges allgemeingültiges Gesetz, verkündet er. Begründen tut er es nicht. Dass es in der Physik allgemeingültige Gesetze gibt und dass man sich fragen kann, warum es solche im übrigen Leben der Menschen nicht geben soll, darauf geht er nicht ein. Philosophisch ist er das, was man einen *Nominalisten* nennt. Das heißt: Die Wahrheit gebe es nicht allgemein, sondern immer nur konkret, und genauso wenig gebe es einen allgemeinen Gott, der über allem steht, sondern nur viele einzelne Götter (= Polytheismus).

Wenn man sich so weit gegen das Christentum aus dem Fenster lehnt, ist es natürlich schwer, zu erklären, was man selbst für Europa hält. Für ihn ist Europa Europa, wenn es sich gegen die großen Konzerne stellt und den Primat der Politik gegenüber der Wirtschaft praktiziert. Das mag ja sein, aber als grundsätzliche Charakterisierung Europas ist das mehr als dürftig. Wenn er dann lapidar feststellt, Europa als eine *kontinentale Realität* und der Westen als *zunehmend ungeographischer Begriff* „seien zur Scheidung verurteilt", dann stimme ich ihm im Hinblick auf die Scheidung gerne zu, aber das Problem, um das es geht, wird dadurch nicht klarer.

Benoist bekennt sich zum Anti-Egalitarismus. Darin ist er rechts. Aber er tut das *differentialistisch*. Darin ist er links. Er betont also den Unterschied zwischen den verschiedenen Rassen oder Kulturen (vive la difference – es lebe der Unterschied) und schätzt deren Vielfalt als wertvolles Gut. Aber er lehnt jede Hierarchie, jedes Ranking der Kulturen ab und verurteilt entschieden, wie schon Dugin, jedes hegemoniale Verhalten, das sich von einem solchen Ranking ableitet.

Dass die Linken zumindest theoretisch keine Hierarchien mögen, wissen wir. Dass die neuen Rechten jetzt ins gleiche Horn blasen, müssen wir erst noch lernen. Denn das heißt ja, dass es nicht mehr weniger entwickelte, mehr entwickelte und voll entwickelte Länder und Staaten gibt; dass auch eine Unterscheidung zwischen barbarischer Vorphase, kultureller Hochphase und dekadenter Spätphase nicht mehr gilt und letztlich sogar die Begriffe Jugend, Erwachsen und Alter obsolet werden!

Die allgemeine Gottlosigkeit in Europa beklagt Benoist nicht, aber der Individualismus ist für ihn ein fundamentales Übel. Er würde im Anderen angeblich immer nur den Feind sehen. Benoist bekennt sich stattdessen zum *Kommunitarismus*, was bedeutet: Der Einzelne denkt und handelt immer nur als Teil einer Gruppe, dementsprechend müsste sich sein Verhalten nicht am Einzelwohl, sondern am Gemeinwohl orientieren.

Wenn man dies als *einen* Aspekt des Lebens sieht, ist das richtig, aber nicht sehr neu. Schon Aristoteles nannte den Menschen in diesem Sinn ein *ens sociale* (griech. zoon politikon). Wenn man das aber zum wichtigsten Aspekt des Menschseins macht, wird es sektiererisch; wenn man es gar zum ausschließlichen Aspekt macht, dem Einzelnen damit die Möglichkeit von Individualität gänzlich abspricht und ihn nur noch als Herdenwesen begreift, dann wird es Unsinn. Wie stark der Kommunitarismus bei Benoist ist, wird in seinem Werk nicht immer deutlich.

Was die Verbände und Organisationen betrifft, scheinen für Benoist neuere Formen, von Vereinen bis zu Bürgerinitiativen, eine größere Rolle zu spielen als die alten wie Familie und Nation. Die letztere will er vor allem durch die Region ersetzen, also *Regionalismus* statt Nationalismus, was eine Entpolitisierung darstellt. Denn Nationen können sich über ihre Nationalstaaten ausgeprägt politisch artikulieren, Regionen können das kaum bis gar nicht.

In den sog. *Menschenrechten* sieht Benoist zurecht eine Religion. Er lehnt sie ab, weil sie von amerikanischen Einwanderern abstrakt in den Raum gestellt worden und nicht aus den Sitten und Gebräuchen der Völker herausgewachsen seien. Es stört ihn – eine typisch rechte Argumentation – die unnatürliche Gesetztheit, also der Mangel an Organizität. Letztlich würden diese Menschenrechte von den USA nur dafür missbraucht, so auch er, ihre globalistische und imperialistische Politik ideologisch zu verkleiden.

Dem kann ich zustimmen. Dass er sich über die dreiste Anmaßung der westlichen Menschenrechtskolonialisten aufregt, wie inzwischen die gesamte nichtwestliche Welt, kann ich auch nachvollziehen. Wenn er aber den westlichen Menschenrechtsimperialismus in die Tradition der christlichen Kreuzzüge stellt, muss ich dem Antichristen Benoist entschieden widersprechen. Denn damals waren nicht die Christen, um heutige Begriffe zu verwenden, die Aggressoren, sondern der Islam bzw. die islamisierten Türken, die aus Zentralasien kamen und systematisch erst den Nahen Osten und dann Südosteuropa erobert haben. Vorwerfen kann man den Kreuzrittern allenfalls, dass es ihnen nicht gelungen ist, die osmanischen Eroberer zu stoppen. Dies gelang den Europäern erst im 16. und 17. Jahrhundert vor Wien.

In der Migrationsfrage ist Benoist nicht rechts, sondern dezidiert links. Auch hier spricht er von einem *differentialistischen* Antirassismus, mit dem er sich vor allem um das Wohl der Migranten sorgt. Er sieht deren Identität durch Assimilation bedroht und will deshalb mehr Multikulti und weniger Assimilation! Außerdem verurteilt er es, dass die Zuwanderer als Sündenböcke für alles Mögliche herhalten müssten. Einen Identitätsverlust der Gesellschaften, die die Migranten aufnehmen, befürchtet er nicht, und im Übrigen würden *Fast Food*-Restaurants die europäische Identität beeinträchtigen, Moscheen aber nicht. – Das trifft auch nicht so ganz den Nagel auf den Kopf!

Benoist ist weder ein Reformer noch ein Revolutionär. Er ist, wie er selbst sagt, ein *Rebell*, das heißt, er akzeptiert letztlich das System, anerkennt dessen Alternativlosigkeit und Unumstürzbarkeit, will es nur ein bisschen erschüttern, aus Freude an der Unruhe, ohne ernsthaften Reformwillen – ein typischer französischer Intellektueller!

Sein Hauptproblem ist aber noch etwas anderes: Benoist ist kein Rechter, der links auftritt, um sich beim Zeitgeist anzubiedern. Benoist ist ein Linker, der rechts auftritt, um in die große Widerstandsbewegung gegen USA und EU, die im Wesentlichen rechts ist, noch mehr Konfusion hineinzutragen. Er selbst sagt, er würde nicht rechts wählen, sondern die Grünen! Wenn er nicht zur Wahl ginge, könnte ich das noch verstehen. Aber die Grünen zu wählen, die der organisierte Inbegriff westlicher Dekadenz sind – das macht ihn zur fragwürdigen Gestalt. Für mich ist Alain de Benoist ein Trojanisches Pferd.[33]

Ideologische Konfusion ist das Markenzeichen der gesamten Neuen Rechten. Bei der EU und der Migration weiß man noch in etwa, was man will. Geht es aber um die USA oder gar um Russland, wird es trostlos. **Gerade geopolitisch ist die neue Rechte eine sehr lauwarme Angelegenheit!** Wenn Europa sich von den USA befreien will, braucht es Russland, ganz gleich, wer dort regiert. Ohne Russland geht das nicht. Wem das nicht klar ist, der sollte nicht in die Politik, sondern lieber ins Kino oder ins Fußballstadion gehen. Dort ist er besser aufgehoben.

Politisches Programm

Aus dem bisher Ausgeführten ergeben sich folgende konkrete politische Forderungen:

1. Massenabschiebungen

Die Masseneinwanderung hat den Zusammenhalt der deutschen Gesellschaft, der vor allem ein kultureller ist, schwer geschädigt, wenn nicht zerstört. Die anfallenden Kosten für die Flüchtlinge (Wohnungen, „Bürgergeld", medizinische Versorgung, Schulen und Studienplätze und und und!) könnten selbst von einer gesunden deutschen Volkswirtschaft nicht mehr geschultert werden. Einer schwer angeschlagenen Volkswirtschaft geben sie den Rest. Es droht nicht nur ein wirtschaftlicher Zusammenbruch. Zahlreiche junge gewaltbereite Migranten stellen ein erhebliches Bürgerkriegspotential dar!

In einer solchen Situation genügt es nicht, eine geordnete Zuwanderung und mehr Integration zu fordern. Auch mit einem bloßen Zuwanderungsstopp ist uns nicht geholfen. Wenn wir den Bürgerkrieg nicht wollen und auch nicht wollen, dass wir Deutschen dem-

---

[33] Meine Analyse zu de Benoist basiert auf der Lektüre dreier seiner Bücher (*Aufstand der Kulturen, Schöne vernetzte Welt und Totalitarismus ...)*, bei Bedarf genauer nachzulesen im Literaturverzeichnis meiner Trilogie; außerdem Wikipedia und andere Netzinformationen

nächst die Indianer Europas sind, dann lautet die Forderung: **Massenabschiebungen jetzt!**

Ein Großteil der Migranten, die in den letzten 25 Jahren zugewandert sind, muss abgeschoben werden. Nur wer sehr gut integriert ist, keinerlei Sozialtransfers bedarf und in keiner Weise kriminell geworden ist, kann bleiben. Mit denen, die nicht in ihr Heimatland rückgeführt werden wollen oder können, sollte nach dem Ruanda-Modell verfahren werden, das entsprechend ausgebaut und mit anderen Ländern erweitert werden muss. Das heißt: Wir müssen Verträge mit Staaten machen, die die Migranten in der Nähe ihres ursprünglichen Kulturkreises aufnehmen. Dafür müssen wir Einiges zahlen. Ob wir parallel zu den Abschiebungen noch zusätzliche Aufbau- und Entwicklungsmaßnahmen finanzieren können, wird von der in der Krise verbleibenden Kraft unserer Wirtschaft abhängen.

Was wir hier machen müssen, ist pure Selbstverteidigung – die Verteidigung unserer nackten Existenz als Deutsche! Wir stehen mit dem Rücken zur Wand, vor der vollständigen Auflösung unseres Volkes! Wenn wir überleben wollen, müssen wir vor allem all die destruktiven Linken entmachten, die mit pathologischem Helfersyndrom oder in völliger ideologischer Verblödung Deutschland in ein internationales Flüchtlingslager verwandeln und es so vollständig vernichten wollen. Wir brauchen auch in der Migrationspolitik eine Quote, wie sie bei linken Projekten der deutschen Politik so „erfolgreich" gehandhabt wird. Wenn Deutschland noch einigermaßen deutsch bleiben will, darf der Anteil von Menschen mit Mi**grationshintergrund langfristig** nicht über 20 % liegen.[s. Fußn. 1]

2. *Ukraine-Krieg, Geopolitik, USA, Russland*

- Sofortiger Stopp der Waffenlieferungen in die Ukraine!
- Sofortiges Ende aller Sanktionen gegen Russland!
- Sofortige Aufnahme einer intensiven deutsch-russischen Wirtschafts- und Energiekooperation – und vor allem:
- Sofortige Reparatur und Eröffnung von *Nord Stream 2*![34]

[34] Von den vier Strängen der beiden Pipelines Nord Stream 1 und 2 hat der britische Geheimdienst drei zerstört. Der vierte Strang, Strang B von Nord Stream 2, soll intakt geblieben sein!

Das wird unsere wirtschaftliche Lage mit einem Schlag wesentlich verbessern und auch die politische Lage entscheidend verändern. *Nord Stream 2* ist mehr als eine Pipeline! **Wenn wir die Öffnung durchsetzen, brechen wir das amerikanische Diktat!** Ohne Deutschland halten die *USA den Krieg nicht lange durch. Die Öffnung von* Nord Stream 2 könnte der Anfang vom Ende der amerikanischen Vorherrschaft in Europa werden!

- Auch für **Ukraine-Flüchtlinge** gilt ein Aufnahmestopp und weitgehende Rückführung in die Ukraine.

Das ukrainische Flüchtlingsproblem ist ein *inner*ukrainisches Problem, für das die ukrainische Regierung mit ihren amerikanischen Kriegstreibern verantwortlich ist und nicht Deutschland! Anstatt Leichtbauhallen in Deutschland zu bauen, sollte dies in der Ukraine geschehen. Dort ist dafür wesentlich mehr Platz, und es gibt genügend Gebiete, die vom Krieg kaum betroffen sind.

3. *Corona und staatlicher Terror*

- Keine Impfpflicht in Deutschland, auch nicht für Masern!
- Alle Impfschäden müssen, was bislang kaum geschieht, gemeldet, statistisch erfasst und wissenschaftlich umfassend erforscht werden!

Hierfür muss auf den Todesbescheinigungen routinemäßig der Impfstatus erfasst und den Ärzten eine strenge Meldepflicht von möglichen Impfschäden auferlegt werden.

- Ein möglicher Zusammenhang von Impfung und Mutantenbildung muss erforscht werden, ebenso ein möglicher Zusammenhang zwischen Impfung und Long Covid und dem sog. *Post-Vac-Syndrom.*

Corona muss zentrales Thema der medizinischen Forschung sein, was staatlich entsprechend zu fördern ist!

- Insbesondere muss dabei der Zusammenhang der Virusentstehung mit der sog. *gain-of-function*-Forschung erhellt werden!
- Austritt aus der WHO

Die WHO ist eine Organisation, die von privaten Organisationen (Gates-Stiftung etc.) maßgeblich finanziert und gesteuert wird und dadurch mehr Schaden anrichtet als Nutzen!

Die Maßnahmen der Seuchenbekämpfung sollen vor allem auf Basis von Aufklärung und Freiwilligkeit durchgeführt werden und nicht durch staatlichen Zwang. Im Zweifelsfall ist das nicht durch Dekrete der Exekutive, sondern durch Beschlüsse des Parlaments zu regeln! Insbesondere sollte gelten:

- keine Maskenpflicht im Außenbereich
- kein Lockdown
- keine generellen Kontaktverbote
- keine Ausgangssperren!

4. *DEXIT – die EU auflösen!*

- Austritt Deutschlands (dexit)!
- Auf- und Ausbau einer europäisch-russischen Wirtschaftsunion

Wenn wir in der EU bleiben, können wir keinen einzigen unserer ungeladenen Gäste irgendwohin abschieben – im Gegenteil: Jeden Tag bekommen wir Tausende neu dazu! Die EU macht aus Deutschland ein internationales Flüchtlings- und Migrantenlager. Außerdem ist sie eine Hochburg des Schwulen- und Genderkults! Ihr Ziel ist ein zentralistischer Bundesstaat, in dem es kein Deutschland mehr gibt. Schon jetzt werden fast 90 % unsere Gesetze in Brüssel gemacht! Wir wollen und müssen unsere nationale Souveränität und Identität bewahren und aus diesem Brüsseler Verein austreten.

5. *Die USA aus Europa drängen und die NATO auflösen!*

Die NATO ist seit 1989 kein *Verteidigungs*bündnis mehr, sondern das aggressivste Militärbündnis auf dem gesamten Globus. Den auch für Deutschland desaströsen Afghanistan-Krieg sowie diverse militärische Einsätze im Nahen Osten verdanken wir dem US-NATO-Bündnis! In der Ukraine haben uns die USA mit ihren aggressiven NATO-Vasallen – Polen, Balten und auch Briten und

Skandinavier – in einen Krieg gegen Russland hineingezogen und in die Nähe eines III. Weltkriegs gebracht. Auch ein Einsatz gegen China in absehbarer Zeit ist wahrscheinlich!

Wir wollen keine ausländischen Truppen mehr in Deutschland und auch keine deutschen Truppen im Ausland. Über 70 Jahre sind wir jetzt eine Art amerikanisches Protektorat, das reicht! Davon müssen wir uns erholen. Selbstverständlich wollen wir weiterhin freundliche Beziehungen zu den USA. Dazu gehört auch, dass sie uns unser Gold zurückgeben, das sie seit Jahrzehnten beschlagnahmt halten. Anstatt ständig die ganze Welt erziehen zu wollen, sollten sich die USA eine isolationistische Außenpolitik verordnen und sich endlich um den eigenen Saustall zu Hause kümmern. Damit wären sie für Jahrzehnte beschäftigt!

In Europa ist die NATO eine Krebsgeschwulst. Wir brauchen sie hier nicht. Sie muss weg! Das ist nicht einfach. Die Berliner Regierung mit ihrer US-hörigen antirussischen Kriegspolitik hat eine entscheidende Voraussetzung verbaut: eine wirtschaftliche und militärische Allianz Deutschlands mit Russland. Ohne ein solches Bündnis im Rücken sind wir gegenüber den USA zu einer extrem defensiven Taktik gezwungen. Aber wenn Europa es selbst bleiben will, muss es die Seiten wechseln und die USA aus Europa hinaus drängen.

Jeder Krieg bedeutet eine Chance. Man kann Dinge verändern, die man im Frieden nie verändern könnte. In der Tat ist der Krieg der Vater aller Dinge, auch in der Ukraine! Wir können und müssen uns dort dem US-Diktat verweigern und die NATO-EU-Politik mit ihren Sanktionen und Waffenlieferungen boykottieren! Das würde die USA politisch und militärisch erheblich schwächen. Mit entsprechenden Unruhen im eigenen Land (Trump!) könnte es unser Ziel (*Ami go home*) in greifbare Nähe rücken! Diese Idee müssen wir zur **zentralen Idee des Kriegs in der Ukraine** machen. Das Ergebnis dieses Krieges muss ein Rückzug der USA aus Europa und eine Reeuropäisierung Europas sein. Dazu gehört auch eine Reintegration Russlands ins europäische Lager. *Amerika den Amerikanern! Europa den Europäern!* **Russland gehört zu Europa, die USA nicht!**

Wir wollen ein europäisches Sicherheitssystem ohne die USA, aber mit Russland. Wegen ihrer weitgehenden Identifikation mit den

USA werden Briten und vermutlich auch einige skandinavische Staaten nicht mitmachen. Von den russophoben Rassisten im Baltikum, in Polen oder der Ukraine reden wir gar nicht. In einem kleineren Teil Europas wird es dann vielleicht noch mehr USA geben als bisher, im größeren aber umso weniger! Die Nord-Süd-Spaltung ist zumindest für eine bestimmte Zeit nicht vermeidbar. Sie entspricht einer geistig verschiedenen Grundausrichtung in den jeweiligen Staaten: einer extrem westlich-transatlantizistischen im Norden und einer europäisch zentrierten und auch Russland-orientierten im übrigen Europa.

Im Norden betrachtet man die USA noch als Leuchtfeuer der Freiheit, in der Mitte und im Süden wächst die Erkenntnis, dass die USA nicht Europa sind, sondern ein antieuropäischer Emanzipationsexzess, der die Grundlagen der menschlichen Gesellschaft bedroht. Über die völlig amerikanisierten Nordeuropäer, die geistig Amerikaner sind und keine Europäer, versuchen die USA, ganz Europa zum Schlachtfeld ihrer Weltmachtpolitik zu machen. Deshalb:

- US-Truppen mit ihrem Anhang – raus aus Deutschland und Europa!
- US-Atomwaffen raus aus Deutschland!
- Weg mit der NATO – Ami go home!

6. *Demokratie und Diktatur*

Der Paragraph 130 StGB ist ein Fundamentalangriff auf die Meinungsfreiheit, ein Dolchstoß ins Herz der deutschen Demokratie. Tausende von Menschen sind wegen Leugnens oder sogar bloßen „Relativierens“ von diesem und jenem zu teils hohen Geld- und Gefängnisstrafen verurteilt worden – wie viele genau, wissen wir nicht. Es wäre an der Zeit, exakte Statistiken vorzulegen, um das Ausmaß der politischen Verfolgung beurteilen zu können. Mit dem Paragraphen 130 kann man, wenn man die politischen Rahmenbedingungen dafür schafft, flächendeckend jede tiefergehende Opposition zur Regierungspolitik aushebeln. Deshalb:

- Weg mit dem Paragraphen 130 StGB („Volksverhetzung“)!

Letztlich geht es hier um „*Meinungsverbrechen*“, die mehr mit Orwells 1984 zu tun haben als mit demokratischer Rechtsprechung. Es wäre an der Zeit, das deutsche Strafgesetzbuch zu entrümpeln, und der Paragraph 130 sollte auf der Liste ganz oben stehen.

7. *Austritt aus der UNO?*

Hier steht ein Fragezeichen, weil die UNO insgesamt ambivalent ist und gerade in der Vollversammlung die Position der USA und ihres Westens zunehmend schwächer wird. Immer mehr fällt den Ideologen des Westens ihre Antirassismus- und Anti-Antisemitismus-Vorwurfsstrategie auf die eigenen Füße. Denn die Vertreter des globalen Südens instrumentalisieren die Kritik am europäischen Kolonialismus und werfen dem Westen jetzt pauschal Rassismus vor – und noch schlimmer für die Häuptlinge des Westens: Sie verurteilen auch Anti-Antisemitismus und den dahinter stehenden Zionismus als rassistisch!

So gibt es zahlreiche Resolutionen der UNO-Vollversammlung, in denen Israel als rassistisch und als Apartheid-Regime gebrandmarkt wird, und es überrascht auch nicht, wenn indonesische Künstler, die auf der Kasseler *Documenta* von geifernden Antisemitismus-„Experten“ ständig des Antisemitismus geziehen werden, ihrerseits diese Antisemitismus-Vorwürfe als Rassismus gegen den globalen Süden zurückweisen. Das heißt, der allgegenwärtige Kampf der westlichen Ideologen gegen Antisemitismus wird hier zum Bestandteil des westlichen Rassismus gemacht – eine fatale Attacke für die westlich-zionistischen Ideologen, denn sie zielt auf einen elementaren, wenn nicht den elementaren tatsächlichen Widerspruch in der westlichen Ideologie: einerseits ist sie judäozentrisch und verteidigt die Sonderrolle Israels (inklusive sämtlicher Besatzungsverbrechen dieses Staats) auf Teufel komm raus. Andererseits gehört der Dauerbeschuss mit Rassismus-Vorwürfen zur Grundstrategie des Westens gegen seine politischen Feinde. Israel-Zentriertheit und allgegenwärtiger Antirassismus passen auf Dauer nicht zusammen. Denn was ist rassistisch, wenn nicht das Verhalten der israelischen Besatzer gegenüber den Palästinensern? Es ist gut für uns, wenn dieser Gegensatz nicht nur gelegentlich und verstreut, sondern immer wieder offen und systematisch in der UNO-Vollversammlung aufbricht. Das schwächt den Westen und seine anmaßenden Menschenrechtsideologen.

Was aber nicht geht: dass die UNO als Institution legislativ, exekutiv und judikativ ins internationale und auch nationale politische Geschehen eingreift. Was noch weniger geht, ist, dass völkerrechtswirksame Beschlüsse nur vom sog. *Sicherheitsrat* gefasst werden können; und was dem Fass den Boden durchschlägt, ist: dass in diesem Sicherheitsrat fünf Staaten einen dauerhaften Sitz mit Vetorecht haben und somit die Beschlüsse aller anderen Ebenen und Gremien zur Makulatur machen können. Das ist von der Moral demokratischen Denkens her absurd, weil es gegen den Gleichberechtigungsgrundsatz der Staaten verstößt. Darüber hinaus ist es machtpolitisch ein Witz, dass zu den fünf Veto-Staaten England und Frankreich gehören, die heute geopolitisch völlig unbedeutend sind.

Es soll uns aber nicht um Gleichberechtigung der Nationalstaaten in der UNO gehen, sondern darum, **dass die UNO nicht als institutionalisierte Vorstufe einer geplanten Weltregierung gehandhabt wird.** Das nämlich war und ist seit 1948 die Intention ihrer Inauguratoren um David Rockefeller und Konsorten. Was wir wollen ist, dass die UNO keinerlei legislative, exekutive oder judikative Kompetenz gegenüber den Nationalstaaten hat, dass sie ausschließlich moderierend, vermittelnd, unterstützend und Rat-gebend bzw. Ideen-spendend agiert.

Die Frage der speziellen Macht des Sicherheitsrats können wir erst einmal hintanstellen, denn durch den aktuellen Gegensatz im Sicherheitsrat zwischen China, Russland und den USA paralysiert sich dieser derzeit machtpolitisch, und wir haben *praktisch* den Zustand erreicht. den wir haben wollen und irgendwann natürlich auch statuarisch festlegen sollten.

Internationale Gerichtsbarkeit, Weltrecht

Wo wir freilich heute schon eingreifen sollten, ist das Thema *internationale Gerichtsbarkeit,* hier insbesondere den **Internationalen Strafgerichtshof in Den Haag** betreffend. Dieser entsouveränisiert die Nationalstaaten und ihre nationale Rechtsprechung, was wir grundsätzlich ablehnen. Praktisch ist er, wie gesagt, ein politisches Instrument des Westens gegen aufmüpfige Potentaten kleinerer Staaten, die damit gezüchtigt und domestiziert werden sollen. Diejenigen, die am meisten für internationale nicht geahndete Untaten verantwortlich sind, nämlich die USA und Israel, und so zuvorderst als Kunden für so einen internationalen Strafgerichtshof in Betracht kämen, sind von vornherein von dieser Veranstaltung ausgenommen. Deswegen ist das Ganze allenfalls eine imperialistische Lachnummer. Der *Internationale Strafgerichtshof* ist zwar keine unmittelbare UNO-Organisation, mit dieser aber durch einen Kooperationsvertrag verbunden. Deutschland sollte dem Beispiel Israels, der USA und anderer folgen und sich nicht weiter an diesem Projekt beteiligen.

Auch der **Europäische Gerichtshof für Menschenrechte** (**EuGMR**) **in Straßburg** ist keine UNO-Institution, sondern eine des sog. *Europarats,* der eine rein privatrechtliche Organisation darstellt (nicht zu verwechseln mit dem *Europäischen Rat!*). Konkret ist dieser Gerichtshof zuletzt aufgefallen, als er mit einem Urteil eine von der britischen Regierung *Johnson* verfügte Abschiebung mehrerer Migranten nach Ruanda verhindert hat!

Mit diesem EuGMR will man die Menschenrechte *kanonisieren*, sozusagen einen *Vatikan für Menschenrechte* etablieren. Das ist schon grundsätzlich Unsinn, weil diese Menschenrechte in der heutigen Form nicht mehr als ein moralisches Postulat freimaurerischer amerikanischer Politiker des 18. und 19. Jahrhunderts sind, an das diese sich selbst nie gehalten und das sie im Wesentlichen als moralische Rechtfertigung ihrer konkreten Politik missbraucht haben. In diesem Sinn ist es dem EuGMR immanent, dass diejenigen, die seine Zusammensetzung bestimmen, sich im Wesentlichen ein juristisch aussehendes Feigenblatt für politische Untaten schaffen wollen. Unsere Forderung lautet dementsprechend:

- Keine weitere Beteiligung der Bundesrepublik Deutschland am Projekt des Internationalen Strafgerichtshofs in Den Haag und am Projekt des Europäischen Gerichtshofs für Menschenrechte in Straßburg!

Inzwischen haben westliche Staaten ein sog. *Weltrecht* konstruiert und versuchen bereits in Einzelfällen, es international durchzusetzen. Selbstverständlich sind bei diesem Manöver unsere bundesdeutschen Polit-Desperados an vorderster Front mit dabei. Gemäß diesem „Weltrecht" könnte zum Beispiel ein Staatsanwalt aus Buxtehude ein Gerichtsverfahren gegen den chinesischen Präsidenten Xi wegen Verletzung der Menschenrechte einleiten. Man fragt sich manchmal wirklich, ob diese Menschenrechtsstrategen des Westens noch alle Tassen im Schrank haben – welch eine Anmaßung, welch eine Selbstüberschätzung! Sie wollen ihre Sicht der Dinge per Selbstlegitimation der ganzen übrigen Welt aufs Auge drücken. Derzeit ist das noch politisches Kabarett, und wir sollten dafür sorgen, dass das so bleibt.

Politisch bedeutungsvoll ist in diesem Zusammenhang dagegen der sog. **Atomwaffen-Sperrvertrag von 1970**. Leider ging es hier nie darum, Atomwaffen insgesamt zu ächten und unter internationaler Kontrolle abzubauen. Es ging lediglich darum, den Besitz von Atomwaffen zu monopolisieren, das heißt, die Welt einzuteilen in Atommächte und in atomare Habenichtse, die von den Atommächten jederzeit atomar erpresst werden können. Vier Staaten haben diesen Vertrag von vornherein nicht unterzeichnet: Israel, Pakistan, Indien und Südsudan. Nordkorea ist inzwischen ausgetreten. Gerade im Fall *Nordkorea* kann man sagen, dass dieser Staat heute als selbständiger Staat nicht mehr existieren würde, wenn er keine Atomwaffen hätte. Solange es nicht eine Vereinbarung gibt, die den Besitz von Atomwaffen generell verbietet, und zwar ausnahmslos allen Staaten, und solange so eine Vereinbarung nicht ausreichend und vertrauenswürdig international kontrolliert werden kann, so lange macht es Sinn, dass jeder Staat, der keine Atomwaffen besitzt, den sog. Atomwaffensperrvertrag kündigt. Er ist eine moralische Provokation für alle Staaten, die keine Atomwaffen haben. Folgen wir hier dem Beispiel Israels und fordern auch für Deutschland:

- Ausstieg aus dem Atomwaffensperrvertrag, so schnell wie möglich!

Abschließend zur UNO:

1. *Feindstaaten-Klausel:* Deutschland steht nach wie vor auf der UNO-Liste der „Feindstaaten". Das bedeutet: Jeder UNO-Staat darf in Deutschland ohne Kriegserklärung mit seinen Truppen einmarschieren, ohne das Völkerrecht zu verletzen. Deutschland, das nach den USA, China und Japan mit über 6%

der viertgrößte Beitragszahler der UNO ist, sollte seine Beitragszahlungen umgehend solange einstellen, bis es von dieser Liste gestrichen ist!

2. Aufgrund unserer Erfahrungen mit Corona (Biolabore, Impfungen etc.) sollten wir aus der WHO austreten und deren Politik nicht mehr durch unsere Beiträge unterstützen.
3. Aus der UNO sollten wir vorerst nicht austreten, in ihr allerdings die Diskussion in Richtung Rückführung auf ein reines Beratungs- und Koordinationskonzept verschärfen: **Die UNO darf nicht als Mittel und Vorstufe zur Institutionalisierung einer „Weltregierung“ missbraucht werden!**

Soviel zu den Schlüsselthemen und -forderungen eines oppositionellen Programms in Deutschland!

Opposition in Deutschland

Wir brauchen wirkliche Systemopposition, nicht Systemkosmetik. Bei Demonstrationen und ähnlichen Aktionen können aber nicht nur Systemkritiker mitmachen, da müssen die einzelnen Mitglieder aus *allen* Parteien und Organisationen teilnehmen können (*Bündnis von unten*). Voraussetzung sollte sein: Die Teilnehmer halten sich an die von der Demonstrationsleitung vereinbarten Parolen und Transparenttexte und bringen nicht eigenmächtig darüber hinausgehende Forderungen in die Veranstaltung ein.

Ähnliches gilt auch für Bündnisse von oben, also für Absprachen mit den Verantwortlichen anderer Organisationen. Hier kann es notwendig und sinnvoll sein, sich auf wenige zentrale Forderungen zu begrenzen und auf eigene auch wichtige Forderungen zu verzichten, wenn dadurch die Zahl der angesprochenen Menschen wesentlich größer wird und die zentrale Parole der Veranstaltung von erheblicher Bedeutung ist, z.B. die Forderung nach *Öffnung von Nord Stream 2* oder die Forderung nach *Verhinderung bzw. Abschaffung einer Impfpflicht*. Es sind also Veranstaltungen und Demonstrationen vorstellbar, wo nur eine solche Parole verkündet und propagiert wird.

Betrachten wir einmal näher, welche Gruppierungen und Zeitungen in Deutschland als „Opposition“ bezeichnet werden können.

Die CDU, die derzeit größte Oppositionspartei im Bundestag, gehört sicher nicht dazu. Systemparteien machen nicht Opposition, sie spielen sie nur und betreiben ein mehr oder weniger abgekartetes Spiel mit der Regierung.

Sahra Wagenknecht und *Die Linke*

Die Linke als Partei, also die SED-PDS-Linke kann man nicht zu einer wirklichen Opposition zählen. Es gibt in ihr aber Abtrünnige, die man als Opposition bezeichnen kann. Am bekanntesten ist Sahra Wagenknecht. Sie schreibt auch Bücher. Ihr letztes heißt *Die Selbstgerechten*. Darin attackiert sie die „liberalen" Linken, die sie *Lifestyle-Linke* nennt, und macht sie verantwortlich für die Stärkung der rechten Bewegung, die bei uns stattfindet.

Wagenknecht versteht sich durch und durch als Linke, als „gute" Linke gegenüber den bösen Lifestyle-Linken, und auch *ihre* größte Sorge ist, wie bei allen Linken, dass die Rechten immer stärker werden. Dabei macht sie bei den Rechten keinen Unterschied zwischen „guten" und „bösen". Die sind für sie offensichtlich alle mehr oder weniger böse.

Das ist die Crux in unserer politischen Szene: Die Menschen verstehen sich entweder als Rechte oder als Linke, und nicht als politische Menschen, die zu gegebener Zeit politisch rechts und zu anderer Zeit politisch links handeln – wie Thomas Mann es beschrieben hat: *Wenn der Kahn nach rechts kippt, setze ich mich auf den linken Rand und umgekehrt.*

Ich selbst galt seit meiner Studentenzeit als Linker; später, vor allem als Landtagsabgeordneter der AfD, als Rechter. Ich bin aber weder ein Rechter noch ein Linker, sondern ein politischer Mensch, der sich seit früher Jugend mit Politik beschäftigt, mit Cicero, Caesar, Platon usw. Als Student habe ich dann 1968 den Elfenbeinturm der Theorie verlassen und mich in die konkrete Politik gestürzt, wobei mich vor allem der Vietnamkrieg auf die Straße getrieben hat. Die einzigen, die dagegen demonstriert haben, waren die Linken, und so bin ich erst einmal bei den Linken gelandet. Nach wie vor halte ich die USA global für das politische Hauptübel. Wenn ich mich heute aber geopolitisch so positioniere, ist das nicht mehr linke, sondern rechte Politik.

Anders verhält sich Sahra Wagenknecht. Sie ist unzufrieden mit der Politik der Linken, versucht aber mit allen Mitteln ihr Selbstverständnis als Linke zu retten. Das Ergebnis ist dann nicht Fisch, nicht Fleisch. Sie kritisiert die Migration: dass man den Herkunftsländern teuer ausgebildete Spezialisten wegnimmt, dass 70 % der Syrien-Flüchtlinge von 2015 immer noch Hartz IV-Empfänger sind – aber das Wort Abschiebung kommt bei ihr nicht vor.

Sie spricht von *Regionalisierung* der Wirtschaft, von *Deglobalisierung* überhaupt. Dass *das nichts anderes als Renationalisierung ist, also Nationalismus* in der Wirtschaft, und dass sie auch sonst immer wieder Anleihen bei den Rechten holt und dabei einen gewissen Etikettenschwindel betreibt, will sie sich selbst nicht eingestehen.

Sahra Wagenknecht beklagt auch den Verlust des Zusammenhalts in der Gesellschaft und führt ihn auf die immer größere Spaltung zwischen *Arm* und *Reich* zurück. Dass aber, wenn man Millionen unqualifizierte Ausländer ins Land lässt, diese dann Hartz IV-Empfänger werden und nicht zu den Reichen zählen, sollte niemanden überraschen: Die Spaltung der Gesellschaft ist der Migration geschuldet und primär eine *kulturelle*, nur sekundär eine *soziale*. Das sieht Wagenknecht nicht. Stattdessen fordert sie einen neuen „Gemeinsinn", den sie offensichtlich aus dem Hut zaubern will. Denn das, was üblicherweise bei Menschen den Gemeinsinn entwickelt, Kultur und Religion, spielt bei ihr nicht einmal eine Nebenrolle.

Dass die Deutschen 1945 überlebt haben, lag offensichtlich daran, dass sich viele noch ihren Glauben erhalten haben bzw. nach dem III. Reich wieder gewonnen haben. Die Kirchen waren in den 1950er Jahren stark, es wurden sogar jede Menge neue gebaut! Von christlicher Religion geprägtes Gottvertrauen bis hin zu gemeinsamen religiösen Ritualen und Festen, vor allem Weihnachten und Ostern, war das wichtigste einigende Band der Gesellschaft. Natürlich kamen viele andere dazu, von Kunst und Kultur bis hin zum Fußball. Aber wir zäumen das Pferd nicht vom Schwanz auf.

Heute ist keine Zeit für linke, sondern für rechte Politik! Wer heute linke Politik betreibt, stellt eine Dystopie[35] dar im wahrsten Sinne des Wortes! Die NSDAP ist 1945 untergegangen, das war gut und notwendig. Die SED ist tatsächlich 1989 untergegangen. Aber viele ihrer Mitglieder haben die Lehren der Geschichte nicht verstanden und diese desolate Partei reanimiert. Die Parteikasse der SED wurde übernommen, ihr Name zweimal geändert und die Tradition der SED ohne größeren Bruch in der Partei *Die Linke* fortgeführt. Noch heute ist sie das politische Zuhause zahlreicher Stasi-Agenten und DDR-Politgrößen bis hin zu Gregor Gysi!

Gregor Gysi war in der DDR Chef des „*Anwaltvereins*", einer exklusiv-kommunistischen, im Auftrag der DDR-Regierung arbeitenden Institution, die festlegte, wer in der DDR Anwalt sein durfte und wer nicht. Er war kein Ia-, aber sicher ein Ib-Kader der DDR. Mit der Stasi arbeitete er dementsprechend nicht auf der unteren Ebene der IM-Spitzel zusammen, sondern auf der oberen, der Kader-Ebene des Ministeriums für Staatssicherheit. Insofern stimmt es, wenn er sagt, dass er kein IM-Stasi-Spitzel war. Er war viel mehr! Schließlich betrog er auch noch den gesamtdeutschen Steuerzahler in Milliardenhöhe, indem er über Spendenmanipulationen entsprechende Beträge aus der alten SED-Kasse in die Parteikasse der „neuen" PDS fließen ließ. Man kann guten Gewissens sagen, dass die Parteikasse der heutigen Linke-Partei identisch ist mit der der SED und die Linke damit organisatorisch nahtlos die Tradition der SED fortführt.

Sahra Wagenknecht muss sich entscheiden. Sie hat gute und mutige Statements in der Corona-Krise wie auch zum Ukraine Krieg abgegeben. In einer Systempartei wie der SED-PDS-Die Linke kann man aber auf Dauer keine ehrliche oppositionelle Politik betreiben. Solange Wagenknecht nicht auch innerhalb der Rechten zwischen „guten" und „bösen" Rechten unterscheidet und nicht offen erklärt, dass sie mit den „guten" zusammenzuarbeiten bereit ist, solange ist sie kein Gewinn für die Opposition in Deutschland, sondern eine Gefahr – dass sie vom System missbraucht wird, um den überfälligen Untergang der SED-Linken zu verschleppen und die

[35] *topos* = (altgriech.) der Ort; *Dys-topie* ist ein Zustand, wo jemand oder etwas am falschen Ort ist;

wirkliche Opposition mit schön klingenden Worten zu spalten und zu schwächen.

Gerade in der Montagsprotestbewegung, die sich zur wichtigsten oppositionellen Kraft gegen den Ukraine Krieg entwickeln wird, braucht das NATO-EU-System die SED-PDS-Linke als Spaltpilz. Nicht die USA, nein, die „Reichen" seien schuld am wirtschaftlichen Untergang Deutschlands, so die Linken; und deshalb gehe es jetzt nicht gegen die NATO, sondern gegen den Kapitalismus. Mit so einem Gesülze führen sie die Menschen in die Irre und zersetzen die Opposition. Eine Linke wie Wagenknecht als Galionsfigur des Widerstands ist dem System natürlich tausendmal lieber als irgendein Rechter in dieser Funktion.

Meine politischen *„Alleinstellungsmerkmale"*

Ich bin in der oppositionellen Bewegung relativ bekannt, was ich verschiedenen Buch- und zahlreichen Internetbeiträgen verdanke, vor allem aber der Stuttgarter Landtagskrise von 2016, als sich die AfD-Landtagsfraktion wegen meiner politischen Positionierung gespalten hat. Dass ich so polarisierend wirke und die Leute mich entweder sehr gut oder sehr schlimm empfinden, liegt an gewissen politischen „Alleinstellungsmerkmalen". Ich fasse diese im Folgenden thesenartig zusammen und leite anschließend davon verschiedene Einschätzungen der wichtigsten Oppositionsgruppierungen in Deutschland ab:

- Mein politisches Denken und Handeln gründet in einer 2000-jährigen christlich-europäischen Tradition, deren institutionalisierte Phase im Jahr 800 mit der Reichsgründung Karls des Großen begann. Sie endete als Folge der Französischen Revolution mit der Abdankung von Kaiser Franz II. 1806.

- Es war ein großartiges und historisch einmaliges Reich, wie aus seinen unglaublichen kulturellen Früchten ersichtlich ist. Sein Leitbild, von Karl dem Großen initiiert, war die *civitas dei,* der christliche Gottesstaat. Wer den Geist dieses Reiches erfassen will, muss sich in eine romanische oder gotische Kathedrale setzen und sich Gregorianische Choräle anhören.

- Religion ist das entscheidende Wesensmerkmal des Menschen. Es gibt keine religiösen Tiere. Deshalb spielt Religion nicht nur privat, sondern auch politisch eine entscheidende Rolle.

- Die Vorstellung, man könne Religion aus dem öffentlichen Leben drängen und dadurch Kriege verhindern, ist idiotisch. Kriege wird es immer geben, bis zum Jüngsten Gericht. Die geistige Grundeinstellung der beteiligten Akteure, ihre Religion, ist dabei wichtigstes Motiv und Agens.

- Das Christentum hat aus Westasien Europa gemacht, und Europa hat das Christentum zur Weltreligion gemacht. Europa ist kein geographischer, sondern ein geistiger Kontinent. In seiner Hochzeit im Mittelalter und der frühen Neuzeit ist es in christlich-religiöser Sicht der Höhepunkt der Menschheitsgeschichte. Sein Verfall beginnt mit der Französischen Revolution.

- Die Französische Revolution war ein barbarischer Emanzipationsexzess. Ihre Ideologie, die sog. Aufklärung, ist im Wesentlichen ein rationalistischer Aberglaube. Nicht nur kulturell, auch philosophisch kann man das Christentum mit seiner *trinitarischen Theologie* als Höhepunkt der Menschheitsgeschichte betrachten. Das heißt natürlich nicht, dass es nicht auch viele andere hohe Kulturen in der Menschheitsgeschichte gab, die ägyptische, die indische, die chinesische usw.

- Es gibt eine Hierarchie der Kulturen, und nicht alle Kulturen sind gleichwertig. Wer das nicht wahrhaben will und sich zum *Kulturenegalitarismus* bzw. *Kulturenkommunismus* bekennt, stellt in Frage, dass es sowohl bei Menschen als auch bei Völkern verschiedene Höhen geistiger Entwicklung gibt. Es ist deshalb legitim und sinnvoll, wie man es fast immer und überall gemacht hat, zwischen *Barbarei, Kultur* und *Dekadenz* zu unterscheiden.

- So sehr sie ewige Allgemeingültigkeit der christlich-europäischen Kultur leugnen und bekämpfen, so sehr fordern die rotgrünen Zeitgeist-Ideologen diese für ihre eigene Religion ein: für die von ihnen selbst erfundenen *Menschenrechte*. Hier soll es in der Tat „allgemeingültige Standards" geben, mit denen man dann feststellt, dass der Menschenrechtsstandard in den USA und noch mehr natürlich in Deutschland wahnsinnig hoch, in den nichtwestlichen Staaten dagegen eher niedrig sei. Deshalb bestehe hier Kolonisierungsbedarf, dem unsere Menschenrechtskolonialisten dann gegebenenfalls auch mit Bomben nachkommen!

- Für all die anderen Kulturstandards der Menschheitsgeschichte dürfe es aber kein Ranking geben, so dass in dieser Sicht der Dinge Steinzeitkulturen mit Kannibalismus, Genitalverstümmelung und Menschenopfern der europäisch-christlichen Kultur absolut gleichwertig sind.

- Seit Luther und der Reformation ist das Land der Deutschen tief gespalten: Dreißigjähriger Krieg, Französische Revolution, Paulskirche, II. Deutsches Reich, Bismarcks Kulturkampf usw. Die sog. kleindeutsche Lösung war ein großer Fehler, weil sie dem Deutschen Reich den tausendjährigen kulturellen und traditionellen Unterbau geraubt hat.

- Hitlers Nationalsozialismus und Stalins Sowjetkommunismus waren nicht nur totalitär und menschenfeindlich, sondern auch zutiefst antichristlich und antieuropäisch. Im augustinischen Sinn entfalteten beide eine *civitas diaboli* im schlimmsten Sinne des Wortes. Wenn rechte Ideologen aus dem Umfeld der NPD und linke Ideologen aus dem Umfeld der Grünen und Linke-Partei das anders sehen und den Dreck der jeweils anderen Seite als viel schlimmer erachten als den eigenen, zeugt das nicht von geistigem Tiefblick, sondern von ideologischer Verblendung.

- Heute hat die *civitas diaboli* ihre Zentrale an der amerikanischen Ostküste: in der Wall Street, im Pentagon, in den US-Geheimdiensten und teilweise auch in der UNO!

- Das Zweite Vatikanische Konzil war – geistig gesehen – die größte Katastrophe der letzten 100 Jahre: eine Kernschmelze im Glaubensreaktor des Vatikans: Entscheidende Dämme zwischen Christentum und Judaismus und auch zwischen Christentum und Heidentum wurden eingerissen. Damit begann der Verfall der christlichen Kirchen insgesamt und deren beispiellose Anbiederung an den westlichen Zeitgeist! An der Spitze der katholischen Kirche sitzt heute ein satanistischer Papst.

- Der Gegensatz zwischen Christentum und Judaismus ist religiös und fundamental! Es geht um die Frage, ob der ewige allmächtige Gott ins Fleisch geht, inkarniert, oder nicht; ob das Göttliche lebendig in uns und um uns ist. Oder ob es, uns unzugänglich, in unendlicher Ferne, in einem göttlichen Jenseits für sich bleibt. Ob es eine *unüberbrückbare* Kluft zwischen Mensch und Gott gibt, oder ob Gott etwas Menschliches und der Mensch etwas Göttliches in sich hat.

- Die Juden haben sich für einen absoluten Dualismus in der Gott-Mensch-Frage entschieden und den, der von sich sagte, er sei der Sohn Gottes, als Gotteslästerer ans Kreuz schlagen lassen. Die Christen haben das konsequenterweise als Gottesmord betrachtet. Fortan haben die Juden die Christen als *Götzendiener* und die Christen die Juden als *Gottesmörder* verachtet. Das ist die Urmutter des Kriegs zwischen Juden und Christen.

- Dieser Gegensatz ist 2000 Jahre alt. Er hat die europäische Geschichte entscheidend beeinflusst. Die jüdische Seite versucht, das Problem mit einem sehr einfach gestrickten Täter-Opfer-Modell zu lösen: Die Juden sind die armen braven Opfer, die Christen die bösen Täter. So einfach ist das aber nicht. Man lese nur einmal die Hetztiraden im Talmud, dem Katechismus der Juden: gegen die Ungläubigen, die Gojim, die Christen – bis hin zum Aufruf, alle Nichtjuden zu vernichten! Das Täter-Opfer-Modell der Juden taugt hinten und vorne nicht, zumal sie mit ihrer Wirtschaftsmacht (als Geldverleiher etc., siehe z. B. Skakespeares *Kaufmann von Venedig*) die Christen gerade wirtschaftlich sehr schädigen konnten. Es war ein *anhaltender Kampf der Religionen,* der hier stattfand, teils im Untergrund, teils offen (jüdische Attentate auf christliche Inquisitoren und anderes). Wir können es nicht zulassen, dass von jüdischer Seite unsere große europäische Geschichte, in der der Kampf um den rechten Glauben immer eine entscheidende Rolle spielte, zu einer Kriminalgeschichte des Antisemitismus umfirmiert und deformiert wird!

- Es besteht zumindest im Abendland eine gewisse Reziprozität, was Macht und Einfluss von Juden und Christen in einer Gesellschaft betrifft. Heute werden in Deutschland immer wieder neue Synagogen eröffnet, aber immer mehr christliche Kirchen geschlossen. Je stärker der Judaismus, desto schwächer offensichtlich das Christentum – und umgekehrt! Bis zur Französischen Revolution war in Europa das Christentum stark und das Judentum schwach, heute ist es umgekehrt. Aber man darf es nicht sagen, denn es gehört zum Wesen jüdischer Macht, dass man nicht sagen darf, dass es sie gibt! Offensichtlich fürchtet man dadurch eine Schwächung der eigenen Position. Deshalb erklärt man alle, die nur das aussprechen, was ist, und was Juden selbst wissen und wollen, zu „Antisemiten".

- In diesem Sinn hat man 2016 im Sommer bundesweit eine üble **Rufmordkampagne gegen mich** inszeniert, um mich als „Antisemiten" zu ächten. Antisemitismus bedeutet *pauschalisierende Ablehnung von Juden und Jüdischem* – und das trifft auf mich eben nicht zu. Mir geht es darum, das Thema offen zu thematisieren, von der Politik bis zur Religion. Ich gestehe den Juden in unserer Gesellschaft keinen Sonderstatus zu, den viele von ihnen glauben, aufgrund nationalsozialistischer Verbrechen an ihren Vorfahren beanspruchen zu können. Meine Position ist nicht antisemitisch, sondern demokratisch und verfassungskonform. Umgekehrt wird also ein Schuh daraus: Wenn mich die jüdische Seite deswegen attackiert und beleidigt, ist das antidemokratisch und verfassungsfeindlich.

- Es gilt, das Thema *Judentum* zu enttabuisieren und insbesondere den *Judäozentrismus*, die Sonderrolle des Judentums, wie sie sich bei den Themen *Antisemitismus, Israel-Kritik* und *Erinnerungskultur,* aber auch beim § 130 StGB manifestiert, offen zu diskutieren.

Diese Thesen formulieren meinen geistigen Hintergrund. Er manifestiert sich eher indirekt als direkt auch in meiner Politik und kann hier in gewisser Weise als Alleinstellungsmerkmal für mich gesehen werden.

Oppositionelle Parteien und Zeitungen

Die NPD

Die NPD ist als Partei bedeutungslos. Zuletzt war sie völlig durchsetzt vom Verfassungsschutz. Sie ist nicht an der staatlichen Verfolgung gescheitert, sondern an ihrem programmatischen Gesamtkonzept. Hat sie doch nicht kapiert, was 1945 passiert ist. Sie sucht auf dem nationalsozialistischen Müllhaufen herum, ob noch irgendetwas für sie Verwertbares zu finden ist und will nicht wahrhaben, dass alles, was in irgendeiner Weise eine Renaissance des Nationalsozialismus anstrebt, aus der Zeit gefallen, anachronistisch ist.

Die NPD-Rechten und ihr altes und auch neues Umfeld betrachten den Nationalsozialismus gegenüber dem Kommunismus als kleineres Übel; manche betrachten ihn gar nicht mehr als Übel, und ein führender Rechte hat mir einmal anklagend geschrieben, Hitler sei kein Verbrecher, sondern ein „Heiland" des deutschen Volkes gewesen. Nun, das war er sicherlich nicht. Eher könnte man sagen: Kein Deutscher hat Deutschland mehr geschadet als er.

Das fing bei seiner katastrophalen Kriegskunst an. Ein guter Feldherr weiß, wann Offensive, er weiß aber auch, wann Defensive angesagt ist. Ein Feldherr aber, der nur die Offensive kennt, und glaubt, so alles richtig zu machen, ist kein Feldherr, sondern ein Hasardeur.

Als in Stalingrad die Lage schon aussichtslos war, bestand Hitler darauf, dass die Sechste Armee bis zum letzten Mann durchhalten sollte – ein sinnloses Opfern von 250.000 jungen deutschen Soldaten!

Und am Schluss, als alles am Boden lag, machte Hitler nicht sich und seine desolate Politik und Kriegsführung verantwortlich, sondern das deutsche Volk, das sich im Überlebenskampf als nicht stark genug erwiesen hätte. Um den Siegern zu schaden, erließ er den sog. Nero-Befehl: Straßen, Brücken und andere wichtige Infrastruktur sollte vernichtet werden. Dass er damit den Deutschen mehr geschadet und ihnen die letzte Möglichkeit zum Überleben genommen hätte, interessierte ihn offensichtlich nicht.

Hitler war kein Europäer, sondern ein kollektivistischer Asiate: Du bist nichts, Dein Volk ist alles. Er betrachtete das Christentum als dekadent und wollte es nach seinem Endsieg vollständig durch seine Rassen- und Blutreligion ersetzen. Den heidnischen Göttern dieser Religion glaubte er, Millionen Menschenleben von deutschen und anderen Völkern opfern zu dürfen und zu müssen.

Auf das große Unrecht, das Hitler den europäischen Juden angetan hat, will ich nicht weiter eingehen. Es gibt genügend andere, die das tun.

Es ist heute auch nicht sinnvoll und nicht notwendig, dass auch *wir* noch auf Hitler einschlagen und ihn zum universalen Sündenbock und Teufel machen, nachdem es ohnehin die halbe Welt tut. Die meisten dieser Hitler-Kritiker betreiben ihre schwarz-weiß-Malerei, um die Verbrechen der eigenen Seite, die sie vertreten, zu bagatellisieren oder gänzlich zu tabuisieren. Da kann es im Einzelfall notwendig sein, Hitler und seine Politik sogar zu verteidigen. Das ist dann aber nur glaubwürdig, wenn wir insgesamt und grundsätzlich eine scharfe Trennungslinie zum Nationalsozialismus ziehen, und das tun die NPD-Rechten und ihr Umfeld nicht.

Die Basis-Partei

Die zweite Partei, auf die ich hier eingehen will, ist die Basis-Partei; auch sie (zumindest noch) eine bedeutungslose Kleinstpartei. Sie entstand aus der Corona-Anti-Impf-Bewegung der sog. **Querdenker**, deren Verdienst es ist, große Demonstrationen gegen Corona-Terror und Impfwahn organisiert zu haben. In diesem Sinn ist die Basis-Partei gesundheitspolitisch kompetent, auch wenn der Gesichtspunkt des *Biowaffenangriffs* durch Corona bei ihr insgesamt wesentlich zu kurz kommt.

Problematischer noch ist, dass man mit Gesundheitspolitik allein natürlich kein Parteiprogramm bestreiten kann. Das haben die Aktivisten dieser Partei erkannt. So sind sie jetzt auf der Suche nach einem Programm. Sie glauben, den Schlüssel in Basisdemokratie und sog. *Schwarm-Intelligenz* gefunden zu haben: Der Einzelne weiß nicht viel, aber wenn jeder etwas in den Topf reinwirft, käme am Schluss eine Menge Wissen heraus.

Das stimmt schon allgemein nicht und in der Politik schon mal gar nicht. Da geht es erst einmal um Ideen, für die sich einzelne einsetzen, egal ob das die vielen gerade gut und richtig finden oder nicht. Es ist ein Kampf um Anhänger, und wenn man genügend hat, kann man seine Ideen mehr oder weniger politisch durchsetzen.

Was diebasis-Partei da macht, ist Politik aus der Retorte. So entsteht ein auf vielen Kompromissen basierender Meinungsmix, aber kein Programm, mit dem sich Menschen identifizieren. Praktisch kommt als Programm dann eine Ansammlung von Plattitüden heraus, die für keinerlei politische Orientierung taugen.

So werden auf der Website dieser Partei dann Ergebnisse von Meinungsumfragen bei den Mitgliedern als Programm verkauft; dass sich beispielsweise 95% für Basisdemokratie, 97 % für echte Friedenspolitik und 99% für die Unabhängigkeit der Justiz aussprechen. Leute, das ist doch keine Politik, das ist inhaltsleeres blah blah. Ist es echte Friedenspolitik, wenn wir Selenskyj unterstützen, oder ist es echte Friedenspolitik, wenn wir Putin unterstützen? Und warum ist es in einem Fall Friedenspolitik, und im anderen nicht? Ist der EuGH eine unabhängige Justiz oder nicht? Ist es Basisdemokratie, wenn man immer das fordert und tut, was die Mehrheit gerade will? Und wenn die morgen wieder etwas anderes wollen, dann fordere ich morgen auch etwas anderes?

Wo Politik anfängt, hört diebasis-Partei auf, und außerhalb des Themenbereichs *Gesundheitspolitik* ist sie politisch völlig inkompetent. Wenn wir jetzt ruhige Friedenszeiten hätten und keine großen politischen Probleme, könnten wir sagen: Wir warten mal ein paar Jahre, und dann sehen wir, was aus denen wird. Aber wir haben nicht die Zeit, wir müssen jetzt und heute Entscheidungen in fundamentalen Fragen treffen, und da hilft uns eine Selbstfindungsgruppe wie diebasis-Partei nicht weiter.

Die AfD

Unter Jörg Meuthen, der ab Juli 2015 Bundessprecher der Partei war, wurde die AfD zu einer Systempartei. Meuthens wichtigstes Anliegen war, die Partei verfassungs*schutz*konform zu machen. Es ging ihm also nicht um die Verfassung, sondern um den Verfassungsschutz, dem er kritiklos die Interpretationshoheit bezüglich unserer Verfassung zugestand. Anstatt offenbar zu machen, dass die Beamten dieser Behörde mit ihrem rot-grünen *Kampf gegen rechts* und ihrer willkürlichen Beobachtungspraxis inzwischen selbst die größte Gefahr für unsere Verfassung geworden sind, instrumentalisierte Meuthen die Parteischiedsgerichtsbarkeit, um die Hardliner alternativer Politik systematisch aus der Partei zu eliminieren.

Diese systemhörige Anbiederungspolitik hat die Partei personell geschwächt, so dass in vielen Fällen nur noch zweit- und drittklassiges Personal für wichtige Ämter zur Verfügung steht. Bis hin zur Übernahme spezieller Begriffe der Grünen, z. B. „gruppenbezogene Menschenfeindlichkeit", wurde die Partei unter Meuthen immer weniger unterscheidbar von den anderen Parteien und verlor eine Wahl nach der anderen.

Diese Degeneration der AfD war nur möglich, weil **Björn Höcke** mit seinem *Flügel*, der parteiinternen Opposition, dieses Spiel mitmachte und dafür sorgte, dass die von Meuthen vorgeschlagenen Kandidaten sich bei parteiinternen Wahlen reihenweise durchsetzen konnten.

Als es **2016 im Stuttgarter Landtag** zur großen Auseinandersetzung zwischen Meuthen und mir gekommen ist, stellte sich Höcke voll auf Meuthens Seite und versuchte, mich in stundenlangen Telefonaten zur Kapitulation zu überreden. Er würde Meuthen für seinen Kampf gegen *Petry* brauchen, und da dürfte dieser nicht geschwächt werden. Später kämpfte er mit Meuthen gegen *Weidel*, und noch später dann mit Weidel gegen Meuthen. Es ist mir nicht ersichtlich, was dieses Herumtaktieren mit Politik zu tun hat.

Politisch erfüllte die AfD die in sie gesetzten Erwartungen bisher nicht. In der Corona-Krise war sie zunächst abgetaucht. Meuthen unterstützte die Regierungspolitik und forderte noch härtere Lockdown-Maßnahmen als diese. Höcke kündigte an, im August 2020 sei alles vorbei mit Corona. und als dann die ersten Fälle von Affenpocken publik wurden, hüpfte er auf der Bühne herum und begrüßte satirisch dieses Ereignis. Dass das Ganze nicht lustig ist und gewisse Elemente des Systems hier gefährliche Experimente mit Millionen Menschen durchführen, quasi einen *Biowaffen-Krieg* gegen die Bevölkerung führen, war ihm in keiner Weise klar!

Nach der Bundestagswahl kam prompt die vorher von allen geleugnete Corona-Impfpflicht auf die Tagesordnung. Die AfD-Kritik an der Impfung fällt zwar eher bescheiden aus, aber immerhin forderte die Partei, dass es jedem überlassen sein müsste, ob er sich impfen ließe oder nicht. Sie sprach sich gegen eine Impfpflicht aus. Aber in der teils mächtig angewachsenen Anti-Corona-Bewegung spielte die Partei praktisch keine Rolle. Nirgendwo konnte sie z. B. durch Organisation von Demonstrationen und Veranstaltungen eine irgendwie führende Rolle einnehmen, wie dies der FPÖ in Österreich gelungen ist. In Deutschland übernahm diese Rolle die neue Bürgerinitiative der *Querdenker,* aus der heraus sich verschiedene Parteien gründeten. Übrig blieb, siehe oben, diebasis-Partei. Solche Neugründungen spalten letztlich die oppositionelle Bewegung. Die Hauptverantwortung trägt die hier eigentlich zuständige Partei, nämlich die AfD, die zu führungsschwach und nicht ausreichend engagiert in diese wichtige Straßenbewegung eingegriffen und sich stattdessen mit Parteiausschlussverfahren (PAV) beschäftigt hat.

In der Israel- und Antisemitismus-Frage legt die AfD eine schon pathologische Anbiederungspolitik an den Tag. Obwohl der *Zentralrat der Juden* und sein Vorsitzender *Schuster* keine Gelegenheit auslassen, die AfD in den schlimmsten Farben zu malen, erklärte Meuthen, die AfD sei eine *„durch und durch projüdische und proisraelische Partei“*. Alexander *Gauland* setzte noch einen drauf, indem er im Bundestag forderte, wir müssten im Ernstfall für Israel sterben! Mitglieder, die diese zionistische Position nicht akzeptieren, werden aus der Partei ausgeschlossen. Man könne sich hier zwar nicht auf das Programm der AfD berufen, heißt es. Wenn aber führende Mitglieder wie Meuthen und Gauland sich öffentlich zu dieser Doktrin bekennen, wäre das so, als stünde sie im Programm! So kann man es in der Urteilsbegründung in meinem Parteiausschlussverfahren nachlesen.

Meuthen ist jetzt weg, aber offensichtlich gilt seine Doktrin weiter, und offensichtlich hat die Partei nicht die Absicht, die Meuthensche Vergangenheit z. B. in einer Kommission aufzuarbeiten und den Dreck, den er zurückgelassen hat, zu beseitigen. Dazu würde auch eine kritische Revision der stattgehabten PAVs gehören!

Was die Systempfeiler EU und NATO betrifft, so hat ein AfD-Parteitag im April 2021 beschlossen, den dexit, also den Austritt Deutschlands aus der EU, ins Programm aufzunehmen. Das ist sehr gut. Einen Austritt aus der NATO bzw. deren Auflösung in Europa aber wollen vorerst nicht einmal die EU-Kritiker, die das zuletzt in einem Papier auf einem Parteitag Anfang 22 festgehalten haben. Angesicht der Tatsache, dass die NATO das mit Abstand aggressivste Militärbündnis der Welt ist und dass sie auch hauptschuldig ist an dem Krieg in der Ukraine, ist die AfD in dieser zentralen Frage nicht auf der Höhe der Zeit. Im Bundestag hat ihre Fraktion fast einstimmig der Norderweiterung der NATO mit Finnland und Schweden zugestimmt und damit zu einer weiteren Stärkung dieses aggressiven US-dominierten Militärbündnisses beigetragen. Die AfD irrlichtert geopolitisch völlig orientierungslos herum.

Immerhin spricht sie sich klar gegen *Waffenlieferungen und Sanktionen im Ukraine-Krieg* aus. Auch die zentrale Forderung nach *Öffnung von Nord Stream 2* hat sie sich zu eigen gemacht, womit sie sich schon deutlich besser als in der Corona-Krise positioniert hat. Das Hauptproblem ist, dass die AfD **den russischen Krieg in der Ukraine wie alle anderen Systemparteien explizit als Angriffskrieg verurteilt, was er eben nicht ist:** Es waren die USA und ihre NATO inklusive der deutschen Regierung, die im Dezember 1998 diesen Krieg mit dem Überfall auf Serbien und die Bombardierung Belgrads begonnen haben! Das war und ist der Angriffskrieg: ein NATO-Osterweiterungskrieg! Was Putin hier macht, ist eine Gegenoffensive, nicht mehr und nicht weniger! Wenn man das nicht in den Mittelpunkt stellt, sind die Forderungen gegen die Sanktionen lau und verpuffen. Lauheit ist das Hauptproblem der AfD: nicht Fisch, nicht Fleisch – *wasch mir den Pelz …* usw.!

Das noch größere Problem ist, dass sich das auf absehbare Zeit nicht viel ändern wird. Die AfD ist keine Kaderpartei mit einheitlich geschlossener Meinung. Sie ist eine Volkspartei, die die Meinungsvielfalt im Volk mehr oder weniger widerspiegelt; und die Deutschen sind nun mal politische Spätzünder. Sie brauchen etwas länger als die anderen, um wichtige Zusammenhänge zu verstehen. Es ist an den noch verbliebenen politischen Eliten in der AfD, mit Nachdruck die richtigen politischen Ideen und Forderungen in die Partei hineinzutragen und für deren Umsetzung zu kämpfen, auch wenn Ideen wie die NATO-Auflösungsforderung nicht so schnell die Mehrheitsmeinung werden. Umso wichtiger ist eine innerparteiliche Opposition. Man muss sie besser organisieren und strukturieren in Arbeitsgruppen und Ähnlichem. Formal war das Konzept des *Flügels* gar nicht so schlecht. Das Problem war ein inhaltliches: dass Höcke mit diesem Instrument jahrelang Meuthen und seine Leute unterstützte und dazu beitrug, dass dieser mit seiner Systemanbiederungspolitik die Partei systematisch deformieren konnte.

Es ist also notwendig, die innerparteiliche Opposition zu stärken, und dies umso mehr, wenn systemrelevante Forderungen notwendig, aber kurzfristig nicht durchsetzbar sind. Insbesondere geht es um nationale Verknüpfung und Zusammenarbeit von Arbeitsgruppen, die bei entsprechenden Themen kooperieren und gegebenenfalls auch Demonstrationen und ähnliches organisieren können. Die Alternative, eine *neue* Partei zu gründen, kommt jetzt nicht mehr in Frage. Zum einen ist mit der EU-Austrittsforderung Bewegung in die AfD gekommen, die auf mehr hoffen lässt. Noch wichtiger aber: Wir sind über die Ukraine de facto im Krieg. Da ist es nicht mehr zu verantworten, mit einer Partei-Neugründung die Bewegung auch nur kurzfristig zu spalten.

Man muss jetzt die Einheit der Partei wahren, aber ihre innere Opposition stärken; entscheidend dabei: Oppositionelle Standpunkte dürfen nicht mehr, wie unter Meuthen, durch Parteiausschlussverfahren eliminiert werden. Eine nach außen stark auftretende Partei setzt eine genauso stark entwickelte innerparteiliche Meinungsfreiheit voraus. Eine Fortsetzung der PAV-Politik Meuthens aber würde den geistigen Tod der Partei bedeuten.

Parteiausschlussverfahren müssen besonderen individuellen Verfehlungen vorbehalten bleiben; wenn zum Beispiel führende Parteimitglieder wie Meuthen und Weidel über einen Spendenskandal einen Sachschaden von mehreren hunderttausend Euro für die Partei verursachen. Aber gerade da ist man nicht tätig geworden. Es besteht hier genauso Handlungsbedarf wie im Fall der Rehabilitierung von Mitgliedern, die der Meuthenschen Verfassungsschutz-Politik zum Opfer gefallen sind.

Junge Freiheit, Sezession, Compact

Der Meinungskampf um das richtige Vorgehen der Opposition spielt sich – auch das kein Ruhmesblatt für die Partei – nicht primär um die AfD herum ab, sondern um Meinungsbildner in verschiedenen Zeitungen und Internetplattformen. Die erfolgreichsten dabei sind die Junge Freiheit, die Zeitschrift Sezession und das Magazin *Compact*.

Junge Freiheit

Die Junge Freiheit und ihr Chefredakteur **Dieter Stein** unterscheiden sich bei den kritischen Themen (USA, Russland, Israel) nur wenig von den Systemmedien FAZ und Co. Im Fall der *Ukraine* kommt z.B. Herfried Münkler zu Wort, der eine noch radikalere Politik gegen Putin fordert als die der Berliner Regierung!

In der Antisemitismus-Diskussion hat man z.B. dem Marc Jongen – im Übrigen die erbärmlichste Gestalt, die ich in der AfD kenne – und dem Verleger Kubitschek eine ganze Seite zur Verfügung gestellt, um gegen mich zu hetzen. Man prangerte meinen vermeintlichen Antisemitismus an und verglich mich – blöder geht's nicht – mit dem nationalsozialistischen Chefideologen Rosenberg. Das entbehrt nicht einer gewissen Komik, denn 2012, als mein des Antisemitismus geziehener *Grüner Kommunismus* erschien, lobte die *Junge Freiheit* dieses Buch noch in den höchsten Tönen als gute Auseinandersetzung mit der grünen Ideologie, die unbedingt zu empfehlen sei!

2016 nun in der Stuttgarter Landtagskrise, als die Mainstream-Medien feststellten, mein Buch sei antisemitisch, machte also auch die *Junge Freiheit* den großen Schwenk. In einem Schreiben wies ich die Redaktion darauf hin und bekam als Antwort: Man bedauere sehr, dass man den Antisemitismus damals übersehen hätte, habe jetzt aber schon Konsequenzen gezogen und die entsprechende Rezension aus dem Archiv herausgenommen.

Das muss man sich auf der Zunge zergehen lassen: Erst einmal eine 180°-Wende in Richtung Mainstream-Medien, dann die Entfernung der Rezension aus dem Archiv, damit niemand mehr die schmierige Mainstreamadaptation der Zeitung nachverfolgen kann. Schließlich verkauft man das Ganze auch noch als eine Art moralischer Selbstkritik!

Sezession

Ein paar Worte zur Zeitschrift *Sezession*. Sie wird vom schon erwähnten **Götz Kubitschek** verlegt. Auch hier eine lauwarme Position zum Ukraine-Krieg: Der Angriff sei voraussehbar gewesen, aber man habe die Ukraine „allein gelassen". Man hat sie aber gar nicht allein gelassen: Die Amerikaner haben sie acht Jahre lang mit Waffen vollgepumpt und auf NATO-Standard gebracht, und thema jud die Deutschen haben ein bis zwei Milliarden schon vor dem Krieg in das Unternehmen *Ukraine* gesteckt!

Dann wird Höcke zitiert, der feststellt, dass weder die Russen noch die USA etwas in der Ukraine verloren hätten und beide schleunigst an den Verhandlungstisch zurückkehren sollten. Das klingt gut, ist es aber nicht. Vor dem Maidan-Putsch 2014 hätte man so etwas sagen können. Aber mit diesem Putsch haben die Amerikaner, wie 1973 in Chile, nicht nur die ukrainische Demokratie, sondern auch die Einheit dieses Landes zerstört! Wir haben jetzt Krieg, und in so einer Kriegssituation muss man Farbe bekennen: Russland oder USA? Alles andere ist Wischi-Waschi, aber keine Politik.

Seine Grundeinstellung zum Ukraine-Krieg, so der Verleger Kubitschek, sei „kühle Scham". Scham bezieht sich auf die eigene Regierung, die es in der Ukraine so weit habe kommen lassen. Verstehe ich nicht: Wenn ich entschieden die desaströse Politik meiner Regierung bekämpfe, brauche ich mich nicht für sie zu schämen. Das ist Schuldkult von rechts! Außerdem sollte man die Kirche im Dorf lassen. Die deutsche Regierung ist wirklich nicht annähernd die Hauptschuldige dafür, dass es zu diesem Krieg gekommen ist.

Kubitschek zitiert dann noch einen anderen Autor, der, wie er sagt, gut seine Position wiedergebe: „Ein europäisches Sicherheitssystem ist ohne die Einbeziehung Russlands nicht herstellbar". Europäisches Sicherheitssystem also mit Russland – so weit, so gut. Aber was ist mit den USA? Also mit Russland *und* den USA oder mit Russland *ohne* die USA? Das ist doch die entscheidende Frage, und die umschifft man. Mit den USA wäre schön, ist unrealistisch, weil die USA da unter keinen Umständen mitmachen! Ohne die USA ist realistisch, löst aber schwerwiegende Auseinandersetzungen mit den USA aus!

Haben wir Deutschen den Mut, diese Auseinandersetzung einzugehen? Und: Haben wir eine Chance, sie zu gewinnen? Letzteres ja, Ersteres werden wir sehen. Politik bedeutet immer, sich zu entscheiden. Das ist nichts für lauwarme Gemüter. Leider haben wir gerade in der deutschen Politik viel zu viele davon. Das gilt auch für Kubitschek und seine Sezession.[36]

Compact

Schließlich noch ein Wort zum Magazin *Compact* des **Jürgen Elsässer**. Er ist bekennender Sarah Wagenknecht-Fan. Auf Demonstrationen skandiert er „Sarah, Sarah"-Parolen und fordert die Teilnehmer zu Jubelhymnen für die linke Politikerin auf. Dabei verkennt er völlig deren ambivalente Stellung und dass sie, wenn sie demnächst im sog. *Kampf gegen rechts* nicht eine große Kehre hinlegt, auf längere Sicht der Opposition mehr schadet als nutzt.

Ansonsten scheinen meine Positionen auf den ersten Blick weitgehend mit denen von Elsässer übereinzustimmen. Schaut man genauer hin, ändert sich das: 2017 fand auf Initiative von Höcke (!)

---

36 Auch hier noch eine Story, die sein Verhältnis zu mir verdeutlicht: Leser meiner Bücher erzählten, sie wollten diese in Kubitscheks Verlag bestellen, weil sein *Antaios*-Verlag damit wirbt, man könne jedes Buch über ihn beziehen. Im Fall meiner Bücher ließ man jedoch verlauten, man könne sie nicht liefern, da sie bei den Grossisten nicht gelistet seien – schlicht und einfach eine Lüge! Sie sind gelistet und man kann sie in jedem Buchladen schnell bekommen. Daraufhin die nächste Ausrede des *Antaios*-Verlags: Man habe keine Geschäftsbeziehung zu meinem Verlag – als müsste man eine „Geschäftsbeziehung" zu einem Verlag haben, bei dem man ein Buch bestellt! Der langen Rede kurzer Sinn: Über den Verlag des Götz Kubitschek kann man alle Bücher der Welt beziehen, nur nicht die von Gedeon. Er selbst, so äußerte er an anderer Stelle, würde meine Bücher nicht lesen, weil seine Frau gesagt habe, Gedeon müsse man nicht lesen. Naja, wenn's die Frau sagt, muss es ja wohl stimmen!

in Burladingen eine Konferenz von Meuthen-Gegnern statt. Höcke hatte im Vorfeld dafür gesorgt, dass ich nicht eingeladen wurde. Elsässer moderierte die Konferenz. Forsch attackierte er dabei einen anwesenden Fraktionskollegen aus dem Stuttgarter Landtag. Wie könne er sich nur auf die Seite von „dem Gedeon" stellen? Er, Elsässer, sei selbst Antizionist gewesen – aber jetzt gehe es darum, zusammen mit dem Zionismus den Hauptfeind *Islamismus* zu bekämpfen.

Für Elsässer bedeutet das offensichtlich, die Themen, die ich auf die Tagesordnung setze, weiter zu tabuisieren: nämlich Missbrauch des Antisemitismus-Vorwurfs, Relativierung des Holocaust-Kults – was nichts mit einer Relativierung des Holocaust zu tun hat, im Gegenteil – und offene Diskussion der Frage, wie viel Macht das Judentum und jüdische Lobbygruppen in der westlichen Gesellschaft haben. Glaubt Elsässer wirklich, in Deutschland Opposition betreiben und das Thema *Judäozentrismus* und *Zionismus* dabei aussparen zu können? Gerade in Deutschland, wo inzwischen der Bundespräsident Schuld und Scham empfindet und Millionen „Wiedergutmachungsgelder" rechtfertigt wegen eines Verbrechens *palästinensischer* Terroristen während der Olympiade 1972!

Das kann man doch alles nur verstehen, wenn man die Frage nach jüdischer Macht in Deutschland stellt! Manche meinen, das würde ja stimmen, aber man könnte es jetzt noch nicht sagen. Wann denn, wenn nicht jetzt? Ich sage diesen Leuten: Wenn wir jetzt nicht das sagen, was wir noch sagen können, können wir das, was wir jetzt noch sagen können, bald auch nicht mehr sagen!

Eine Opposition, die in Deutschland das Thema „jüdische Macht" tabuisiert, ist keine Opposition, sondern eine politische Kastratentruppe. Bei Elsässer ist das besonders problematisch, weil er in den meisten anderen Positionen gute Politik macht und dadurch viele gute Leute von dem letzten Schritt einer konsequenten Opposition abhält.

Der Kampf um politische Wahrheit

Opposition bedeutet nicht zuletzt die Zuspitzung des Kampfes um die politische Wahrheit. Man kann sich diese geistig-politische Auseinandersetzung mit dem System etwa so vorstellen:

Im Gegensatz zu einer Autokratie ist im westlichen System die Frage, wer die wirkliche Macht hat, ein Geheimnis. Und dieses Geheimnis zu wahren, trägt wesentlich dazu bei, die Macht der geheimen Machthaber zu schützen. Wenn das Geheimnis ans Tageslicht käme, würde dadurch die Macht der Machthaber geschwächt oder gar gebrochen. Deshalb werden um das geheime Zentrum der Macht konzentrisch mehrere Verteidigungsringe aufgebaut.

In unserem Fall bedeutet das: Der äußerste Verteidigungswall ist die **Zuwanderungsfrage**. Die Wahrheit: Es geht nicht um humanitäre Hilfe, nicht um „Fachkräfte", es geht um einen Bevölkerungsaustausch und den Ersatz von Nationalvölkern mit innerem Zusammenhalt durch afroasiatische Mischkollektive ohne inneren Zusammenhalt – Migration als politische Waffe der Herrschenden! Wenn die Mehrheit der Bevölkerung das versteht und diese Sicht der Dinge übernommen hat, ist der äußerste Verteidigungswall überwunden.

Dann kommt der **„Rassismus"-Wall**. Die Wahrheit ist: Es geht nicht um den Schutz von Minderheiten vor unberechtigter Diskriminierung. Es geht darum, mit ständigen Rassismus-Vorwürfen und Strafandrohungen die Mehrheitsbevölkerung moralisch so zu zermürben, dass sie sich gegen die Massenzuwanderung nicht mehr wehrt und sich resigniert dem Schicksal der eigenen Vernichtung ergibt.

Der nächste Verteidigungswall, den die Machthaber des Systems aufgebaut haben, ist die **EU-Frage**. Die Wahrheit: Die EU ist nicht dazu da, dass es den Nationalvölkern und Nationalstaaten durch institutionalisierte Kooperation besser geht als ohne diese Institution. Die EU ist vielmehr dazu da, die Nationalvölker und Nationalstaaten Europas aufzulösen und dadurch die Macht und den Einfluss weitgehend anonymer globaler Machthaber in Europa zu erhöhen. Wenn es gelingt, dass die Mehrheit der Bevölkerung diese

Sicht der Dinge übernimmt, hat man auch diesen Wall überwunden, und die Forderung nach einem Dexit hat Aussicht auf Erfolg.

Dann kommt **der geopolitische NATO-Wall**. Die Wahrheit: Nicht die Abhängigkeit von Russland, sondern die totale Abhängigkeit von den USA ist unser Problem! Die Amerikaner sind nicht in Europa, um uns zu schützen, sondern um über uns Macht auszuüben. Dafür müssen sie Europa und vor allem Russland und Deutschland gegeneinander aufbringen, so viel wie möglich und wo immer es geht. Wenn gar nichts mehr hilft, muss man Russland und Deutschland in einen gegenseitigen Krieg hineintreiben.

Wenn die Menschen im Lande auch das mehrheitlich verstehen und wir so auch diesen Wall überwunden haben, sind wir schon sehr weit. Wir haben noch zwei Machtringe vor uns. Im nächsten geht es um die amerikanische **Menschenrechtsreligion und den Islam**. Die Wahrheit: Beide sind dazu da, das Christentum, das geistige Fundament Europas, zu zersetzen und zu zerstören; die Menschenrechtsreligion von innen her, der Islam von außen, über gesellschaftlichen Druck via muslimischer Massenzuwanderung.

Der letzte Wall ist der **Antisemitismus- und Judäozentrismus-Wall**. Wenn man ihn durchstößt, kommt man ins Arkanum der Macht. Es geht um den Gegensatz zwischen Judaismus und Christentum, der seit 2000 Jahren die Geschichte Europas prägt; insbesondere die Frage: Wieviel geistige und politische Macht hat das Christentum noch auf dieser Welt und wieviel geistige und politische Macht hat das Judentum auf dieser Welt?

Auch wenn der Gegensatz zwischen Christentum und Judentum erst einmal ein religiöser ist, müssen wir uns auch politisch darum kümmern. Denn *erstens* ist er immer da (siehe *Documenta*, siehe *Adidas/Zentralrat/Kanye West* usw.) und zweitens sind heute in Deutschland nicht einmal in theologischen Seminaren diesbezügliche Diskussionen ohne die allgegenwärtige Antisemitismus-Keule möglich. Es ist Aufgabe auch der Politik, hier wieder ein offenes Klima der Meinungsfreiheit zu schaffen und dafür zu sorgen, dass nicht jeder, der diesbezüglich eine andere Meinung hat als der Mainstream, als „Antisemit“ diffamiert wird.

Taktische Methoden des westlichen Propagandakriegs

In der Ukraine wird deutlich, dass der Propagandakrieg genauso wichtig ist wie der militärische und der wirtschaftliche. *Nachrichten* werden immer mehr zur Regierungspropaganda, am augenscheinlichsten im Prinzip der **Doppelmoral**: Die Annexion der Krim durch Russland wird scharf verurteilt, die Annexion des Kosovo durch NATO und EU selbstverständlich hingenommen.

Die westliche Propaganda ist von Grund auf **anmaßend** – ihr Credo, von den amerikanischen Gründervätern übernommen: „Es ist unmöglich, nicht zu erkennen, dass wir für die ganze Menschheit handeln".

Die westliche Propaganda ist auch **dreist**. Wird man ertappt, verteidigt man sich erst gar nicht, sondern geht sofort zum Gegenangriff über: Die Russen belegen, dass die Amis Biowaffen-Labore in der Ukraine betreiben. Keine Reaktion auf den Vorwurf, dafür zaubert man am nächsten Tag ein angebliches russisches Kriegsverbrechen in Butscha aus dem Hut.

Dann die Methode der dramatischen **Einzelfall-Darstellung**: Interviews mit Kriegsopfern, Flüchtlingen oder anderen Betroffenen – Schicksale, die emotional stark erregen! Wie wahr und echt die Darstellung ist, bleibt offen; vor allem wenn auf Knopfdruck im Interview die Tränen fließen. Aber noch unklarer ist: Wie charakteristisch ist die betreffende Einzeldarstellung für die Gesamtsituation des gezeigten Ereignisses? Immer nur Schicksale von Ukrainern, die durch russisches Militär zu Schaden gekommen sind, aber nichts von Opfern des Kiewer Militärs, wobei es hiervon gerade im Dombas tausende gibt!

Auch das sog. **Wording** spielt eine große Rolle. Man spricht nie vom „Krieg in der Ukraine", sondern immer vom *„russischen Angriffskrieg* in der Ukraine". Man spricht nicht von „Referenden im Donbas", sondern immer nur von *„Schein*referenden"; und man spricht auch nicht von einer „globalen Wirtschaftskrise", sondern immer explizit von einer „durch den *russischen Angriffskrieg hervorgerufenen* Wirtschaftskrise" usw. Mit mantraartig wiederholten Formeln versucht man ins Unterbewusstsein der Menschen einzudringen und dieses zu manipulieren.

Wichtig auch noch die Methode: Ich baue mir einen **Pappkameraden** auf und schlage ihn dann kräftig zusammen! So wurde im deutschen Fernsehen beispielsweise über einen gewissen Alex Jones aus Connecticut berichtet. Der behauptet, ein Amoklauf in einer bestimmten Schule habe gar nicht stattgefunden, obwohl es reihenweise Zeugen und Angehörige der Toten gibt. Vor Gericht widerruft er dann seine groteske Behauptung. Entscheidend ist nun die Schlussfolgerung der Fernsehjournalisten: Ja, so seien diese Leute. Sie leugnen tatsächlich stattgefundene Amokläufe; behaupten, Biden sei durch Wahlbetrug ins Weiße Haus gekommen und in der Ukraine gäbe es amerikanische Labors, die Biowaffenforschung betrieben.

Für die beiden letzten Vorwürfe gibt es fundierte Belege, die eine große Diskussion notwendig machen und nicht unter den Teppich gekehrt werden dürfen. Die Leugnung des Amoklaufs in der Schule aber ist purer Schwachsinn, der in der Sendung ausführlich behandelt und widerlegt wird. Das ist sozusagen der Pappkamerad. Dass man dann so tut, als hätte man damit auch die beiden anderen Vorwürfe widerlegt, den Vorwurf des Wahlbetrugs und den der Biowaffenlabore, ist psychologisch ein Betrugsmanöver, das typisch für den Anti-Verschwörungsjournalismus ist und entlarvt werden muss.

Am wichtigsten bei der Nachrichtenpräsentation ist das Prinzip der **Selektion**. Die Bundestagswahl 2021 ist gemäß dem Bundeswahlleiter ungültig – ein Mega-Skandal, aber keinerlei Berichte darüber! Nachrichtensperre, und das seit einem Jahr!

Ähnlich die Berichterstattung über die amerikanischen Anschläge auf die *Nord Stream*-Pipelines: Stillschweigen, keinen Staub aufwirbeln: Nord Stream 1 und 2 – unsere wichtigste Infrastruktur in der Energiekrise, von unseren amerikanischen Freunden einfach kaputt gesprengt! Mehr Nachrichtenselektion geht nicht!

Schließlich das tragende Fundament der westlichen Propaganda: die *manipulative Abart von self fulfilling prophecy*: Man tut genau das, was man dem anderen vorwirft und wirft dem anderen das vor, was man selbst plant. So warnten die USA ohne erkennbaren Anlass und ohne irgendwelche genaueren Angaben vor „Anschlägen auf die Infrastruktur“, und prompt werden wenig später die Ostsee-Pipelines gesprengt. Und dann wirft man den Russen auch noch die eigene Ankündigungstaktik vor: Als diese aufgrund verschiedener Hinweise vor „schmutzigen“ ukrainischen Atomwaffen warnen, sagen Selenskyj und Co. einfach: Nicht sie, sondern die Russen würden solche Waffen einsetzen wollen. So schafft man eine Atmosphäre totaler Desinformation, in der sich eigene Kriegsverbrechen gut vertuschen lassen.

Der Großmeister der Demagogie und Desinformation ist der Schauspieler in Kiew – derzeit die Galionsfigur der westlichen Propaganda! Schon vom Äußeren her ein wahrer Mephisto, klagt er mit finsterem Blick und wild herumfuchtelnd die Welt an, dass sie immer noch nicht für ihn in den Dritten Weltkrieg gezogen ist, gegen Putin, den Bösesten der Bösen. Immer an der Grenze zur Schmiere, aber äußerst ideenreich im Erfinden russischer Kriegsverbrechen, die von den westlichen Propaganda-Medien gierig aufgegriffen und verbreitet werden.

VIII. Quintessenz

Die Dekadenz des Westens

Die christlich-europäische Kultur: Höhepunkt der Menschheitsgeschichte – ihr Nachfolger, die US-westliche Zivilisation: ihr absoluter Tiefpunkt! Je höher man ist, desto tiefer fällt man. Von der *civitas dei* in die *civitas diaboli* – eine Wendung um 180 Grad! Was noch vor kurzem als gesittet und moralisch galt, gilt heute nur noch als reaktionär und menschenfeindlich. Probleme der Zwischengeschlechtlichkeit, früher nur im Medizinstudium und da eher beiläufig behandelt, werden nicht nur medizinisch, sondern politisch zum Superthema hochstilisiert. Ihre religiöse Entwurzelung verkaufen sie uns als „Aufklärung", ihre beispiellose Dekadenz nennen sie „moralischen Fortschritt".

Am sichtbarsten wird das in der sog. LBGTQ-Gesellschaft, die mit unappetitlichen Veranstaltungen à la *Christopher Street-Day* das moralische Empfinden von Millionen Menschen verletzt. Für viele Menschen hat das immer weniger mit Toleranz und immer mehr mit Satanismus zu tun. Im Westen gelingt es zunehmend, die Menschen in einen Wahn zu treiben: Gender-Wahn, Klima-Wahn, Migranten-Helferwahn, Corona-Maßnahmenwahn und jetzt der Anti-Putin-Wahn! Die Gender-Sternchen feministischer Neurotiker fallen da schon gar nicht mehr ins Gewicht.

Doch es bleibt nicht beim Wahn, aus dem Wahn wird Terror: **In Irland sitzt der Lehrer Enoch Burke im Gefängnis,** weil er sich weigert, einen Jungen, der sich als Mädchen fühlt, als Mädchen anzusprechen. Das ist nicht mehr Gender-Wahn, das ist Gender-Terror! Und noch schlimmer. Burke ist kein Einzelfall im EU-Europa. Wie eine Seuche verbreiten sich Wahn und Terror, schlimmer und schneller als Corona!

Der Westen torkelt in einen geistig-moralischen Untergang hinein, und der politische Nachvollzug dieses Untergangs ist nur eine Frage der Zeit. Der Krieg, der solche Probleme geschichtlich löst, ist schon ausgebrochen. Ob es ein apokalyptischer, ein dritter Weltkrieg wird oder nicht, ist noch offen. Es kommt darauf an, ob sich die Menschen noch herauslösen können aus der westlichen Wahngesellschaft, ob sie noch in der Lage sind, grundsätzlich umzudenken. *metanoein* [altgriech. = umdenken, bereuen] hieß das früher im Christentum. Militärische Lösungen sind nur erfolgreich, wenn sie mit so einem Umdenken verbunden sind. Ansonsten machen sie alles nur noch schlimmer.

Wollen wir also so ein amerikanisch-westliches LBGTQ-Europa, in dem uns Gender und Multikulti terrorisieren? Oder wollen wir eine Renaissance der Nationalstaaten in christlich-europäischer Tradition, in der Gender-Wahn medizinisch behandelt wird und Multikulti-Terroristen dorthin geschickt werden, wo sie herkommen und wo sie hingehören? In diesem Sinn ist der Ukraine-Krieg ein Glaubenskrieg der dekadenten amerikanischen Menschenrechtsideologie gegen die traditionelle christlich-europäische Kultur.

Wie Deutschland den III. Weltkrieg verhindern könnte

Die USA sind auf der geopolitischen Bühne immer noch der Hauptakteur. Ihr größter Feind ist die Volksrepublik China. An zweiter Stelle folgt mit deutlichem Abstand die Russische Föderation. Der von der Bedeutung her dritte Feind der USA ist – Deutschland!

Die Strategie der USA ist es, diese drei Feinde zeitlich in der umgekehrten Reihenfolge ihrer Bedeutung niederzuwerfen. Derzeit sind sie dabei, Deutschland wirtschaftlich zu vernichten. Sie haben es von seiner ökonomisch und ökologisch natürlichen Energiequelle (Russland) abgeschnitten. Gleichzeitig haben sie Deutschland zu einer Sanktionierungspolitik verpflichtet, mit der sie eine für die deutsche Wirtschaft tödliche Infaltionswelle losgetreten haben. Schließlich geben sie den Deutschen durch eine als Waffe eingesetzte Massenmigration aus der Ukraine den Rest. Millionen Syrer, Ukrainer etc. überfordern nicht nur die Zahlungsfähigkeit des deutschen Staates, sondern sind ein sozialer Sprengstoff, der die deutsche Gesellschaft zusammenbrechen lässt. Dieser Zusammenbruch wird schlimmer sein als der von 1918 und 1945 zusammen. So wollen sich die US-Amerikaner langfristig ihres gefährlichsten politischen und wirtschaftlichen Konkurrenten in Europa entledigen und die Voraussetzung schaffen für die geopolitische Ausschaltung Russlands.

Es ist jetzt sehr schwer für die Deutschen, sich aus der Schlinge, die die USA mit NATO und EU um ihren Hals gelegt haben, zu befreien. Sie brauchen ein europäisches Bündnis, in dem vor allem Frankreich, Italien, Österreich, Ungarn und auch Spanien eine Rolle spielen. Sie brauchen aber *noch mehr* eine politische und wirtschaftliche und auch militärische Allianz mit Russland! Schließlich müssen auch global einige Staaten wie Indien und Brasilien, aber auch islamische Staaten wie die Türkei und der Iran für eine antiglobalistisches Bündnis gegen die USA gewonnen werden. Ein taktisches Bündnis mit China gegen die USA wird freilich immer problematischer, weil Chinas Supermachtinteressen sich schon weit von den nationalen Interessen Deutschlands entfernt haben.

Das Hauptproblem der Deutschen ist ein mentales. Wer seinen schlimmsten Feind für seinen besten Freund oder zumindest für einen zuverlässigen Partner hält, hat in diesem geopolitischen Machtspiel sehr schlechte Karten. Wer sich dann auch noch in einen Krieg hineintreiben lässt, der seinen wichtigsten potentiellen Partner wirtschaftlich und militärisch vernichtet, dem ist der baldige eigene Untergang gewiss. Wenn die Deutschen nicht die mentale Wende schaffen, wenn sie nicht kapieren, dass die US-Amerikaner nicht ihr wichtigster Partner, sondern ihr größter Feind sind, dann ist für Deutschland Schicht im Schacht.

Historische Analogien

Wie die USA erst Hitler-Deutschland im Zweiten Weltkrieg besiegen mussten, um dann im Kalten Krieg Sowjet-Russland zu überwinden, so müssen die USA heute erst Russland bezwingen, um in eine aussichtsreiche Position für die anstehende Entscheidungsschlacht mit China zu gelangen.

Für den Krieg mit Russland brauchen die USA die Ukraine als Kampfschauplatz und als Lieferanten von Bodentruppen. Das ukrainische Regime hat es im Auftrag der USA geschafft, Russland über den Donbas in den Krieg hineinzuziehen. Putin ist in die Falle getappt. Er glaubte, er könne noch mit der Ukraine Krieg führen und verhindern, dass sie ein NATO-Staat würde. De facto aber ist die Ukraine schon ein NATO-Staat, aufgerüstet und gelenkt von den USA, deren Offizieren und Geheimdiensten. So führt Putin jetzt tatsächlich nicht einen Krieg gegen die Ukraine, sondern gegen die gesamte NATO, nicht zuletzt gegen die wahnhaften, zur Selbstvernichtung bereiten Deutschen!

Wie die USA im Zweiten Weltkrieg Deutschland ohne die entscheidende Hilfe Sowjet-Russlands nicht hätten bezwingen können, so brauchen sie jetzt Deutschland, um im Ukraine Krieg gegen Putins Russland zu gewinnen. Aber auch Russland kann diesen Krieg nicht mehr allein gewinnen, sondern nur noch mit der Hilfe Deutschlands. Wenn Deutschland die Sanktionen gegen Russland beendet, die Ukraine nicht mehr finanziell unterstützt, keine Waffen mehr liefert, sämtliche Ukraine-Flüchtlinge nach Hause schickt und keine neuen mehr reinlässt, dann bricht der Staat Ukraine in kürzester Zeit zusammen und Putin gewinnt.

Sowohl die USA als auch Russland brauchen Deutschland für einen Sieg im Ukraine-Krieg. Letztlich **entscheidet Deutschland diesen Krieg**, es ist das Zünglein an der Waage! Halten die Deutschen wieder einmal durch bis zum Endsieg, werden die USA mit ihrer Ukraine den Krieg gewinnen. Machen sie aber die große Kehrtwende und entziehen den USA und ihren Quislingen in Kiew die Unterstützung, verschlechtert sich deren militärische Lage schnell. Vor allem, wenn die Deutschen die Migration, die die USA ständig als Waffe gegen Deutschland einsetzen, selbst als Waffe gegen Selenskyj nutzen und ihm all die bei uns gestrandeten Ukrainer wieder zurückschicken würden, hätte dieser nicht nur unlösbare soziale, wirtschaftliche und medizinische Probleme am Hals, sondern auch eine politische Opposition im Land, für die er sich derzeit durch deren Flucht nach Deutschland ein entscheidendes Ventil verschafft hat. Durch deutsche Remigrationspolitik würde der innenpolitische Druck auf das Kiewer System enorm anwachsen, das Chaos wäre kaum mehr beherrschbar und die militärische Front der Kiewer Regierung würde in wenigen Tagen zusammenbrechen. Da könnten auch die Amerikaner mit all ihren Waffen nichts mehr ändern!

Eine solche Rückzugs- und Verweigerungspolitik Deutschlands hätte natürlich nicht nur unmittelbare Auswirkungen auf den Ausgang des Krieges. Es wäre auch der Einstieg Deutschlands in den Ausstieg aus dem Westen! Dessen sollten wir uns bewusst sein, davor aber nicht zurückschrecken, sondern dies als Chance, ja als die ganz große Chance begreifen, die so schnell nicht wieder kommt. Denn haben die Amerikaner erst einmal den Krieg gegen Russland gewonnen, dann werden sie die dann wirtschaftlich ausgebluteten Deutschen in ihr militärisch-politisches, wirtschaftliches und kulturelles Joch spannen und sie zu ihren vollständigen Vasallen machen.

Erst einmal dürften wir den Wiederaufbau des in jeder Hinsicht bankrotten ukrainischen Staats übernehmen. Einigen „deutschen" Großunternehmen würde das sogar fette Gewinne einbringen, der deutsche Mittelstand und die deutsche Bevölkerung aber würden wirtschaftlich vor die Hunde gehen. Kulturell würden sich unter amerikanischer Regie Gender-Wahn und Multikuti-Terror immer mehr durchsetzen und unsere Gefängnisse würden sich füllen mit vielen Enoch Burkes! Schließlich dürften wir bald auch eine ehrenvolle Führungsrolle im globalen Showdown mit China übernehmen und vielleicht sogar die NATO-Flotte im Südchinesischen Meer befehligen. *Partnership in leadership* nennen das unsere amerikanischen Freunde!

Wenn wir uns aber der amerikanischen Kriegspolitik verweigern, sorgen wir dafür, dass die USA nach ihrer Niederlage im Nahen Osten und in Afghanistan auch in Osteuropa den Krieg verlieren. Weltweit und nicht zuletzt in Europa wäre für sie das ein entscheidender Machtverlust. Wir hätten die Chance, die Freiheit zurückzugewinnen, die uns die US-Amerikaner mit ihrem NATO-EU-System geraubt haben, und könnten sie einbringen in die Renaissance unseres deutschen Nationalstaats mit all seinen Traditionen. Kulturell könnten wir den Multikulti-Terror und das Wahn-Experiment einer LBGTQ-Gesellschaft beenden, und wirtschaftlich entstünde durch Kooperation mit Russland ein riesiges Potential für Wohlstand und Prosperität in ganz Europa.

Nicht zuletzt würde eine Niederlage der USA in Osteuropa deren innenpolitisches Chaos verstärken und sie zu einer weitgehend isolationistischen Politik zwingen. Geopolitisch solcherart geschwächt, wären sie mutmaßlich nicht mehr in der Lage, die globale Auseinandersetzung mit China zu führen. Andererseits könnte durch eine deutsch-russische Achse der europäische Einfluss im eurasischen Verbund gestärkt und die sich entwickelnde Supermacht China von vornherein eingebunden und domestiziert werden. Durch eine solche Politik würde also die Blockbildung zwischen USA und China und damit die Gefahr eines neuen großen Weltkrieges reduziert, so dass Deutschland durch seine Entscheidung im Ukraine-Krieg gegen die USA den Weltfrieden sicherer machen und vielleicht sogar einen Weltkrieg auf absehbare Zeit verhindern würde.

„**Fuck the EU**", sagte die US-amerikanische Außenpolitikerin Victoria Nuland beim Putsch 2014 in Kiew. Wir schließen uns dieser Parole an und fügen hinzu: **Fuck the NATO! Fuck the USA!**
Wir denken nicht daran, uns für Euch zu opfern, weder wirtschaftlich noch sonst wie! Wir wollen überleben, und wir werden überleben!

Nachwort

Zur ungültigen Bundestagswahl 2021

Ich habe im Buchtext dargelegt: Der desaströse Ablauf der Bundestagswahlen im September 2021 in Berlin macht Neuwahlen im gesamten Bundesgebiet erforderlich. Es ist ein Verfassungsbruch, dass der Wahlausschuss des Bundestags auf diese Situation immer noch nicht reagiert hat und die offiziellen Propagandamedien das Thema in unglaublicher Weise totschweigen.

Am 7. November 2022 habe ich den Buchtext in die Druckerei gegeben – und just an diesem Tag ist in der *Tagesschau* zu hören: Der Wahlausschuss des Bundestages habe aufgrund der Vorfälle in Berlin eine Wahlwiederholung in 431 Berliner Wahlbezirken vorgeschlagen – 14 Monate nach der Wahl! Eine Wahlwiederholung in einzelnen Bezirken wäre vielleicht vier, maximal acht Wochen nach einer Wahl noch zu rechtfertigen. Danach muss man davon ausgehen, dass sich die Wählerschaft und deren Verhalten möglicherweise grundsätzlich verändert haben: Neue Wähler sind durch Erreichen der Volljährigkeit oder auch durch Umzug hinzugekommen. Zahlreiche andere Wähler von 2021 sind verstorben oder aufgrund einer Krankheit nicht mehr wahlfähig oder von Berlin weggezogen. Nicht zuletzt hat sich in dieser Zeit auch die politische Situation entscheidend verändert (Ukraine-Krieg und anderes!), was ein deutlich anderes Wahlverhalten als 2021 bewirken könnte. Von einer „Wahl*wiederholung*" kann man da wirklich nicht mehr sprechen!

Dementsprechend hat das Berliner Verfassungsgericht die gesamte Landtagswahl in Berlin annulliert. Wenn aber die gesamte Landtagswahl in Berlin wiederholt werden muss, müsste dies auch für die gleichzeitig durchgeführte Bundestagswahl in Berlin gelten! Man kann hier keinen anderen Gültigkeitsmaßstab ansetzen als für die Landtagswahl! Wenn aber die Bundestagswahl in einem ganzen Bundesland ungültig ist, muss man auch die Gültigkeit der Bundestagswahl insgesamt in Frage stellen!

Gerade die Berliner Wahlbezirke waren hauptverantwortlich dafür, dass *Die Linke*, die in Berlin zwei ihrer drei Direktmandate gewonnen hat, überhaupt im derzeitigen Bundestag sitzt. Über die gesetzliche Regelung, dass drei direkt gewählte Kandidaten auch Parteien den Einzug ins Parlament verschaffen, die die 5 %-Hürde nicht übersprungen haben, kann die Bundestagswahl eines jeden Bundeslandes das Gesamtergebnis wesentlich verändern.

Wenn in Berlin jetzt beispielsweise drei Kleinstparteien jeweils drei Direktmandate gewinnen würden, säßen drei weitere Parteien im gesamtdeutschen Bundestag! Es geht nicht um die Frage, ob das derzeit konkret möglich ist oder nicht, sondern darum, ob das grundsätzlich möglich wäre. Die Juristen sprechen in diesem Fall von „potentieller Kausalität". Aufgrund dieser Verknüpfung muss die Bundestagswahl in allen Bundesländern gleichzeitig abgehalten werden bzw. bei ungültigen Wahlergebnissen in einzelnen Bundesländern, in *allen* Bundesländern wiederholt werden!

Hinzu kommt, dass es nach zwei Jahren die eine oder andere Partei von 2021 gar nicht mehr gibt; dass neue Parteien gegründet wurden, die dann wohl nicht antreten dürften; dass neue Kandidaten agieren, weil die alten aus irgendeinem Grund weg sind usw. Fast zwei Jahre nach einer Wahl kann man, ohne das Gesamtbild zu verzerren, nicht mehr in einzelnen Wahlbezirken Wahlen wiederholen. **Die einzige rechtlich saubere Lösung sind Neuwahlen im gesamten Bundesgebiet!** Sie sollten spätestens bis Mitte des Jahres 2023 abgehalten werden. Ein unserer demokratischen Grundordnung verpflichtetes Bundesverfassungsgericht kann gar nicht anders entscheiden. Denn alles andere wäre Wahlverfälschung und müsste als Verfassungsbruch gewertet werden!

Politisch und juristisch sollten jetzt nicht nur die zur Verantwortung gezogen werden, die das Wahlchaos in Berlin angerichtet haben, sondern noch mehr diejenigen, die notwendige Neuwahlen solange verschleppt und dafür gesorgt haben, dass wir zwei Jahre lang ein illegal zustande gekommenes Parlament und damit auch eine illegale Bundesregierung hatten – und das in dieser Zeit!

Wolfgang Gedeon

Der grüne Kommunismus und die Diktatur der Minderheiten

Eine Kritik des westlichen Zeitgeistes

ISBN 978-3-9819552-0-0

erschienen 2012
jetzt WMG-Verlag
Preis 19,80 €
E-Book: 18,00 €
978-3-9819552-5-5

Wolfgang Gedeon

Ich, die AFD und der Antisemitismus

Populismus oder Mut zur Wahrheit?

erschienen 2018
234 Seiten
19,80 €
ISBN 978-3-981 9552-4-8